Lernen wird dich reich machen

Nur Bildung bringt dir Erfolg

Gunther T. Verleger

Originale Erstauflage: April 2022

Bibliographische Information der Deutschen Nationalbibliothek:
Die Deutsche Nationalbibliothek verzeichnet diese Publikation in der deutschen Nationalbibliographie; detaillierte bibliographische Daten sind im Internet
über http://dnb.dnb.de abrufbar.

Haftung für externe Links

Das Buch enthält Links zu externen Webseiten Dritter, auf deren Inhalt der Autor und der Verlag keinen Einfluss haben. Deshalb kann für die Inhalte externer Inhalte keine Gewähr übernommen werden. Für die Inhalte der verlinkten Webseiten ist der jeweilige Anbieter oder Betreiber der Webseite verantwortlich. Die verlinkten Seiten wurden zum Zeitpunkt der Verlinkung auf mögliche Rechtsverstöße überprüft. Rechtswidrige Inhalte waren zum Zeitpunkt der Verlinkung nicht erkennbar. Eine permanente inhaltliche Kontrolle der verlinkten Webseiten ist jedoch ohne konkrete Anhaltspunkte einer Rechtsverletzung nicht zumutbar. Bei Bekanntwerden von Rechtsverletzungen werden derartige Links umgehend entfernt.

Druck / Auslieferung: Amazon oder eine Tochtergesellschaft
Herausgeber: Verleger Beratungs- und Bildungsgenossenschaft eG, Feigenweg 4, 70619 Stuttgart
Webseite: www.guntherverleger.com | **Kontakt:** info@guntherverleger.com
Verlag: Verleger Beratungs- und Bildungsgenossenschaft eG | **ISBN:** 9783982457703

INHALTSVERZEICHNIS

DANKE

Bei wem beginne ich? Wen lasse ich aus? Diese Danksagung soll keine Laudatio wie bei der Oscarverleihung sein, doch ohne geniale Mentoren, Trainer, Coaches, Autoren, Unternehmer, Familienangehörige, Freunde *und* auch Feinde, Hater, Neider, Miesmacher, Räuber, Einbrecher, Verräter etc. hätte dieses Buch niemals entstehen können.

Angesichts der 20 Jahre meines Lebens, in denen ich mich intensiv und mit Leidenschaft in verschiedenen Bereichen mithilfe unterschiedlicher Quellen, Medien und Methoden dem Thema Weiterentwicklung gewidmet habe, würde ich bestimmt irgendjemanden vergessen. Sollte ich also jemanden vergessen haben: Bitte nicht persönlich nehmen!

Mit einigen Menschen verbinden mich intensivere Begegnungen – ob als Freund, Partner, Dienstleister, Kunde oder Mentor. Ich durfte mit ihnen und für sie arbeiten, ich durfte mit und von ihnen lernen, und unsere Wege kreuzen sich immer wieder. Deshalb danke ich:

- all meinen Lehrern und Professoren zu Schul- und Studienzeiten, die meine doch manchmal provokativen und nie endenden Fragen ertragen haben.

- all meinen Vorgesetzten, Projektleitern und Partnern in der Automobilbranche – ob bei BMW, Siemens, Porsche, Bosch, Delphi, General Motor, Thyssen oder auch kleineren Ingenieurbüros, die immer an mich geglaubt haben, obwohl ich die physikalischen Zusammenhänge manchmal kein bisschen verstanden habe.
- all den Tausenden aktuellen sowie ehemaligen Mitgliedern und Besuchern unseres professionellen Unternehmernetzwerks BNI, denn ohne sie hätte ich niemals so viel in der Praxis lernen können.
- all den Personen, die mit unserem Franchise im Kontakt sind (im eigenen Team, überregional und auch international) – egal ob sie mich mögen oder nicht, ob wir uns gegenseitig gefeiert oder auch enttäuscht haben; denn erst so konnte ich mich zu der Person entwickeln, die ich heute bin.
- allen Teilnehmern meiner Veranstaltungen – ob nun zwei oder zweitausend Personen im Auditorium saßen, ob morgens um 05:15 Uhr oder bis tief in die Nacht: Nur durch sie kann alles hier Geschriebene auch wirklich angewendet werden.
- all meinen *Wissenslehrern*, die ich zum Teil „*nur*" durch ihre Gedanken in (Hör-)Büchern, manchmal auch visuell über ein Medium oder auch persönlich live mit ihrer ganzen Leidenschaft im realen Leben kennenlernen durfte und die mich zu einem begeisterten Autodidakten gemacht haben. Manches von ihnen ist hier in meinen Worten wiedergegeben, manches habe ich ergänzt oder modifiziert. (Ich habe bewusst auf einzelne Quellenverweis verzichtet, denn alles, was es im Leben zu lernen gibt, hat eine Quelle, die wiederum eine Quelle hat: Deshalb bin

ich der Meinung, dass nichts *ausschließlich* von mir oder einer anderen Person ist.)

- meinen Freunden, meiner Familie und meiner Ehefrau, die mich ertragen, wenn ich unbequeme Fragen stelle, weil ich nicht lockerlasse und mit meinem unersättlichen Hunger nach Wachstum für mein Umfeld auch anstrengend sein kann.

Und ganz besonders danke ich DIR, lieber Leser, der du dieses Buch in den Händen hältst: vielleicht als Geschenk, vielleicht erworben, vielleicht zum ersten Mal, vielleicht zum wiederholten Mal; vielleicht zur Ansicht, vielleicht als Probeexemplar. Ich danke dir von Herzen, weil ohne dich jedes Kapitel, jeder Satz, jedes Wort, jeder Buchstabe und jeder einzelne Punkt sinnlos wäre. Denn nur durch dich als Leser hat das Buch seine Daseinsberechtigung.

Gleichzeitig mit meinem Dank spreche ich auch meine Hoffnung an dich aus: Meine Hoffnung,

- dass du Spaß beim Lesen der 70.537 Wörter hast (bitte nicht nachzählen, das macht das Programm automatisch),
- dass du mindestens *eine* Sache nach dem Lesen in die Tat umsetzt,
- dass du für dich weitere Erkenntnisse ableitest, die dir dein Leben auf deinem Weg zum Reichwerden erleichtern,
- dass du mir schreibst, was dir nicht gefällt,
- dass du so vielen Menschen wie möglich (auch gerne mir) berichtest, was dir gefällt,

- dass du dieses Buch als Arbeitsbuch siehst und mehrfach liest bzw. immer wieder als Referenz/Nachschlagewert zurate ziehst,
- dass du es weitergibst, weiterverschenkst und/oder weiterempfiehlst, weil du der Meinung bist, dass unsere Welt mit der richtigen Bildung ein Stückchen besser wird als ohne – wir uns Steve Jobs Aufruf zu Herzen nehmen und gemeinsam eine schöne kleine „*Delle ins Universum hauen*“ können!

VORWORT

Gehörst du zu den Erfolgshungrigen, den Wissbegierigen, den Lernbesessenen? Warum hast du dich für dieses Buch entschieden? Weil du lernen willst? Oder weil du reich werden möchtest?

Wenn du zu den Ersteren gehörst, dann wirst du hier viele Punkte und Ansätze finden, die du ggf. schon mal gehört, gelesen oder gesehen hast – vielleicht wendest du sie sogar schon regelmäßig an? Und vielleicht ist auch nichts Neues dabei, und du bist schon reich.

Vielleicht hast du dich für dieses Buch aber auch entschieden, weil du unbedingt reich werden willst. Doch was bedeutet für dich, wirklich „*reich*“ zu sein? Bedeutet es für dich den Besitz von Banknoten, Aktien, Investment, Gütern, Sachwerten? Oder ist es ein anderer Reichtum, ein anderes „*Reichsein*?“ Reich an Erfahrung, reich an Zeit, reich an Liebe, reich an Erkenntnissen, reich an echten Beziehungen?

In diesem Buch soll es um die *Balance* zwischen diesen Dingen gehen und dir zeigen, warum es nicht unbedingt ein „*entweder oder*“, sondern mehr ein „*sowohl als auch*“ oder vielleicht auch die goldene Mitte sein könnte (falls Gold für dich wichtig sein sollte). Die goldene Mitte gilt im Grunde genommen für alle Lebensbereiche. Selbst bei einem Thema wie Wasser ist zu viel (Überflutung) ebenso schädlich wie zu wenig (Dürre/Trockenheit).

Außerdem unterscheide ich klar zwischen „*Wissen*“ und „*angewandtem Wissen.*“ Wir alle sind bekanntlich Wissensriesen und Umsetzungszwerge: Wer etwas weiß und dieses Wissen nicht anwendet oder umsetzt, ist nichts weiter als jemand, der dieses „*etwas*“ erst gar nicht weiß.

Ein simples, aber hartes Beispiel ist das Lesen: Wer ist „*reicher*“ bzw. wer ist „*ärmer*“ dran: derjenige, der nicht lesen kann, weil er es nie gelernt hat? Oder derjenige, der lesen gelernt hat, aber es nie anwendet? Mit „*nicht anwenden*“ ist in diesem Beispiel gemeint, keine Literatur als geistige Nahrung zu sich zu nehmen, nicht regelmäßig Bücher zu lesen und seinen Horizont zu erweitern.

Ein Kind in einem Entwicklungsland, das nie lesen gelernt hat, ist im Grunde genommen genauso „*reich*“ wie ein Erwachsener, der lesen gelernt hat, es allerdings nicht oder nur oberflächlich anwendet. Ja, das hört sich jetzt sehr schwarz-weiß an; und ja, es gibt so gut wie keinen Erwachsenen in unserem Kulturkreis, der gar nicht liest. Doch wer nicht regelmäßig liest, hat genauso viel gelernt wie jemand, der gar nicht lesen kann! Also: *Nur wenn du dein Wissen wirklich umsetzt, hast du etwas gelernt.* „*Gelernt*“ heißt für mich und im Kontext dieses Buchs übrigens, dass ich etwas verinnerlicht habe und das auch in meinem Leben anwende.

Vielleicht wirst du dieses Buch nun mit einer anderen Einstellung, mit einer anderen Absicht weiterlesen – denn auch wenn du auf den nächsten Seiten immer mal wieder sagen kannst: „*Ja, kenne ich! … Habe ich schon mal gehört…*“, heißt nicht das Geringste in Bezug darauf, ob du etwas *gelernt* hast und das Gelernte auch anwendest. Ein wahrer Meister bist du dann, wenn du Gelerntes bzw. Wissen unbewusst anwendest: Das ist deine sogenannte unbewusste Kompetenz.

1. WARUM SCHREIBE ICH DIESES BUCH?

Was gibt mir das Recht, über dieses Thema ein Buch zu schreiben? Warum nehme ich mir überhaupt das Recht heraus, ein Buch zu schreiben? Liegt es vielleicht an meinem Nachnamen, „*Verleger*“, dem ich Ehre machen möchte? Was ist meine Geschichte?

Es gibt viele Gründe, warum ich dieses Buch schreibe (und die werden sich sicherlich auch mit der Zeit verändern) –, doch was mich wirklich bewegt, ist Folgendes:

- Wie wäre die Welt, wenn jedem Menschen Bildung in gleichem Maße zur Verfügung stünde bzw. genau in dem Maße, das dieser Mensch für seinen aktuellen Entwicklungsschritt bräuchte?
- Welcher Entwicklungsschritt im Leben eines Menschen und der Menschheit hat nichts mit Bildung zu tun? War der erste Schritt nicht stets das Lernen, bevor eine Veränderung oder Fortschritt erfolgen konnte?
- Als Kind und Jugendlicher habe ich Bücher gehasst! Seit 1999 begeistert mich das Thema „*Lernen, Weiterbildung, geistige Nah-*

rung" so sehr, dass ich eine richtige Leseratte geworden bin. In den kommenden Jahren werde ich wohl die 1000er-Marke der von mir in unterschiedlichen Formaten gelesenen Literatur durchbrechen – die Wahrscheinlichkeit steigt also, dass ich dann auch dem einen oder anderen Leser von diesen Erkenntnissen etwas Gutes für *seinen* Entwicklungsprozess zurückgeben.

- Ja, mein Nachname ist „*Verleger*." Und ja, ich möchte meinem Namen Ehre machen! Mit meinem ersten Buch „*Ihr guter Ruf verkauft. Sonst nichts!*" durfte ich erste Erfahrungen im Schreiben sammeln – auch wenn dies schon ein paar Jahre zurückliegt. Jetzt habe ich wiederum die Absicht, meinen Ruf zu verbessern und auszubauen – und ja, auch ich wünsche mir Bestätigung und Anerkennung durch diese Zeilen (auch wenn ich genauso dem Risiko der Kritik ausgestellt bin).

- Ich möchte Menschen helfen, zu erkennen, dass *alles* mit Bildung und Lernen beginnt – egal in welcher Lebenssituation. Allerdings stehen uns heute so viele Möglichkeiten dazu zur Verfügung, dass sie uns nicht selten eher lähmen, anstatt uns voranzubringen. (Doch selbst diese Erkenntnis ist bereits ein Lernprozess!)

- Ich möchte speziell jungen Menschen ermutigen und ihnen vermitteln, dass das Lernen mit dem *Schulabschluss beginnt* und das Ende des Lernens nie kommen wird – allerdings kannst du in sehr starkem Maß beeinflussen, wie dein Leben an seinem Ende aussehen wird. Wenn Menschen glauben, sie müssen nichts mehr lernen, dann müssen sie früher oder später lernen, mit den gesellschaftlichen Konsequenzen, die dieser Einstellung unweigerlich folgen, umzugehen.

- Es gibt nichts Wertvolleres, als sich mit Menschen zu umgeben, für die Lernen Teil ihrer täglichen Nahrung ist und die ein Leben lang „*lernhungrig*" sind. Genau mit solchen Menschen möchte ich mich umgeben und eine Community etablieren oder für ähnliche existierende Communitys einen Mehrwert liefern.

- … und ja, ich möchte auch Geld mit diesem Buch verdienen. Solltest du selbst Autor sein und jetzt ein großes Schmunzeln im Gesicht haben, dann kann ich dich verstehen – die große Mehrheit der Autoren verdient selten das große Geld mit dem eigenen Buch (egal welches Format und ob mit oder ohne Verlag). Warum das so ist, ist klar: weil sie ihre Lernerkenntnisse in diesem Buch nicht umgesetzt haben (obwohl sie ihnen vielleicht bekannt waren – hier empfehle ich, nochmals das Vorwort zu überfliegen).

Du fragst dich vielleicht: „Ist dieser Autor – der Herr Verleger – überhaupt reich …? Was hat er denn wirklich „*gelernt*?" Nicht in dem Sinne, welche Ausbildung oder welches Studium er absolviert hat, sondern was denn *seine* Lernerkenntnisse eigentlich sind? Und sind diese Lernerkenntnisse für dich, deinen Entwicklungsprozess und deine aktuelle Situation überhaupt relevant? Darauf kann ich dir nur eine Antwort geben: Finde es heraus, indem du dieses Buch liest!

Meine Absicht ist auf alle Fälle, dich auf deinem Weg des Lernens zu begleiten – und auch von deinen Erfahrungen zu lernen. Wenn du diese teilen möchtest, dann bleibe über www.lernenwirddichreichmachen.de mit mir im Dialog.

2.
VORBEREITUNG ZUM LESEN

Dieses Buch ist kein „*How to …*“ oder eine „*Anleitung in x Schritten …*“ Es ist ein Begleiter für (hoffentlich) sehr viele Lebenssituationen.

Natürlich gibt es unzählige Werke, die genau dies bereits von sich behaupten, und ich möchte mir gewiss nicht anmaßen, dir hier ein „*Rezeptbuch*“ für alle Lebenslagen an die Hand zu geben. Doch ich bin mir sicher, dass du über die eine oder andere Erfahrung und Erkenntnis schmunzeln, dass du dich in mancher Geschichte wiederfinden wirst – und ich bin mir sicher, dass dieses Buch ein kleines, aber feines Puzzleteilchen in deinem eigenen Lern- und Reichtumsprozess sein wird.

Ich werde dir als Leser im Laufe dieses Buchs immer wieder Fragen stellen – darum frage dich, bevor du wirklich in die einzelnen Kapitel einsteigst, bitte *JETZT* selbst:

- Was will ich wirklich lernen?
- Was will ich *nach* dem Lesen von diesem Buch gelernt haben?
- Was will ich unbedingt wirklich umsetzen und darin ein wahrer Meister werden?

- Was bedeutet Reichtum für mich?
- Welche Art von Reichtum ist mir wirklich wichtig?

Ich habe mir diese Fragen auch gestellt. Was ist meine Absicht? Welches Ergebnis will ich erzielen? Ich habe dir mein Warum bereits auf den ersten Seiten dargestellt. Ob es dann aus diesem Grund auch der berühmt-berüchtigte Bestseller wird, werden wir sehen. (Doch wie du später lernen wirst, ist Bestseller nicht gleich Bestseller …)

Für einen flüssigen Dialog und leichtere Lesbarkeit verzichte ich bewusst auf die männliche, weibliche oder auch Unisex-Form der Formulierung und auch auf die unpersönliche Sie-Form. Ich hoffe, du kannst mir das verzeihen (und vielleicht haben wir hier ja schon eine erste Lernerkenntnis – siehe auch das Kapitel 17 „*Lerne, dich nicht zu wichtig zu nehmen, bzw. lass dein Ego ruhig mal zu Hause*“).

3. LERNE, ZU VERKAUFEN

Egal, in welchem Gebiet des Reichtums du unterwegs bist, eines ist gewiss: Du musst lernen, zu verkaufen! Ob materiell, für die Umsetzung von Ideen und Projekten, für Ressourcen, um eine bessere Welt zu kreieren oder ein Charity-Projekt zu stemmen – ganz egal: Ohne Verkaufskompetenz wirst du es immer schwer haben!

Natürlich kannst du sagen: „*Nein, das will ich nicht. Bei mir heißt das: Ich lade den Kunden zum Kauf ein.*" Gut, dann nenne es so! Doch unterm Strich ist das Gleiche passiert. Durch deine Handlung, Ansprache, Kommunikation etc. entsteht eine *Transaktion*. Es gibt unzählige Bücher, Seminare, Trainings, Podcasts, Onlinekurse etc. zu diesem Thema – zu Recht, denn das Verkaufen ist ein Prozess, der sich ständig verändert und den du wirklich beherrschen solltest, um zu lernen und reich zu werden.

Ich selbst hatte in meinen Anfangsjahren ein gespaltenes Verhältnis zum Thema Verkaufen – wie bei vielen anderen wahrscheinlich auch war der Begriff bei mir irgendwie negativ behaftet: Verkaufen ist schlecht, schmierig, unethisch … Ich wollte nur das Beste für die anderen – ich wollte nicht verkaufen! Dementsprechend waren meine Ergebnisse. Eines Tages hat mir ein potenzieller Kunde im Nachgespräch geantwortet: „*Herr Verleger, Sie wollen mir doch nur was verkaufen.*“ In meiner (Vertriebs-)Naivität antwortete ich: „*Nein, ganz und gar nicht. Ich will nur das Beste für Sie!*“ Habe ich damals den Auftrag erhalten? Nein, natürlich nicht.

Wenn ich diesen Satz heute hören würde, dann würde ich mit voller Überzeugung sagen: „*Klar, denn ich habe das beste Produkt und die beste Dienstleistung für sie und ihre aktuelle Situation. Was müssen wir noch klären, bevor sie beginnen?*“ Würde ich mit dieser Antwort heute den Auftrag *immer* erhalten? Nein, natürlich auch nicht. Doch die Wahrscheinlichkeit ist viel höher, da sich meine eigene innere Einstellung geändert hat – und das ist mit ein Grund, warum ich in meiner Branche immer noch die besten Vertriebsergebnisse erziele und europaweit immer wieder gefragt werde, wie ich das schaffe.

Wie gesagt, es ist nur ein Baustein.

Was ich in Hamburg auf der Reeperbahn gelernt habe

Im Rahmen meines ersten Buchs habe ich mit meinem damaligen Autorenkollegen unterschiedliche Unternehmerpersönlichkeiten interviewt – Unternehmer, die sehr gut auf einem Gebiet waren und bereits eine entsprechend gute Reputation genossen. Einer dieser Interviewpartner war der Geschäftsführer Andreas Bartmann vom größten Outdoor-Händler in Europa, Globetrotter. Unser Interview hat uns direkt in die Zentrale nach Hamburg geführt, wo wir auch übernachtet haben. Wenn man – wie ich – aus Süddeutschland mal in Hamburg ist, darf ein Einsatz auf der Reeperbahn natürlich nicht fehlen. Nicht (wie der eine oder andere denken mag) mit Terminen in der Herbertstraße o. Ä. – es gibt auch normale Restaurants und Adressen. Trotzdem haben wir uns dann am Abend als Fußgänger auf der Reeperbahn bewegt, und wer als Mann noch nie dort war, kann sich das kaum vorstellen: Du läufst ganz normal auf dem Gehweg und wirst von wildfremden Frauen angesprochen. Wirklich aktiv, nicht nur zwinkern, kichern oder hinterherrufen. Nein, die jungen Damen sind aktiv auf uns zugegangen, ohne dass wir irgendwelche Anzeichen von Interesse gezeigt hätten. Diese *„akquisitorische Ansprache“* war unterschiedlichster Art: manche plump, manche eher kreativ, manchmal sogar zu zweit (okay, machte wohl Sinn, denn wir waren auch zu zweit – dann scheint die Quote wohl besser zu sein). Was allerdings der Hammer war, sind folgende zwei Punkte.

- Sobald wir einer Dame einen Korb gegeben haben und diese sich kaum zwei bis drei Meter von uns entfernt hatte, kam sofort die nächste. Obwohl sie gesehen haben musste, dass ihre Vorgängerin von uns eine Absage erhalten hatte, hinderte sie dies nicht im Geringesten, uns auf ihre Art und Weise von ihrer Dienstleistungskompetenz zu überzeugen. So ging das entlang der gesamten Reeperbahn. Und auf ca. 300 Metern Länge hatten wir mindestens zehn *„Kaufeinladungen.“*

- Nach der zweiten oder dritten Ansprache wurden auch wir kreativer mit unseren Antworten, und irgendwann haben wir dann jeweils unsere Eheringe gezeigt und ergänzt: *„Schaut Mädels, wir sind schon vergeben. Ihr seid leider zu spät dran …“* Was würdest du in deinem Job auf diese Art von Absage antworten? Zur Veranschaulichung ein Beispiel: Einer deiner potenziellen neuen Kunden sagt: *„Tut mir leid – ich habe bereits schon dies und das Produkt/diesen und jenen Dienstleister.“* Würdest du dich enttäuscht zurückziehen? Würdest du mit einem Lächeln zum nächsten potenziellen Kunden gehen? Hier die kreativste Antwort, die wir erhalten haben, nachdem wir die Eheringe gezeigt haben und o. g. Äußerung machten: „*Verstehe, ihr glaubt also wirklich, dass wir zu spät dran sind. Dies (sie zeigten auf die Eheringe) ist doch der einzige Grund, warum es uns gibt!*" Wow – ich war baff!

Auch wenn die Damen bei uns keinen erfolgreichen Abschluss für ihre Dienstleistung herbeiführen konnten, habe ich damals etwas Entscheidendes für den Verkauf gelernt: Egal wie vielen Verkäufern dein potenzieller Kunde vorher eine Absage erteilt hat – wenn du keinen Versuch machst, kannst du nicht gewinnen. Vielleicht ist es manchmal sogar besser, erst dann einen potenziellen Kunden kennenzulernen, der bereits zehn deiner Konkurrenten (falls du welche haben solltest) eine Absage erteilt hat. Bei den zehn Antworten vorher war es wohl immer ein NEIN im Sinne von **N**och **E**in **I**mpuls **N**ötig. Sei also du dieser Impuls, und löse ein Problem, oder erfülle ein Bedürfnis in der Vorstellung und für die Situation deines Gegenübers.

Welche kreativen Antworten hast du auf Standardeinwände parat, die deinen potenziellen Kunden schwach werden lassen oder mit denen du zumindest das Verkaufsgespräch mit einem gewissen Humor fortsetzen kannst?

Ich bin mir sicher, dass es unzählige verheiratete Männer gibt, die bei der richtigen Dienstleisterin auf der Reeperbahn schwach werden könnten, sich eine logische Argumentationskette aufbauen und sich diesen Service nun doch einmal oder auch wiederholt gönnen – in welchem Ausmaß und in welcher Intensität steht auf einem anderen Blatt. Doch eigentlich hatten diese Kunden ja gar keine Kaufabsicht, oder?

Wenn es in der Ehe oder festen Partnerschaften dann mal gerade nicht rund oder bestens läuft, ist die Quote bestimmt noch besser. Nachdem in Deutschland ca. jede zweite Ehe wieder geschieden wird, kann es bestimmt Situationen geben, in denen genau das eine mit dem anderen zusammenkommt (bewusst zusammengeschrieben).

First sell, then buy

Ich habe hier bewusst die englische Schreibweise gelassen – sie ist (wie so oft) einfach griffiger. Gelernt habe ich das „*First sell, then buy*"-Prinzip von dem Trainer und Verkaufsprofi T. Harv Eker. Falls du T. Harv nicht kennst: Entweder man mag seine Art, oder man mag sie nicht – dazwischen gibt es recht wenig.

Fakt ist: T. Harv hat gelernt, zu verkaufen. Von klein bis groß. Er kann ein 5-Euro-Produkt oder ein Produkt für 10.000 Euro und mehr verkaufen. Darauf will ich allerdings gar nicht hinaus. Viel wichtiger ist die *Sequenz**, die er im Verkauf verwendet! Dies haben die wenigsten für sich in der Praxis ausprobiert und umgesetzt. Speziell wenn es um die Einführung eines neuen Produkts geht – denn hier besteht auch das größte Risiko.

Wer dieses Prinzip ebenso umsetzt, ist der in den USA tätige südafrikanische Entrepreneur Elon Musk. Durch seine Ankündigung des batteriebetriebenen Pkws „*Tesla Model 3*" im Frühjahr 2016 erhielt er quasi (noch bevor ein einziges Auto produziert wurde!) fast eine halbe Million Vorbestellungen. Offiziell waren für eine formelle Vorbestellung 1.000 US-Dollar Anzahlung fällig. Selbst wenn nur ca. 50 Prozent der Interessierten die Anzahlung geleistet haben, hat er damit trotzdem auf einen Schlag 250 Millionen US-Dollar eingesammelt! Natürlich muss

* Mit Sequenz ist hier der zeitliche Ablauf innerhalb des Verkaufsprozesses gemeint.

Musk liefern – doch seien wir mal ehrlich: Welcher Automobilhersteller kann bei sich diese Fakten für seine neuen Modelle vorweisen?

Warum ich dir diese Story erzähle? Ich habe daraus ganz konkret gelernt und diese Erkenntnis seitdem schon oft angewendet: Wenn du dein Produkt oder deine Dienstleistung noch nicht am Markt etabliert hast, dann ist es wichtig, den Markt und das Käuferpotenzial zu *testen* – und zwar VOR Markteinführung. Also bevor produziert wird, bevor du alles Nötige für das Produkt einkaufst und in Vorleistung gehst. Viele behaupten jetzt sicher: Das ist doch logisch! Ach wirklich? Und wie viele setzen es tatsächlich um? Damit wären wir wieder beim Anfang des Buches. Nur weil jemand etwas gehört oder gelesen hat, heißt das noch lange nicht, dass er es anwendet und es damit auch gelernt hat. Was das konkret bedeutet? Ganz einfach: Wenn du nicht in der Lage bist, eine Idee zu verkaufen, dann wirst du auch nicht in der Lage sein, ein fertiges Produkt zu verkaufen.

Also, wo stehst du im Kontext *„Verkaufen"*? Wie hoch ist deine Kompetenz auf einer Skala von null bis zehn? Null = Ich muss aufs Klo, wenn der Kunde unterschreiben will. Zehn = Du bist in der Lage, den Inuit eine Kühl-Gefrierkombination Güteklasse A+ zu verkaufen.

Einer meiner Mentoren hat die Aussage geprägt: *Sales equals Income* (Verkäufe = Einkommen). Ohne jetzt hier in die Tiefe der Begrifflichkeiten der Buchhaltung einzusteigen: Fakt ist, wer mehr, häufiger und/oder höherpreisige Produkte verkaufen kann, hat es leichter, entsprechend profitabel zu sein.

Meine Lernfragen an dich:

- ☐ Wie gut und hoch ist deine Abschlussquote?
- ☐ Wie gut bist du im Vergleich zu deinen Branchenkollegen?
- ☐ Wie viel Energie vergeudest du, weil du zu spät Budget- oder Entscheidungskompetenzfragen klärst?
- ☐ Wie gut hast du deinen Verkaufsprozess verfeinert, entfeinert oder immer wieder verbessert und auf den Prüfstand gestellt? (Was vor fünf Jahren super funktioniert hat, kann heute oder morgen bereits kalter Kaffee sein.)
- ☐ Hast du deinen Verkaufsprozess schon mal schriftlich notiert?
- ☐ Wie hoch ist deine *„Stornoquote"* in Bezug auf eine mündliche Zusage bis hin zum tatsächlichen Eingang des Geldes auf dem Konto, an dem du gesetzlich nicht mehr verpflichtet bist, es zurückzuzahlen?
- ☐ Wie häufig bildest du dich im Kontext *„Verkaufen"* weiter?
- ☐ Welche persönliche Einstellung hast du zum Thema Verkaufen?
- ☐ Wenn du noch nicht der Beste in deiner Branche bist, was hindert dich daran, dies in den nächsten sechs bis 18 Monaten zu werden?

Wenn du mit deiner Verkaufskompetenz auf das nächste Level kommen möchtest, dann empfehle ich dir folgende Quellen:

Name	Produkte	Website	Bemerkung
Sandler Sales Institute	Sales Mastery	www.sandler.com	Sehr gute Systematik, um die Abläufe und Sequenzen zu optimieren
Roel C. Schaart	Sparring und Executive Coach	www.roel-schaart.com	ICF MCC zertifizierter Coach
Chet Holmes	The ultimate Sales machine	www.chetholmes.com	Leider 2012 an Blutkrebs gestorben
Tony Robbins	The Power to influence	www.tonyrobbins.com	Industrieleader im Bereich Persönlichkeits-entwicklung
Umberto Saxer	Eduno	www.umberto.ch	Viele Bücher und eigene Lernplattform

Prüfe unbedingt auch die Sonderkonditionen, die ich für dich als lernbegeisterten Leser speziell verhandelt habe und dir als Zusatzbonus anbieten kann: www.lernenwirddichreichmachen.de/deals

4. LERNE, DICH MIT DEN RICHTIGEN MENSCHEN ZU UMGEBEN

Oh, diese Überschrift stößt dem einen oder anderen bestimmt auf – denn wenn ich von *richtigen* Menschen schreibe, ist es nur ein kleiner Schritt zur Behauptung, es gebe auch *falsche* Menschen.

Ja, ich glaube, es gibt *falsche* Menschen. Falsch allerdings in dem Sinn, dass diese Menschen dir nicht guttun und deshalb falsch für dich sind. Falsch im Sinne des sprichwörtlichen *„falschen Fünfzigers.“* Natürlich sind *falsche* Menschen richtige Menschen im Sinne von Fleisch und Blut. Doch in Bezug auf deinen Fortschritt, deine persönliche Entwicklung und den emotional positivem Einfluss, den Menschen auf dich haben – macht es einen enormen Unterschied, ob und wie sehr du dich mit den *richtigen* Menschen umgibst.

Ich meine nicht, dass du dich jetzt von all deinen Freunden trennen sollst, weil diese nicht den Reichtum in der Definition verkörpern, den du gerne willst – doch dein Umfeld prägt dich mehr, als du dir vorstellen kannst. Du hast bestimmt schon mal die Aussage gehört: *„Du bist der Durchschnitt der fünf Personen, mit denen du dich die meiste Zeit umgibst."* – ich glaube, Jim Rohn* hat dieses Zitat geprägt. Nun ist man nicht immer in jeder Lebenssituation in der Lage, sein Umfeld komplett frei zu wählen, doch wenn du dich in der meisten Zeit mit Menschen umgibst, denen Fortschritt, Lernen und Wachsen nicht wichtig ist, dann wird es um ein Vielfaches schwieriger für dich sein, voranzukommen. Und wenn du noch weiter in die Tiefe gehst, dann wirst du feststellen, dass es bei den o. g. fünf Personen nicht aufhört, sondern im Grunde dein komplettes Netzwerk bzw. Umfeld betrifft: Wenn du dich nur mit Loosern umgibst, ist es eher unwahrscheinlich, dass du zu den Gewinnern gehörst. Wenn du dich allerdings nur mit Gewinnern umgibst, dann kannst du auch gerne mal der Looser sein, um von Gewinnern zu lernen und dich von ihnen hochziehen zu lassen. (Das ist unter anderem ein Grund, warum sogenannte Mastermind-Gruppen immer beliebter werden.)

Doch Achtung: Bitte prüfe genau, *wen* du aus welchem Grunde um dich herumhaben willst. Egal ob im persönlichen oder beruflichen Umfeld. Wenn du zum Beispiel deine körperliche Ausdauerperformance verbessern willst, dann tausche dich mit Ausdauersportlern aus, die Ausdauersport ernsthaft praktizieren. Als ich im Jahr 2006 meinen ersten Marathon gelaufen bin, habe ich natürlich entsprechend trainiert und mir keinen Trainingsplan aus dem Internet heruntergeladen, sondern mich von einem Ultra-Triathleten beraten und coachen lassen. Er hat schon mehrfach einen dreifachen *Ironman* am Stück absolviert – also 11,4 km schwimmen, 540 km Rad fahren und dann noch drei Marathonläufe am Stück! Natürlich war das nicht mein Ziel und für mich absolut irrelevant – was jedoch relevant war: Er wusste genau, welche

* Emanuel James „Jim" Rohn (1930–2009): US-amerikanischer Unternehmer, Autor und Motivationstrainer

Problemchen wann und wo auf mich lauern werden und wie ich mich darauf am besten vorbereiten kann. Er hat es schon erlebt, er hat es schon vorgemacht, er hat es schon bewiesen.

Was hat seine Erfahrung mir persönlich gebracht? Ich konnte den Marathon ganz entspannt und ohne irgendwelche gesundheitlichen Strapazen – während des Laufs, gegen Ende oder auch am Tag danach – absolvieren. Auch wenn ich nur ein paar Minuten über meiner geplanten Zielzeit von 3 Stunden und 30 Minuten die Ziellinie im Münchner Olympiastadium überschritten habe, war die Investition in diesen Trainer wohl eine der wertvollsten und bereicherndsten.

Also: Wenn du reich werden willst, dann überlege dir genau, mit wem du dich umgibst und von wem du welchen Rat annimmst. Unterm Strich wirst du am schnellsten lernen können, wenn du folgende Punkte bei deinem Umfeld berücksichtigst:

- ☐ Wer ist der Beste oder gehört zu den Besten in dem Bereich, in dem du dazulernen willst?
- ☐ Wer hat den größten Misserfolg selbst durchlebt und diesen erwiesenermaßen gemeistert, gelöst bzw. *nachhaltig* in Erfolg oder Reichtum umgewandelt?
- ☐ Finde diese Persönlichkeiten, und lerne von ihnen!

Wenn du auf den Mount Everest willst, dann bittest du nicht jemanden, der gerne mal zum Wandern in den Schwarzwald geht, um Rat. Und auch nicht jemanden, der den Mount Everest bestiegen hat, allerdings nicht zurückgekommen ist (okay – geht ja dann auch nicht mehr wirklich). Was ich damit sagen will: Nur weil jemand mal unternehmerisch an der Spitze war, heißt das noch nicht alles. Erfolg bringt einen bekanntlich nach oben – doch nur permanente Exzellenz hält dich an der Spitze.

Wenn du mit Menschen eine Beziehung aufbaust, die schon da sind, wo du sein möchtest, dann wird dir dies jede Menge Ressourcen in unterschiedlicher Form ersparen (Zeit, Geld, Ärger, Emotion, Schmerz …) – und das aus einem ganz einfachen Grund: Wir Menschen sind soziale Wesen; der Kontakt zu unseren Mitmenschen ist also ein *lebensnotwendiges Bedürfnis*. Ja, selbst im Zeitalter der digitalen Freunde – jetzt vielleicht noch mehr als jemals zuvor.

Stell dir vor, du hättest allen materiellen Reichtum, den du dir vorstellst, zu jeder Zeit, doch du hättest keinen sozialen Austausch. Du wärst trotz deines Reichtums wohl der tatsächlich Ärmste auf diesem Planeten. Wenn du dies nicht glaubst, dann schau dir mal die TV-Realityshow „*Alone*" an. In dieser Survival-Doku werden zehn Männer in der kanadischen Wildnis ausgesetzt, um zu jagen, Unterkünfte zu bauen und mit wilden Tieren klarzukommen – keiner hat es länger als 90 Tage ausgehalten, und fast alle haben berichtet, wie extrem vor allem die psychische und emotionale Belastung war, absolut allein und ohne ein soziales Umfeld zu sein. Natürlich magst du jetzt einwenden, dass dies doch ein extremes Beispiel ist – doch glaub mir, meistens findet man gerade in extremen Situationen die wirklichen Gründe und Motive, die das Leben lebenswert machen. Frage einfach mal einen Menschen,

- der sterbenskrank war und genesen ist, oder
- der eine unheilbare Krankheit diagnostiziert bekommen hat, oder
- der wie durch ein Wunder einen Unfall überlebt und quasi schon dem Tod ins Auge blicken durfte, oder

- der einen verloren geglaubten Menschen wiedergefunden hat, oder
- der in Isolationshaft gehalten wurde.

Sei bitte auch nicht so egoistisch und glaube, dass du keine Hilfe oder Unterstützung von anderen annehmen solltest. Selbst Spitzensportler, die in einer Einzeldisziplin am Start sind, schaffen dies nur, weil sie die richtigen Menschen um sich herum und im Team haben. Die Aussage einer meiner Mentoren ist also absolut treffend: „*Love your family – choose your friends and partner wisely / Liebe deine Familie, wähle deine Freunde und Partner weise.*“

Wenn du mich bereits persönlich kennst, dann weißt du, dass ich im Jahr 2003 als erster das professionelle Unternehmernetzwerk BNI erfolgreich in Deutschland gestartet habe. Ohne jetzt hier detaillierter auf BNI einzugehen, wird dir jeder Selbstständige, Unternehmer oder auch Angestellte sagen, dass die richtigen Netzwerkkontakte entscheidend sind, um weniger Fehler zu machen, schneller an relevante Informationen zu gelangen oder von den Erfahrungen anderer zu lernen, ohne diese erst selbst machen zu müssen. Sehr häufig ist der Wert eines Netzwerks nicht mit monetärem Reichtum zu quantifizieren. Mein Freund Freddy Kremer zum Beispiel kann sich durch die richtigen Kontakte sogar sein nicht gerade günstiges Hobby als Rennsportpilot (früher ist er für Ferrari gefahren, heute für Porsche) finanzieren.

Meine Lernfragen an dich:

- ☐ Welche Menschen in deinem Umfeld tun dir gut – mit wem würdest du gerne mehr Zeit verbringen?
- ☐ Welche Menschen in deinem Umfeld saugen Energie von dir oder geben dir ein schlechtes Gefühl – was kannst du daraus lernen, oder wäre es an der Zeit, dich von ihnen zu trennen?
- ☐ Welche Menschen können dich auf deinem Weg zu dem Reichtum, den du anstrebst, unterstützen?
- ☐ Wen hättest du gerne als persönlichen Mentor?
- ☐ Von wem könntest du am meisten lernen?
- ☐ Für wen möchtest du ein Mentor oder Vorbild sein, sodass Menschen dich in deinem Umfeld haben wollen?
- ☐ Welchen Mehrwert könntest du einer Community bieten?
- ☐ Warum sind dir Beziehungen zu anderen Menschen wirklich wichtig?

Wenn du mit deinen Netzwerkkontakten und deinem Umfeld auf das nächste Level kommen möchtest, dann empfehle ich dir folgende Quellen:

Name	Produkte	Website	Bemerkung
Freddy Kremer	Reich durch Beziehungen	www.kremer-college.de	Bietet ebenso Führungskräfte Trainings an
BNI	Professionell organisiertes Unternehmernetzwerk	www.bni.de	Ich bin Franchisenehmer für zwei Regionen in Deutschland und habe 2003 als Erster in der EU[*] den Grundstein gelegt, dass unsere Kunden in D-A-CH[**] 2021 über eine Milliarde Euro zusätzliches Geschäft generieren konnten.
Jeff Gitomer	Das kleine schwarze Buch der Kontakte	www.gitomer.com	
Dr. Ivan Misner	15 Bücher über Netwoking	https://Ivanmisner.com	Auch „Father of modern networking" genannt
Keith Ferrazi	Never eat alone	www.keithferrazzi.com	

Prüfe unbedingt auch die Sonderkonditionen, die ich für dich als lernbegeisterten Leser speziell verhandelt habe und dir als Zusatzbonus anbieten kann: www.lernenwirddichreichmachen.de/deals

* Europäische Union

** Deutschland-Austria-Schweiz

5. LERNE, DIE VIER GRUNDRECHENARTEN SOWIE DIE ZEHNERPOTENZEN BIS 10^{12} IM KOPF ZU BEHERRSCHEN

Vielleicht lachst du über die Überschrift, hältst sie für banal, selbstverständlich – oder stimmst mir absolut zu. Warum ich glaube, dass dies für Reichtum, der in irgendeiner Form mit Zahlen (seien es Kennzahlen, Finanzzahlen etc.) zu tun hat, essenziell ist? Ich habe Tausende von Unternehmern kennengelernt, und nur ein paar wenige haben die Punkte in der Überschrift wirklich beherrscht, das heißt, unterm Strich konnten nicht viele wirklich gut rechnen bzw. richtig gut mit Zahlen umgehen.

Doch warum ist das so? Liegt es an unserem Schulsystem? Daran, dass viele mit Mathematik auf Kriegsfuß stehen oder standen? Ich rede hier nicht von Differenzial- oder Integralrechnung. Genauso wenig von komplexen Statistiken, Furier-Reihen oder Fibonacci-Mustern. Es geht hier darum, dass du schnell im Kopf und ohne Taschenrechner überschlagen und bewerten kannst, ob etwas Sinn macht bzw. schlüssig ist oder nicht.

Natürlich haben wir fast jederzeit Zugriff auf einen Taschenrechner, doch 15 Prozent Preisunterschied sollte man mit dem klassischen Dreisatz im Kopf hinbekommen. Genauso sollte man in der Lage sein, bis zu 1.000 Milliarden (also einer Billion) im Kopf mitzukommen. Natürlich musst du das Ergebnis nicht bis zur x-ten Nachkommastelle im Kopf haben, doch es sollte dir beim Kopfrechnen klar sein, ob du durch eine Multiplikation oder Division von einem möglichen Investment von 1 Million oder 10 Millionen sprichst. Wenn dir die 1.000 Milliarden zu hoch sind, dann solltest du mindestens bis zu einer Milliarde fit sein. Wenn du dir jetzt sagst: Das brauche ich nicht, dafür habe ich andere, die das für mich rechnen, dann schau dir bitte unbedingt genau die Kapitel 6 *„Lerne, Verträge zu lesen und nach dem Warum zu fragen“*, 7 *„Lerne, zu verhandeln“* sowie 9 *„Lerne, die richtigen Fragen zu stellen“* an. Im richtigen Moment könnte die gemeisterte Kompetenz in diesem Bereich mehrere Tausend oder sogar Millionen Euro für dich wert sein.

Ein weiterer Grund, warum die Fähigkeit, mit Zahlen umgehen zu können, so wichtig ist, liegt darin, Zahlenwerte *plausibilisieren*, *verifizieren* und *validieren* zu können. Auch wenn du ein Mensch bist, der sehr gerne Vertrauen schenkt – ob einem Mitarbeiter, Buchhalter, Steuerberater oder anderem Dienstleister –, glaube mir, auch die können Fehler machen (obwohl sie einen Taschenrechner oder eine Formel in Excel verwendet haben). Ich empfehle folgende Vorgehensweise:

- ☐ Stelle durch einen ersten Blick auf entscheidende Zahlen oder Sachverhalte, die mit Zahlen zu tun haben, fest, ob die Sache für dich *plausibel* klingt. Wenn du Zweifel hast, gehe unbedingt zum nächsten Schritt.
- ☐ *Verifiziere*, ob die zu bewertenden Zahlen richtig gerechnet wurden. Verifikation bedeutet, dass kein Rechenfehler vorliegt. Wenn dir die Zahlen dann immer noch spanisch vorkommen, führe unbedingt noch Schritt 3 durch.
- ☐ *Validiere* die entsprechenden Zahlen – schau dir also unbedingt die Zusammenhänge und Rechenwege an, um schlussendlich eine Aussage machen zu können, ob die Werte überhaupt Sinn machen.

Hier ein Beispiel: Dein Steuerberater teilt dir mit, dass du laut seiner Aufbereitung der Unterlagen für das vergangene Jahr eine Steuerrückzahlung von 6.000 Euro erhalten solltest. Du denkst natürlich: Super, wunderbar – da haben wir wohl gut geplant und gewirtschaftet. Da du mit der Rückzahlung nicht gerechnet hast, freut es dich umso mehr und du sagst dir: Klasse, dann gönne ich mir doch daraus gleich mal einen Sonderurlaub. Schließlich hast du ihn auch wirklich verdient bzw. sogar nötig. Da Finanzämter bekanntlich eingereichte Unterlagen nicht immer sofort oder nicht innerhalb von ein oder zwei Wochen bearbeiten, sondern gerne mal mehrere Monate brauchen, erhältst du den finalen offiziellen Bescheid erst drei bis vier Monate nach der erfreulichen Nachricht deines Steuerberaters – in unserem Beispiel also nach deinem Urlaub. Und siehe da, das Finanzamt kommt zur Erkenntnis, dass du nicht 6.000 Euro zurückerstattet bekommst, sondern 6.000 Euro nachzuzahlen hast!

Mmmh – ich könnte mir vorstellen, dass dich das nach deinem Urlaub nicht so besonders freut, oder? Natürlich geht jetzt die ganze Aufklärungs- und Ursachenforschung los, und siehe da, das Finanzamt hat richtig gerechnet und der Fehler lag beim Steuerberater. Doch wie kann das sein? Jeder Einzelwert in der Berechnung (über eine Excel-Tabelle dargestellt) war korrekt. Der Fehler lag daran, dass zum Schluss bei einer entscheidenden Subtraktion zwei Zellen vertauscht wurden. Es wurde also nicht B - A gerechnet, sondern A - B. B war in diesem Fall der Wert der bisher tatsächlich geleisteten Vorauszahlung in Höhe von 4.000 Euro und A der Wert für die tatsächliche noch zu zahlende Steuer in Höhe von 10.000 Euro. Konkret heißt das, dass die Differenz des Rechenfehlers bei tatsächlich 12.000 Euro lag!

Auch wenn du jetzt glaubst, dass so etwas eher Zufall bzw. reine Theorie ist, genau dieses Beispiel ist mir in meinen Anfangsjahren passiert. Ebenso kenne ich sehr viele Unternehmerkollegen, die sich immer wieder Herausforderungen wegen einer falschen Planungsberechnung bezüglich der Steuer stellen müssen – es ist also kein Zufall, sondern praxisrelevant! In den Anfangsjahren meines Unternehmerlebens war ich leider in einigen Punkten zu naiv und habe Entscheidendes immer wieder ohne die o. g. drei Schritte hingenommen. Der erste Schritt (*Plausibilität* – können 6.000 Euro Rückzahlung stimmig sein?) hätte mir auch damals schon auffallen müssen, und ich hätte skeptischer sein sollen. Bei der *Verifikation* wäre es auch noch nicht aufgefallen, weil Excel ja richtig rechnet. Wenn allerdings der letzte Schritt *Validierung* gemacht worden wäre, dann wäre aufgefallen, dass zwei Zellen vertauscht wurden und die sinnhafte Gültigkeit des Wertes nicht bestätigt ist. Nun wird man wegen einer Differenz von 12.000 Euro nicht zum Millionär oder muss deshalb unter der Brücke schlafen, doch in meinen Anfangsjahren war es für mich eine harte Erfahrung, kurzfristig mit einer Cash-Lücke im fünfstelligen Bereich zu jonglieren.

Übrigens gilt das nicht nur für Zahlen, die als Einheit Euro oder Dollar haben, sondern genauso für Produktionszahlen und Ressourcenzahlen wie Arbeitszeiten oder Manntage – je nach Branche auch für andere Einheiten wie Längen, Flächen, Volumen oder Geschwindigkeit. Machen wir doch einfach mal einen kleinen Test, wie gut und präzise du diese Aufgabe löst. Wenn du das Beispiel schon kennst, wunderbar – mach es ruhig nochmal:

Du bekommst ein Angebot für einen Tischtennisball und einen Tischtennisschläger als Gesamtpaket. Du weißt, dass der Schläger 1 Euro teurer als der Ball ist und der Gesamtpreis (für Schläger und Ball) bei 1,10 Euro liegt. Wie hoch ist der Preis für den Ball? Wie hoch für den Schläger? (Nochmal: Wenn du das Beispiel kennst, dann ist dir die Antwort eventuell noch im Gedächtnis. Rechne es trotzdem nochmals selbst aus, bevor du weiterliest.)

Gut, ich gehe davon aus, dass du nun deine Antwort für Schläger und Ball parat hast. Die meisten überlegen nicht lange und sagen, dass der Ball 0,10 Euro und der Schläger 1,00 Euro kostet. Denn im Gesamtpaket wären wir dann bei 1,10 Euro. Hast du diese Werte ebenso als Antwort gewählt? Wenn ja, hast du auch wirklich gerechnet und o. g. Kriterium, dass der Schläger 1 Euro *teurer* als der Ball ist mitberücksichtigt? Wenn der Schläger 1 Euro kostet und der Ball 0,10 Euro, dann wäre der Schläger nur 0,90 Euro teurer als der Ball (1 Euro minus 0,10 Euro). Demnach ist diese Antwort falsch. Korrekt ist: Der Ball kostet 0,05 Euro und der Schläger 1,05 Euro.

Wenn du die Antwort beim ersten Mal sofort richtig errechnet hast, gratuliere ich dir, denn du gehörst zur Minderheit, die diese Aufgabe sofort korrekt errechnet. Wenn deine Antwort falsch war, brauchst du nicht den Kopf in den Sand zu stecken oder dich zu entschuldigen („*In Textaufgaben war ich noch nie gut*"). Ich möchte dich einfach ermutigen, dass du bei *für dich entscheidenden Zahlenwerten* nicht einfach zustimmst, sondern genau rechnest. Es sind auch keine komplexen Rechenaufgaben, sondern fast immer nur Addition, Subtraktion, Multiplikation und Division. Okay, manchmal ist auch Prozentrechnen dabei, doch das ist doch nichts anderes als eine Division mit einer anschließenden Multiplikation (auch Dreisatz genannt).

Meine Lernfragen an dich:

- ☐ Wie fit stufst du dein Kopfrechnen in den Grundrechenarten und Zehnerpotenzen ein?
- ☐ Bei welchen Zahlen solltest du in Zukunft die drei Schritte Plausibilisieren, Verifizieren und Validieren anwenden?
- ☐ In welcher Situation hast du in der Vergangenheit schon einmal wirklich Geld auf der Straße liegen lassen, weil du die drei Schritte nicht angewendet hast, und was würdest du heute anders machen?
- ☐ Wem in deinem Umfeld könntest du diese Schritte beibringen, damit er hier vielleicht ebenso ein kleines Werkzeug an die Hand bekommt, um es auf seiner Reise zu Reichtum leichter zu haben?
- ☐ Gibt es einen Bereich in deinem Leben, bei dem es heute Sinn machen würde, dass du nochmals genauer die Zahlen anschaust?

6.
LERNE, VERTRÄGE ZU LESEN UND NACH DEM WARUM ZU FRAGEN

Ich bin mir sicher, dass du ein Smartphone besitzt oder bei irgendeinem Dienstleister ein Onlinekonto hast. Wenn nicht, dann bist du genauso ein Unikat wie der Inder, den ich in meinem letzten Afrika-Urlaub in Victoria Falls kennengelernt habe. In Indien leben ca. 1,3 Milliarden Menschen, doch dieser Mann hat keine Kinder, ist nicht verheiratet und hat keinen Lebenspartner im Alter von 62 Jahren. Dafür hat er schon 70 Länder auf der Welt bereist und will es noch auf 125 Länder schaffen. Wenn du nun das Kapitel 5 *„Lerne, die vier Grundrechenarten sowie die Zehnerpotenzen bis 10^{12} im Kopf zu beherrschen"* gelesen hast und deine Kompetenz auf den Prüfstand stellen willst, dann frage ich dich nach deiner Einschätzung: Auf wie viel Prozent der über 60-jährigen Inder trifft es wohl zu, dass diese nicht verheiratet sind, keinen Lebenspartner und keine Kinder haben. Unter jeder eingehenden Antwort verlose ich regelmäßig mein Hörbuch *„ReputationTALK"* – Insiderwissen von zwölf Unternehmerpersönlichkeiten im Wert von über 2.500 Euro. Schreibe mir deine Einschätzung an info@guntherverleger.com mit dem Betreff: Inder.

Doch nun zurück zum ersten Satz dieses Kapitels. Falls du ein Smartphone besitzt, dann hast du bestimmt auch die AGB (Allgemeinen Geschäftsbedingungen) vom Hersteller (ob Samsung, Apple, Huawei etc.) akzeptiert. Ohne dich zu kennen, gehe ich davon aus, dass du zu den 99 Prozent der User gehörst, die sich diese *nicht* durchgelesen haben, sondern einfach nur auf „*Akzeptieren*" geklickt haben. Warum ist das so?

- ☐ Weil du zu faul bist?
- ☐ Weil du AGB-Texte nicht verstehst (oder verstehen willst)?
- ☐ Weil du so oder so keine andere Wahl hast?
- ☐ Weil du Vertrauen darin hast, dass schon nichts passieren wird?
- ☐ Weil schon Tausende oder Millionen andere auch einfach auf „*Akzeptieren*" geklickt haben?
- ☐ …
- ☐ Du wirst deine Gründe haben, doch würdest du das Gleiche auch bei
- ☐ einem Kaufvertrag für ein Unternehmen,
- ☐ einem Kaufvertrag für eine Immobilie,
- ☐ einem Darlehensvertrag,
- ☐ einem Leasingvertrag,
- ☐ einem Mietvertrag,
- ☐ einer Versicherungspolice,
- ☐ einem Dienstleistungsvertrag mit einem Kooperationspartner oder Franchisepartner etc. tun?

Ich glaube, hier – also bei den „*Nichtlesern und Einfachunterschreibern*“ – liegt der Wert immer noch bei 50 Prozent. Ich weiß, dass diese Texte häufig trocken, schwer verständlich geschrieben und lang sind. Doch einfach zu akzeptieren, ohne sich der möglichen Konsequenzen bewusst zu sein, ist naiv und kann dich nach Jahrzehnten langer harter Arbeit nicht nur verdammt viel Geld kosten, sondern hat den einen oder anderen sogar um seine Existenz gebracht. Natürlich hast du im Falle eines Falles immer noch die Möglichkeit des Rechtswegs. Doch auch dieser kostet Geld, Zeit und emotional sehr viel Energie (die du woanders wesentlich sinnvoller einsetzen kannst).

Ich rede jetzt hier nicht vom Studieren eines Mietvertrags für ein Auto, das du dir fürs Wochenende mietest – obwohl du natürlich auch hier die Tankregelung, Kilometerleistung, Versicherungsbedingungen und Rückgabekriterien kennen solltest. Doch wenn du mit einem Partner einen Vertrag eingehst, dann solltest du dir auf alle Fälle die Dauer, Kündigungsbedingungen, Einmal- bzw. wiederkehrende Kosten, Dienstleistungsinhalte sowie Haftungsrisiken bewusst machen. Das heißt nicht, dass du alles zu deinen Gunsten anpassen oder ändern kannst, doch du musst dir bewusst sein, warum welche Passagen in den Verträgen drin sind und was dies im schlimmsten Fall für dich bedeutet. Wenn du also einen Vertrag liest und Passagen nicht verstehst, dann frage nach dem Warum oder einem praktischen Beispiel, um dir darüber Kenntnis zu verschaffen, was diese Punkte im Grunde bedeuten. Wenn du es trotz Erklärung nicht verstehst, dann frage dich, warum dieser Passus im Vertrag ist. Du stimmst mir bestimmt zu, dass es unklug wäre, Dinge zu akzeptieren, die du kaum oder überhaupt nicht verstanden hast.

Wenn du Verträge mit dem Verständnis und dem entsprechenden Bewusstsein unterzeichnest, dann ist es ganz allein deine Aufgabe, dafür Sorge zu tragen, dass dieses mögliche Restrisiko mit an Sicherheit grenzender Wahrscheinlichkeit überhaupt nicht eintreten wird bzw. der mögliche Schaden oder Verlust so gering wie möglich ist. Natürlich sind die besten Vereinbarungen die, die auf Basis von Vertrauen und sogenannter Handschlagqualität erfolgen und von beiden Parteien über Jahre eingehalten werden.

Doch leider ist das in der Praxis nicht immer der Fall. Wenn es sich um Werte oder Summen im sechs-, sieben- oder achtstelligen Bereich handelt, ist ein wie auch immer geartetes Zusammenkommen ohne ein Schriftstück wie einen Vertrag, eine Urkunde, ein Protokoll etc. realistisch so gut wie unmöglich. Ob es *sinnvoll* wäre, darf jeder selbst für sich entscheiden. Fakt ist nun mal eines: Situationen und Menschen bleiben nicht statisch, sondern verändern sich. Gesetze ändern sich, wirtschaftliche Bedingungen ändern sich, Interessen von Vertragspartnern ändern sich, persönliche Ansprechpartner bei Vertragspartnern ändern sich, persönliche Umstände ändern sich – und auch du änderst dich. Was dir vor fünf oder zehn Jahren noch wirklich wichtig war, ist dir heute vielleicht egal. Was dir vor zehn oder fünfzehn Jahren noch egal war, ist dir heute vielleicht wirklich wichtig.

Das beste Beispiel dafür, dass es allein mit Vertrauen und Handschlag sehr häufig schiefgeht, ist die Ehe. Was sagt die Statistik in Deutschland und weltweit? Jede zweite Ehe wird wieder geschieden? Nehmen wir einfach den Wert, dass ca. 40 bis 60 Prozent aller Ehepartner in Zukunft getrennte Wege gehen werden. Ich bin mir allerdings sicher, dass nahezu 100 Prozent aller Partnerschaften auf Basis von Vertrauen und noch mehr als Handschlagqualität eingegangen worden sind (gibt es so etwas wie eine Kussqualität?).

Die Gründe für eine Trennung sind unterschiedlichster Natur – ob nach wenigen Tagen oder mehreren Jahrzehnten: Man hat sich auseinandergelebt, man hat sich verkracht, man hat sich nichts mehr zu sagen, die Interessen haben sich verändert, die Lebensbedingungen sind anders geworden, der eine hat den anderen betrogen etc. Natürlich gibt es hierfür Gesetze und ein gewisses Regelwerk, doch manchmal sind Gesetze aus einem anderen Jahrhundert und längst zur Überarbeitung fällig bzw. für die aktuelle Zeit nicht mehr zeitgemäß (gelten allerdings weiterhin). Warum bei einer *„Zusammenbleibenswahrscheinlichkeit"* von ca. 50 Prozent trotzdem noch (von mir persönlich gefühlt) über 80 Prozent der Ehen ohne Ehevertrag geschlossen werden, ist mir ein Rätsel*.

Leider habe ich keine Fakten oder Statistiken, wie viel Vermögenswerte sich durch Scheidungen förmlich in Luft auflösen, doch je älter du wirst, desto mehr läuft die Zeit gegen dich. Und wenn du einen großen Teil deines Vermögens durch Partnerschaften jeglicher Art verloren hast, weil du dir zu Beginn über das mögliche Exit-Risiko nicht im Klaren gewesen bist, desto sorgfältiger wirst du bei weiteren Partnerschaften darauf achten (siehe hierzu bitte auch Kapitel 15 *„Lerne aus deinen Fehlern – und noch viel wichtiger: aus denen der anderen, denn die kosten dich nichts"*.

ABER: Wenn du nun selbst ohne Ehevertrag verheiratet sein solltest und durch diese Zeilen ins Nachdenken gekommen bist, dann wäre jetzt bestimmt *kein* guter Zeitpunkt, mit deinem Partner nachträglich über einen Ehevertrag zu sprechen!

---

* Vergleiche hierzu auch folgenden interessanten Artikel der ZEIT: https://www.zeit.de/arbeit/2018-12/ehevertrag-misstrauen-romantik-entscheidungshilfe-paare#:~:text=Und%20das%20zeigen%20auch%20die,den%2035%2D%20bis%2045%2DJ%C3%A4hrigen

Meine Lernfragen an dich:

- ☐ Welche Verträge solltest du doch besser mal auf Herz und Nieren prüfen, damit du ein mögliches Restrisiko minimieren kannst?
- ☐ Wer könnte dir beim Bewerten und Interpretieren dieser Verträge behilflich sein?
- ☐ In welcher Partnerschaft könnte es für beide Parteien Sinn machen, eine Vereinbarung schriftlich aufzusetzen, obwohl es seit Jahren reibungslos läuft?
- ☐ Kennst du die wichtigsten Kündigungs- und Exit-Bedingungen deiner wichtigsten Verträge?
- ☐ Könnte es Sinn machen, einen existierenden Vertrag nachzuverhandeln oder zu kündigen, weil der Markt sich geändert hat (Achtung: Manchmal haben sogenannte Altverträge auch enorme Vorteile)?
- ☐ Gibt es kostenintensive Paragrafen in deinen Verträgen, die eigentlich rechtswidrig sind (oh ja, nur weil etwas vertraglich festgehalten ist, heißt es nicht, dass es der entsprechenden Gesetzgebung entspricht)?

7.
LERNE, ZU VERHANDELN

Wann warst du das letzte Mal in einer Bäckerei und hast um ein paar Brötchen oder Backwaren verhandelt? Noch nie, oder? Wann warst du das letzte Mal in einem Supermarkt und hast um den Gesamtwert des Wocheneinkaufs verhandelt? Wahrscheinlich auch noch nie, oder? Wann hast du vor Auftragsbestätigung für ein dir vorliegendes Dienstleistungsangebot um einen Rabatt oder Preisnachlass gefragt? Ist bestimmt schon mal vorgekommen, oder? Wann hast du beim Kauf eines Autos oder einer Immobilie, den ausgeschriebenen Preis, ohne nachzufragen, bezahlt? Bestimmt noch nie, oder? (Okay, noch nie vielleicht dann, wenn du noch nie ein Auto oder eine Immobilie gekauft hast…) Denn eigentlich ist eine Preisverhandlung oder ein Nachfragen bei dieser Art von Transaktionen wie *„Geht noch was am Preis?"* gang und gebe.

Generell können wir wohl feststellen, dass die Wahrscheinlichkeit steigt, dass Verhandeln an der Tagesordnung ist oder einfach mit dazugehört, je höher der Betrag ist. Natürlich hängt es auch von den kulturellen Umständen ab, denn in arabischen Ländern ist es selbstverständlich, dass – zum Beispiel auf Märkten – auch bei kleineren Beträgen verhandelt wird und dies Teil der Kultur ist. Doch hast du in der Schule, in der Ausbildung oder im Studium gelernt, zu verhandeln? Ich kenne kaum Menschen, die in diesem Bereich wirklich fundiertes Wissen praxisrelevant anwenden.

Vor vielen Jahren habe ich ein Seminar besucht, bei dem es ums Verhandeln ging. Der Titel dieses Seminars war: *„You don't get what you deserve, you get what you negotiate / Du bekommst nicht das, was du verdienst, sondern das, was du verhandelst.“* Warum ich glaube, dass gutes Verhandlungsgeschick ein sehr großer Vorteil für deinen Reichtum bzw. deinen Wohlstand sein kann? Weil hier das meiste Potenzial vorhanden ist und eine Einkäuferweisheit besagt: *„Gewinne werden im Einkauf generiert.“* Natürlich gibt es auch Möglichkeiten im Verkauf, die Gewinne zu steigern, weil zum Beispiel mehr Nachfrage als Angebot besteht und dadurch der Preis nach oben geht. Doch auch in dieser Situation ist es gut, wenn man verhandeln kann – speziell wenn man auf der Verkäuferseite die Verhandlungen führt.

Was du auf alle Fälle wissen solltest, um das Maximum herausholen zu können:

- ☐ Ist Verhandeln überhaupt angemessen (siehe oben)? Natürlich kostet Fragen nichts – doch wenn du an der Kasse am Supermarkt stehst und fragst: *„Ich wollte mal nachfragen, ob ich bei meinem Wocheneinkauf bei Ihnen einen Preisnachlass erhalten kann?“*, könntest du in Deutschland einen Blick vom Verkaufspersonal erhalten, als ob du gerade vom Mond kämst. Doch selbst im Supermarkt kannst du verhandeln. Also schau, welche der nun folgenden Punkte für dich vielleicht relevant sein könnten:
- ☐ Wenn du glaubst, dass es angemessen sein könnte, dann frage auf alle Fälle nach. Wenn du nicht fragst, dann hast du allein dadurch schon viel verschenkt. Siehe hierzu auch Kapitel 9 *„Lerne, die richtigen Fragen zu stellen“*.

- ☐ Ist mein Verhandlungspartner – mein Gegenüber – überhaupt legitimiert, Verhandlungsparameter zu verhandeln, oder hat er überhaupt keine Befugnis dafür? Entsprechend sollte dies immer im Gespräch berücksichtigt werden. Das heißt nicht, dass man mit ihm nicht verhandeln kann – doch es ist sinnvoll, dies vorher zu wissen, damit du weißt, ab welchem Punkt dein Gegenüber zur befugten Person gehen soll oder diese an den Verhandlungstisch zu holen ist.
- ☐ Auch wenn es heißt: *„Die Konditionen sind nicht verhandelbar"* – es gibt *immer* Verhandlungsspielraum! Entscheidend hierfür ist nur, was ich dem Gegenüber als Verhandlungsmasse anbieten kann. Und Verhandeln betrifft nicht nur den Preis: Es gibt noch unzählige weitere Punkte wie zum Beispiel Zahlungsziel, Lieferdauer, Lieferort, Dienstleistungsinhalte, Produktdetails/-erweiterungen, Serviceverträge, Garantiekriterien, Rücknahmekriterien, Umfang des Liefervolumens (Menge), Tauschprodukt, Tauschdienstleistung etc. Wenn ich zum Beispiel angefragt werde, ob ich auf einer Tagung zum Thema *„Netzwerken oder Reputation?"* einen Vortrag halten kann, dann sage ich natürlich meinen Tagessatz von zurzeit 5.997 Euro netto. Nun gibt es auch immer wieder Anfragesteller, die diesen Tagessatz nicht im Budget haben. Dann frage ich nach, was sie mir denn als Alternative bieten können – und wenn die Veranstalter keine Idee haben, dann gebe ich ihnen eine Liste mit zu diesem Zeitpunkt relevanten Punkten, die für mich beispielsweise ein wertvolles Asset bedeuten würden und für mein Gegenüber so oder so schon mit abgedeckt sind – das könnten beispielsweise Film- oder Videomaterial von der Veranstaltung sein oder spezifische Kontakte zu anderen Medien der Berichterstattung,

Referenzen, das Kombinieren anderer Produkte etc. Entsprechend können wir auch zusammenkommen. (Wichtig: Ich bin hauptberuflich kein sogenannter Speaker und habe auch nicht vor, es zu werden. Doch wenn meine Kompetenz und Persönlichkeit gewünscht sind, dann bin ich gerne bereit dazu. Da ich schon vor mehr als in Summe 50.000 Teilnehmern, in acht Ländern und drei Sprachen aufgetreten bin und gesprochen habe, traue ich mir dies auch zu und habe mein Publikum noch nie enttäuscht oder im Stich gelassen. Denn für mich zählt nur: *„Welches Ergebnis sollen die Teilnehmer erzielen?“*

- ☐ Wer zuerst ein Zugeständnis macht, zieht meistens den Kürzeren. Du kennst sicher die Situation, dass es zum Beispiel preislich eine Differenz gibt, und dein Gegenüber macht den Vorschlag: *„Okay, dann machen wir für diesen Betrag doch einfach 50:50.“* Die große Mehrheit sagt dann sehr häufig *„In Ordnung“*, und dann war's das. Doch stell dir vor, du würdest in der Verhandlung dann so auf dieses Angebot reagieren: *„Nur mal angenommen, ich würde hier zustimmen, könnten Sie mir dann bei XYZ entgegenkommen?“* Mit XYZ sind o. g. andere Verhandlungs-parameter gemeint. Erkennst du den Unterschied? Und ganz wichtig: Die Formulierung muss im Konjunktiv sein; denn wenn du sagst: *„50:50 ist für mich okay – wie wär's, wenn sie mir noch bei XYZ entgegenkommen würden?“*, wird die Verhandlung garantiert einen anderen Lauf annehmen.
- ☐ Die Deadline bietet immer den größten Hebel: Bestimmt kennst du eBay-Auktionen, bei denen die Preise in den letzten Minuten oder sogar Sekunden förmlich durch die Decke gehen. Manche haben für ein gebrauchtes Produkt (ohne Promi-

oder Unikatfaktor) auch schon mal mehr als den Neupreis bezahlt (obwohl das Produkt im Handel verfügbar war). Ähnlich kurios geht es manchmal auf Zwangsversteigerungen für Immobilien zu. Da werden für was weiß ich für seltsame Objekte 20 bis 50 Prozent *über* Verkehrswert erzielt. Der Hauptfaktor ist hier das Thema *Zeit* (natürlich neben dem bekannten *„Gier frisst Hirn“*). Das heißt, wenn du dich das nächste Mal in einer Verhandlung befindest, solltest du unbedingt wissen, zu welchem Zeitpunkt die wirkliche Deadline bei deinem Gegenüber besteht, also der Zeitpunkt, nach dem wirklich nichts mehr geht bzw. an dem die Uhr abgelaufen ist. Natürlich ist das nichts für jemanden mit schwachen Nerven, doch denjenigen solltest du auch nicht als den befugten Verhandlungsführer an den Verhandlungstisch lassen, wenn es um vier-, fünf-, sechs-, sieben- oder noch höherstellige Beträge geht. Doch auch hier ist es wichtig, zu wissen, dass die meisten Deadlines wiederum verhandelbar sind. Selbst wenn die gegenüberliegende Partei aufsteht und sagt, dass die Zeit jetzt abgelaufen ist – du kannst den Leuten immer noch zum Fahrstuhl oder zum Taxi folgen oder die Fahrt bis zum Flughafen nutzen und weiterverhandeln.

☐ Notiere dir deine eigenen Grenzwerte *schriftlich, bevor* du in die finale Verhandlungsrunde gehst! Generell gibt es bei Verhandlungen immer diese vier möglichen Ergebnisse: *win-win*, *win-loose*, *loose-win* oder *no-deal*. Prio eins sollte immer *win-win* sein. Wenn du keinen *Win-win-Deal* hinbekommst, dann ist *no-deal* meistens besser, als wenn es für dich *win* und für dein Gegenüber *loose* bedeuten würde. Warum? Du kennst das Sprichwort: *„Man sieht sich immer zweimal im Leben.“*

- ☐ Versuche, während der Verhandlung den Schmerzpunkt des anderen herauszufinden. Beispiel: Du hast ein tolles Angebot für ein Fahrzeug gefunden, und du und der Verkäufer seid euch bei den Konditionen fast einig geworden. Doch eigentlich würdest du gerne noch das Drei-Jahre-Servicepaket mit reinverhandeln. Der Zeitpunkt, wann du das Fahrzeug tatsächlich bekommst, ist dir relativ egal – bei dir kommt es auf ein oder zwei Monate früher oder später nicht an. Du hast das Servicepaket noch gar nicht angesprochen, weißt allerdings, dass es für dich wirklich wertvoll sein könnte. Wenn du geschickt verhandelst, wirst du im Gespräch den Schmerzpunkt des Autoverkäufers immer konkreter herausfinden können – in unserem Beispiel liegt er darin, Zulassungsquoten zu erfüllen, meistens zum Quartalsende oder auch zu anderen Stichtagen. (Anhand der Zulassungsquoten werden dann die Gesamtrabatte für den Händler und auch die Provisionen für die jeweiligen Verkäufer gegenüber dem Automobilhersteller berechnet.) Es könnte also gut sein, dass es für den Verkäufer wichtig wäre, das Fahrzeug noch diese Woche zuzulassen. Du könntest also einen Test machen: „*Jetzt nur mal angenommen, wir könnten das mit der Zulassung noch diese Woche erfüllen, könnten Sie mir dann den Drei-Jahres-Servicevertrag noch inkludieren?*" Freuen wird das den Verkäufer wahrscheinlich nicht, doch meistens wird so eine Dienstleistung aus einem anderen Topf bedient oder ist betriebswirtschaftlich intern nicht so kritisch, wie die Zulassungsquoten wegen eines nicht zugelassenen Fahrzeugs zu verfehlen. Und selbst wenn drei Jahre nicht möglich sind, vielleicht sind es ja zwei?
- ☐ Schweigen – doch dazu mehr im Kapitel 8 „*Lerne, zu schweigen – vor allem im richtigen Moment*".

Meine Lernfragen an dich:

- ☐ Wie gut sind deine Nerven, wenn es darum geht, hohe Beträge oder generell bessere Konditionen zu verhandeln?
- ☐ Welche Person könntest du bei Verhandlungen als Sparringpartner mitnehmen?
- ☐ Welche weiteren Arten der Verhandlungsparameter gibt es noch außer den hier aufgelisteten?
- ☐ Wie geht es dir emotional, wenn du *win-win*, *win-loose*, *loose-win* oder *no-deal* verhandelt hast?

Wenn du mit deiner Verhandlungskompetenz auf das nächste Level gelangen willst, dann empfehle ich dir folgende Quellen:

Name	Produkte	Website	Bemerkung
Prof. Dr. Jack Nasher	Siehe Website	www.jacknasher.com	Verhandlungsexperte und mehrfacher Buchautor
Frieder Gamm	Siehe Website	www.friedergamm.de	
Karrass	Siehe Website	www.karrass.com	Schon seit Ende der 60er-Jahre auf Verhandlungskompetenz spezialisiert

Prüfe unbedingt auch die Sonderkonditionen, die ich für dich als lernbegeisterten Leser speziell verhandelt habe und dir als Zusatzbonus anbieten kann: www.lernenwirddichreichmachen.de/deals

8.
LERNE, ZU SCHWEIGEN – VOR ALLEM IM RICHTIGEN MOMENT

Im Kapitel 17 „*Lerne die Kraft der wirkungsvollen Kommunikation*" erfährst du, wie wichtig *gutes Reden* ist. Und wenn die Bühne deine Heimat werden soll, dann weißt du, wie wertvoll rhetorische Fähigkeiten sind. Doch warum heißt es dann im Volksmund: „*Reden ist Silber, Schweigen ist Gold.*"? Da Silber bekanntlich weniger wert ist als Gold, würde das ja bedeuten, dass Schweigen wertvoller ist. Ich bin mir sicher, dass dies vor allem auf die entscheidenden Momente bezogen zu betrachten ist. Das heißt, wenn du gut reden *und im richtigen Moment* schweigen kannst, dann ist das ganz besonders wertvoll.

Viele glauben, dass für Reichtum immer viel Radau und Lärm notwendig ist; also wenn ich am Markt nicht laut genug bin, nimmt mich niemand wahr, und wenn mich niemand wahrnimmt, dann bin ich in den Augen der anderen nicht präsent. Das mag vielleicht richtig in dem einen oder anderen Kontext sein – doch wie heißt es so schön: „… *und dann hat er sich verplappert, und alles ist aufgeflogen*". Natürlich wird dies immer in den Kontext mit Betrügereien oder illegalen Themen gebracht. Doch darum geht es hier nicht. Worum es mir geht, ist Folgendes: Wenn das Wichtigste gesagt ist, solltest du dir förmlich auf die Zunge beißen, damit du die Sache nicht zerredest.

Hier ein Beispiel: In den Anfangsjahren meiner Selbstständigkeit und dem anschließenden Übergang zum Unternehmerleben gab es immer mal wieder Situationen, in denen Kunden versucht haben, Sonderlösungen oder eine eigene Interpretation der Spielregeln durchzusetzen. Natürlich gibt es solche Situationen heute auch noch, doch je mehr ich die Tipps aus dem Kapitel 15 *„Lerne aus deinen Fehlern – und noch viel wichtiger: aus denen der anderen, denn die kosten dich nichts“* anwende, desto weniger kommen sie vor. Es ist übrigens unglaublich, wie kreativ manche Menschen werden können, wenn sie unbedingt etwas haben wollen. In all unseren Unternehmerteams sind Anwälte unterschiedlicher Spezialisierung vertreten, und einer von ihnen war schon einige Jahre in einem unserer Teams Mitglied, und es stand mal wieder seine Verlängerung an. Diese wurde vom Team geprüft und genehmigt. Anschließend wurde die Rechnung erstellt, mit einem Zahlungsziel von zwei Wochen und insgesamt sechs Wochen vor dem Ende seiner Mitgliedschaft. Das Zahlungsziel wurde nicht eingehalten, und eine Woche vor Ende der Mitgliedschaft war das Geld immer noch nicht bei uns eingegangen. Da wir in einem Unternehmernetzwerk, bei dem alles auf Vertrauen und Beziehungen aufbaut, bewusst auf einen Mahnlauf verzichten, habe ich zum Hörer gegriffen und angerufen. Die Assistentin hat mich durchgestellt, und wir haben uns kurz über die Situation unterhalten. Weil wir im Jahr 2006 noch nicht so stark am Markt etabliert waren wie heute, hat der Rechtsanwalt wohl spekuliert, wie weit er gehen kann, ohne zu bezahlen. Ich war sehr ruhig am Telefon und habe ihm den Sachverhalt erläutert, welche Möglichkeiten er hat und welche ich habe. Unterm Strich habe ich ihm mitgeteilt, dass er jetzt noch sieben Tage Zeit hat, die seit drei Wochen überfällige Rechnung zu bezahlen, und dass seine Mitgliedschaft ohne Zahlungseingang automatisch endet. Ich habe ihn dann gefragt, wie wir denn weiter verbleiben sollen und welche Variante er wählen möchte.

Dann kam *sein* Schachzug: *Er hat geschwiegen*. Am Telefon war es totenstill. Fünf Sekunden, zehn Sekunden, fünfzehn Sekunden – und ich habe dasselbe gemacht und *ebenso* geschwiegen. Es vergingen 20 Sekunden, 25 Sekunden, 30 Sekunden … Zum Schluss waren es ganze 37 Sekunden ohne ein Wort, ein Geräusch – einfach nichts. Und nun kam das Entscheidende, das mich zum Gewinner gemacht hat: Er hat, ohne etwas zu sagen, den Hörer aufgelegt! Da er *aktives Schweigen* mit Sicherheit schon häufiger in Ausübung seines Berufs angewendet hat als ich, wusste er, dass derjenige, der in diesem entscheidenden Moment zuerst spricht, verloren hat. Ist es mir leichtgefallen? Nein, natürlich nicht. Doch ich wusste, dass ich rhetorisch nichts weiter zur Sprache bringen musste und dass alles Notwendige bereits gesagt war. Hätte ich das Schweigen noch viel länger ausgehalten? Ich weiß es nicht. Was wäre passiert, wenn es noch länger gedauert hätte? Wäre *ich* dann möglicherweise emotional verärgert gewesen und hätte den Hörer einfach aufgelegt? Vielleicht.

Das Schwierige an diesem Fall war, dass mein Gegenüber eben Anwalt war und sich der Kraft und Macht des Schweigens bewusst war. Er hat darauf spekuliert, dass ich ihm ein alternatives Angebot mache, die Sache zerrede oder nochmals einen Aufschub gewähre. Wenn ich normal weitergesprochen oder das Schweigen nicht ausgehalten hätte, hätte er mich ziemlich sicher rhetorisch geschlagen. Drei Tage später war die offene Rechnung bezahlt und das Geld bei uns auf dem Konto eingegangen.

Verdächtige werden nicht umsonst bei einem möglichen Tatverdacht *aktiv* darauf hingewiesen, dass sie das *Recht haben, zu schweigen,* und dass alles, was sie ab jetzt äußern, gegen sie verwendet werden darf.

Sei dir dieser Methodik bewusst, und übe sie immer mal wieder, indem du sie anwendest. Am einfachsten ist es, wenn du die Schweigetaktik in Form von aktiven längeren Pausen während eines Gesprächs, einer Präsentation oder eines Vortrags integrierst. Sage einfach innerlich zu dir selbst, bevor du weitersprichst: „*Einundzwanzig-zweiundzwanzig-dreiundzwanzig-vierundzwanzig-fünfunzwanzig.*" Beobachte, wie sich dadurch die Wirkung deiner Aussage ändert und was diese aktive Pause beim Gegenüber oder beim Publikum auslöst.

Zu- oder hinhören – die Vorstufe des Schweigens

Es heißt nicht umsonst: „*Stille Wasser sind tief*".

Und wie sieht das bei dir aus? Bist du eine Persönlichkeit mit Tiefgang? Oder wirkst du eher oberflächlich? Wenn es dir anfangs schwerfällt, zu schweigen, dann übe dich im Zu- bzw. Hinhören – wobei man meiner Meinung nach deutlich zwischen diesen beiden Arten des Hörens unterscheiden muss: *Zu*hören ist eher passiv. Wer zuhört, ist nicht wirklich bei der Sache, ist quasi „*zu*" und nicht *offen* oder *aufnahmebereit* für das, was gesagt wird, während die innere Stimme sagt: „*Ja, das kenne ich schon, ich lasse ihn jetzt einfach mal reden.*" Und täglich grüßt das Murmeltier – manchmal weißt du sogar schon genau, welche Worte oder welche Formulierungen als Nächstes folgen werden. Natürlich fällt es einem in solchen Situationen schwer, wirklich präsent zu bleiben, und man schaltet dann sozusagen auf Autopilot – kein Wunder, dass die Antwort dann wahrscheinlich eher stereotyp ausfällt, ohne den Kontext des Gesagten wirklich zu berücksichtigen.

Beim *Hin*hören dagegen schweigst du *und hörst hin mit der Absicht, zu verstehen*. Dementsprechend formulierst du auch deine Antworten allein in dem Kontext, dein Gegenüber zu verstehen und durch Fragen wirklich zum Kernpunkt seiner Message vorzudringen. Siehe hierzu auch das Kapitel 9 *„Lerne, die richtigen Fragen zu stellen"*.

Stell dir vor, du bist in einer Besprechung mit sechs weiteren Teilnehmern. Es wird ein Thema vorgestellt und anschließend nach der Meinung bzw. dem Feedback aller Beteiligten gefragt. Ganz nach Simon Sineks* Empfehlung: *„be the last who talks"*, rate ich dir, genau *hin*zuhören, was die anderen für eine Meinung haben und diese auch zu verstehen – zu diesem Zweck kannst du auch gerne nochmals genauer zur einen oder anderen Aussage nachfragen. Wenn du jetzt bei allen anderen sechs Teilnehmern genau hingehört hast und ihr Feedback wirklich verstehst, hast du einen Megavorteil: Denn jetzt hast du bestenfalls sechs weitere unterschiedliche Standpunkte in Erfahrung gebracht und somit einen sechsfachen Informationsvorsprung! Wenn du nun alle Informationen geschickt in deine Antwort integrierst, wirst du auch die anderen Teilnehmer viel besser abholen – trotz oder gerade wegen deines anfänglichen, dem Hinhören geschuldeten Schweigens. Vielleicht hast du auch schon mal die Aussage gehört: *„Wer redet, hört in diesem Moment nur das, was er selbst schon weiß."*

Warum also die Zeit verschwenden und über etwas sprechen, was du selbst schon weißt? Und keine Sorge – wenn du als Letzter die Redezeit

* Simon O. Sinek ist ein britisch-US-amerikanischer Autor und Unternehmensberater, dessen TED Talks zu den meistgesehenen gehören.

erhältst und keinen weiteren zusätzlichen Input mehr liefern kannst, weil quasi alles auch in deinem Sinne schon gesagt wurde, dann ist das okay. Wenn du dich deshalb schlecht fühlst, dann schau dir unbedingt das Kapitel 11 *„Lerne, dich nicht zu wichtig zu nehmen, bzw. lass dein Ego ruhig mal zu Hause“* an. Wie wert- und wirkungsvoll Schweigen sein kann, wurde auch in einigen tollen Kinofilmen veranschaulicht. Hier ein paar Empfehlungen:

- ☐ *Die Erfindung der Wahrheit* (2016) mit Jessica Chastain; Regie: John Madden
- ☐ *Eine Frage der Ehre* (1992) mit Demi Moore; Regie: Rob Reiner
- ☐ *Aus dem Nichts* (2017) mit Diane Kruger: Regie: Fatih Akin

Meine Lernfragen an dich:

- ☐ In welchen Situationen solltest du in Zukunft die Kraft des Schweigens wirken lassen?
- ☐ Warum fällt es Menschen schwer, in den entscheidenden Momenten zu schweigen, und wie kannst du dir das zunutze machen?
- ☐ Bist du selbst jemand, der zu viel spricht und dadurch immer mal wieder sein Gegenüber *„zutextet?"* Welchen Vorteil bringt dir das? Welchen Vorteil würde es dir bringen, wenn du das änderst?
- ☐ Wann hast du in deinem Team, Freundeskreis oder Familie das letzte Mal wirklich hingehört, um zu verstehen? Wie könnte dich ein besseres Verstehen deines Gegenübers selbst bereichern?

9.
LERNE, DIE RICHTIGEN FRAGEN ZU STELLEN

Am Ende von Vorträgen oder Präsentationen gibt es normalerweise noch ein Zeitfenster für sogenannte *Fragen und Antworten* (Q & A). Dieser Punkt wird gerne eingeläutet mit: *„Ich hätte jetzt noch Zeit für ein paar Fragen!"* oder *„Wer möchte die erste Frage stellen?"*. Nicht selten herrscht in diesem Moment großes Schweigen, und vom Moderator oder Präsentator folgt das Statement: *„Die erste Frage ist meistens die schwierigste, deshalb beginnen wir mit der zweiten!"* oder *„Es gibt keine dummen Fragen. Die einzig dumme Frage ist die nicht gestellte Frage!"*, um den Teilnehmern die Angst zu nehmen und das Eis zu brechen. Ehrlich gesagt gibt es schon dumme Fragen, zum Beispiel zu einer Sache, die explizit und wirklich verständlich erläutert wurde – diese Frage wäre nämlich ein Bekenntnis, dass die Person nicht präsent war. Das könnten dann andere schon als *„dumm"* wahrnehmen.

Wenn alles klar ist oder es keine Fragen mehr gibt, liegt das auch sehr häufig am Präsentations-/Vortragsstil oder an der Person selbst. Wenn es dir wirklich wichtig ist, dass eine Interaktivität mit den Zuhörern zustande kommt, dann könntest du das auch mit einer besseren Frage oder einer besseren Vorbereitung hinbekommen – *ohne* dass es ein zäher Prozess wird und die Energie auf ein Minimum sinkt. Du könntest z. B. das Publikum vorher integrieren, mit typischen Fragen selbst starten, jemanden im Publikum vorher eine Frage mitgeben … doch hierzu mehr im Kapitel 17 *„Lerne die Kraft der wirkungsvollen Kommunikation."*

Wenn dir Zusammenhänge oder Aussagen unklar sind, dann ist es relativ einfach, die richtigen Fragen zu stellen. In diesem Fall fragst du einfach nach, *was genau* dir unklar ist. Wenn es dir nach weiterem Nachfragen immer noch nicht klar ist, kann das natürlich mit deinem Intellekt zusammenhängen – doch keine Sorge: Viel häufiger liegt es an der Person, die deine Frage beantwortet. Wenn jemand einen angeblich komplexen Sachverhalt nicht so einfach erläutern kann, dass es jeder versteht, dann hat er in den meisten Fällen den Sachverhalt selbst noch nicht verstanden. Ein Beispiel. Wenn ich gefragt werde: *„Gunther, kannst du mir bitte nochmal erklären, warum bei der Relativitätstheorie die Lichtgeschwindigkeit in der zweiten Potenz (also im Quadrat) steht und nicht in der ersten?"* Meine Antwort könnte sein: *„Ganz einfach, damit die Einheit für Energie korrekt ist. Und diese ist nun mal.* $\frac{\text{kg} \times \text{km}^2}{\text{s}^2}$. "

Ich bin mir sicher, dass das kaum jemand verstehen würde, der kein Physiker oder Mathematiker ist, und deshalb wird diese Antwort auch den wenigsten weiterhelfen. Und vielleicht hast du auch gemerkt, dass ich die Frage nicht befriedigend beantworten kann, weil ich den komplexen Sachverhalt der Relativitätstheorie auf dieser Ebene nicht durchdrungen habe. Wenn mich allerdings jemand fragt: *„Gunther, wie würdest du die Relativitätstheorie in einfachen Worten erklären?"*, dann würde ich mit diesem dir vielleicht bekannten humorvollen Gleichnis antworten: *„Detailliert kann ich es dir nicht verständlich erklären, doch schau mal: Wenn ein Mitarbeiter die Nase in den Hintern seines Chefs steckt, dann haben beide eine Nase im Hintern. Nur ist der Chef relativ gesehen besser dran als der Mitarbeiter."* Du siehst, in beiden Beispielen wurde eine Frage zum Verständnis der Relativitätstheorie gestellt, doch die Antworten sind von komplett unterschiedlicher Qualität.

Ein anderes Beispiel: Wer kennt die Frage *„Wie geht es dir?“* nicht? Und du kennst die Antwort in 95 Prozent der Fälle, oder? Was passiert, wenn du diese so bekannte und simple Frage änderst in: *„Wie geht es dir heute?“* oder *„Wie geht es dir jetzt gerade?“*. Wenn du diese Varianten schon praktizierst, dann kennst du den Unterschied – wenn nicht, probiere es aus, und beobachte den Unterschied in der Wirkung. Es sind nur ein bis zwei andere Worte, doch sie können einen riesigen Unterschied bewirken. Auch wenn du es bestimmt schon zigfach gehört hast: Wenn du besser Antworten willst, musst du bessere Fragen stellen (*The quality of your questions determines the quality of your life*).

Dein Gehirn und dein Verstand funktionieren wie ein Supercomputer. Ein Supercomputer läuft permanent nach dem Prinzip „*Input* ➔ *Routine* ➔ *Output*“. Wenn du also deinen *Out*put ändern willst, dann solltest du dir deinen *In*put anschauen und ändern. Mach dir erst mal keine Gedanken über die *Routine*, sprich das Programm, das in deinem Gehirn abläuft. Es ist nicht wichtig, dies zu verstehen. Es ist viel wichtiger, den *In*put zu ändern. Und damit deine Routine gute Outputs liefert, braucht dein Gehirn als Input qualitativ hochwertige Fragen!

Hier ein konkretes Beispiel zum Thema Reichtum: Du sagst dir, dass du gerne reich sein willst, und fragst dich permanent: *Wie kann ich reich werden*? Damit fütterst du deinen Supercomputer. Der läuft durch die Routine und gibt dir einen seltsamen Output: nämlich gar keinen spezifisch ausreichenden. Nun änderst du die Frage in: *Was müsste ich tun, um reich zu werden*?, fütterst deinen Supercomputer damit, der läuft durch die Routine, und du erhältst wieder einen Output. Und dieser ist nun schon etwas anders als bei der Frage zuvor: Du wirst ziemlich sicher auf Handlungsanweisungen kommen wie: *Ich müsste mehr arbeiten … ich müsste weniger ausgeben … ich müsste meine Preise erhöhen … ich müsste mich multiplizieren.* Doch auch diese Frage ist noch nicht spezifisch genug. Wie wäre es also hiermit: *Was müsste passieren, dass ich bis zum 31.12. in zwei Jahren meinen Vermögenswert verdoppelt habe werde?* Wenn du deinen Supercomputer damit fütterst, läuft er durch die Routine und liefert dir einen Output, der schon mal insofern anders wäre, als du dir erst einmal im Klaren sein musst, was dein doppelter Vermögenswert ist – du müsstest also in Erfahrung bringen, was dein aktueller Vermögenswert ist. Nun kannst du die Frage immer weiter verfeinern, ausbauen und an die Antworten (den Output, den du erhältst) anpassen. Ich weiß, das klingt ganz schön banal, doch bitte unterschätze die immense Wirkung nicht, sondern probiere es mal an ganz einfachen Themen aus.

Noch konkreter – ein Beispiel aus meinem Vertriebsalltag: Nachdem bei unseren Unternehmerteams Besucher zu Gast waren und ich persönlich nicht anwesend sein konnte, da wir ca. 30 Teams gleichzeitig betreuen, habe ich in den Anfangsjahren beim jeweiligen Team nachgefragt: *„Und, glaubst du, dass Herr Mustermann beim Team mitmachen wird?“* Die Antwort war in 80 Prozent der Fälle: *„Ich glaube schon, er hat sehr interessiert gewirkt und ihm hat der Ergebnisfokus und die Energie bei uns sehr gut gefallen.“* Entsprechend dachte ich: *Super, dann geht es ja wieder voran!* Ich wartete ein paar Tage, eine Woche, zwei Wochen, und komischerweise hat sich Herr Mustermann in nur fünf Prozent der Fälle dann auch tatsächlich einem Team angeschlossen. Wie kann das sein? Ich hätte eine bessere Frage stellen müssen!

Als erste Verbesserung habe ich zukünftig gefragt: *„Und, habt ihr Herrn Mustermann gefragt, ob er im Team mitwirken möchte und das alleinige Exklusivitätsrecht genießen will?“* Auf diese Frage habe ich dann nur noch in 20 Prozent der Fälle ein *Ja* erhalten. Das heißt, 80 Prozent der potenziellen Kunden wurden gar nicht gefragt, ob sie mitmachen wollen! Entscheidend war jedoch, dass *ich* meine *Frage an das Team geändert* habe.

Wenn du heute einen deiner Vertriebsmitarbeiter fragst: *„Hast du schon den Nachfassanruf bei Herrn Mustermann durchgeführt?“* Dann kannst du eigentlich nur die zwei Antworten erhalten: *Ja* oder *Nein* (schließlich hast du eine geschlossene Frage gestellt). Bei *Nein* ist es offensichtlich, was noch zu tun ist. Bei kann das Unterschiedliches *bedeuten*:

1. *„Ja, ich habe angerufen, aber niemanden erreicht.“*
2. *„Ja, ich habe angerufen, aber es war besetzt.“*
3. *„Ja, ich habe angerufen und eine Nachricht auf Band hinterlassen.“*
4. *„Ja, ich habe angerufen und einen Rückruf erbeten.“*
5. *„Ja, ich habe angerufen, und er hat mir eine mündliche Zusage erteilt.“*
6. *„Ja, ich habe angerufen, und er hat mit abgesagt.“*
7. *„Ja, ich habe angerufen, und er hat mir zugesichert, dass wir die Unterlagen bis morgen um 16:00 Uhr schriftlich bei uns vorliegen haben werden.“*
8. *„…“*

Was glaubst du, wie sich die Qualität der Antworten ändern wird, wenn du zukünftig deinen Vertriebsmitarbeiter fragst: *„Kannst du mir bitte in einem Satz das Ergebnis inklusive der nächsten geplanten Maßnahme zu Herrn Mustermann mitteilen?“* Ich bin mir sicher, dass du a) weit mehr Informationen erhalten wirst, b) noch bessere Folgeaktivitäten für dich und dein Unternehmen ableiten kannst, c) Muster erkennen wirst und du d) deine Vertriebsergebnisse um 20 bis 50 Prozent steigern wirst.

Probiere es aus – und sende mir deine Erfahrungen per E-Mail an info@guntherverleger.com Betreff: Bessere Fragen. Ich bin schon sehr neugierig!

Meine Lernfragen an dich:

- ☐ Was soll ich aus *dieser* aktuellen Situation lernen? (Besser als: Warum passiert mir das (immer wieder)?)
- ☐ Was ist gut an der aktuellen Situation? Welche Bedeutung könnte ich der Sache noch geben? (Beachte: Alles im Leben ist bedeutungslos mit Ausnahme der Bedeutung, die wir einer Sache bzw. dem Leben geben)
- ☐ Wem nutzt es/wer hat den größten Vorteil davon?
- ☐ Welche Absicht hat diese Person/diese Firma?
- ☐ Wie sieht deren tatsächliches Geschäftsmodell aus? In welchem Business ist McDonalds tatsächlich tätig? Fast Food oder Immobilien?
- ☐ Was müsste passieren, dass ich mich besser fühle?
- ☐ Was würde ich jetzt tun, wenn ich keine Angst vor der Antwort oder den Konsequenzen hätte?
- ☐ Welches Problem müsste ich lösen, dass sich eine sehr große Anzahl Menschen danach ausrichten wollten, dass dieses Problem bei ihnen auch gelöst würde? (Du würdest ihnen quasi die Richtung geben, ihr Problem zu lösen.)
- ☐ Wer hatte das gleiche Problem wie ich heute und hat es bereits *nachhaltig* gelöst?
- ☐ Für wen bin ich von extremem Mehrwert?
- ☐ Was kann ich automatisieren, damit ich nicht ständig dasselbe Tonband abspulen muss?

- ☐ Was sind die wirklichen Bedürfnisse meiner Kunden?
- ☐ Was muss passieren, dass Kunden *und Nicht*-Kunden wirklich zu *lebenslangen* Fans werden?
- ☐ Wie kann ich in der gleichen Zeiteinheit meine Produktivität steigern? Wann bin ich am produktivsten?
- ☐ Wie kann ich mich selbst multiplizieren?
- ☐ Wie kann ich ein Business aufbauen/kaufen/in ein Business einsteigen, das *unabhängig* von mir als Person ist?
- ☐ Wodurch werden meine eigenen Bedürfnisse erfüllt?
- ☐ Was ist der größte Engpass in meinem Business, meinem Umfeld oder bei meinen Kunden?
- ☐ Welche Risiken habe ich nicht bedacht? Welche Chancen ermöglichen sich hier für mich?
- ☐ Was braucht es, dass ich die Dinge wirklich umsetze und anwende?
- ☐ Was braucht es, um die Sache noch einfacher zu machen (Komplexität ist gut fürs Ego, Einfachheit nur für Genies)?
- ☐ Wo sollte ich mein Denkmuster und meine Glaubenssätze ändern?
- ☐ Was weiß ich noch nicht?
- ☐ Welche Frage habe ich nicht gestellt?
- ☐ Was wäre, wenn …?

10.
LERNE, ZU FÜHREN

Nachdem ich diese Überschrift geschrieben habe, müsste ich eigentlich schon gleich zum nächsten Kapitel übergehen, da allein dieses Thema Hunderte von Seiten an Stoff, Übungen, Beispielen, Videos, Seminartagen und Fallbeispielen füllen würde. Ich hatte das Glück, in meinem Berufsleben von vielen guten Führungskräften umgeben gewesen zu sein. Manchmal durch direkte Führung, manchmal durch indirekte, manchmal weil ich gesehen und erlebt habe, *wie* diese Führungskräfte führen. Wohl ebenso häufig habe ich Phasen und Situationen erleben dürfen, in denen eben die Führungsschwäche die Ursache aller Probleme war. Dieses Kapitel hat also keineswegs den Anspruch auf Vollständigkeit zum Thema Führung oder Leadership, doch es ist essenziell, wenn du lernen willst, reich zu werden.

Beginne damit, dich selbst kennenzulernen und anschließend dich selbst zu führen. Klingt einfacher, als es tatsächlich ist. Doch wenn du dich selbst nicht führst, wer macht es dann? Dein Umfeld? Die Medien? Der Markt? Wenn du dich selbst nicht führen kannst, wie willst du dann andere führen? Vielleicht wendest du jetzt ein, dass du andere nicht führen können musst, weil du allein agierst. Stimmt das wirklich?

Was ist mit deinen Partnern, deinen Dienstleistern, deinen Kunden? Auch diese musst du führen, damit du zu deinen gewünschten Ergebnissen kommst.

Dich selbst zu führen, beginnt damit, dass du dir bessere Fragen stellst (siehe auch Kapitel 9 „*Lerne, die richtigen Fragen zu stellen*“), Verantwortung für die jeweilige Situation zu erkennen/zu akzeptieren/zu übernehmen und mit Disziplin Schritt für Schritt besser zu werden.

Wenn du das geschafft hast, wirst du früher oder später erkennen, dass du lernen musst, auch sehr viele andere Menschen zu führen. Doch bevor du dich damit beschäftigst, solltest du dir überlegen, was du mit dem Begriff „*Führung*“ eigentlich assoziierst. Wenn das Wort bei dir durch die deutsche Geschichte des 20. Jahrhunderts negativ geprägt ist, dann überlege dir, ob du mit dieser Art Reframing mehr anfangen kannst. Führung bedeutet für mich,

- ☐ Menschen zu dienen (*to lead means to serve*);
- ☐ Menschen dabei zu helfen, wertvolle eigene Potenziale zu erkennen und anschließend zu entwickeln;
- ☐ Menschen Sicherheit zu geben;
- ☐ Menschen Richtung zu geben;
- ☐ Menschen zusammenzubringen, um Dinge zu bewegen, die über das eigene Selbst hinausgehen;
- ☐ Menschen zu inspirieren;
- ☐ für die kostbare, kurze Zeit in unserem Menschendasein als Beispiel voranzugehen und andere zum Mitwirken einzuladen;

- ☐ immer wieder mit Abstand zu reflektieren und die Segel entsprechend zu setzen;
- ☐ konsequent in der Sache und fair zur Person zu sein.

Wenn du mit dieser Bedeutung von Führung nun ein positiveres Bild oder Verständnis hast, dann konnte ich dir hiermit wohl schon ein klein wenig weiterhelfen.

Ich bin mir sicher, dass du auf irgendeinem Gebiet Vorbilder oder Idole irgendeiner Art hast. Gibt es hier irgendjemanden, der allein und ohne ein Team oder ohne eine super Mannschaft zu diesem Fortschritt gekommen ist? Wenn ja, dann schreibe mir an info@guntherverleger.com Betreff: Team.

Ich bin mir allerdings ziemlich sicher, dass alle nur mit einem sehr guten Team so weit gekommen sind. Mit *„Team“* meine ich hier nicht eine große Masse an Menschen. Mit Team meine ich, dass wirklich Top-Persönlichkeiten zu deinem direkten Umfeld gehören und du Teil eines Spitzenteams bist (siehe auch Kapitel 4 *„Lerne, dich mit den richtigen Menschen zu umgeben“)*. In meinem Unternehmerleben war es bestimmt einer meiner größten Fehler, dass ich das Unternehmen zu lange allein bzw. nur mit meiner Partnerin entwickelt habe – daher stammt ja auch bekanntlich der Begriff *Selbst-Ständigkeit.* Ich bin zwar der Typ *„Schaffer“** und habe bestimmt weit mehr Energie als der Durchschnitt, doch irgendwann waren auch meine Ressourcen begrenzt bzw. erschöpft – und allein dadurch habe ich mich in meinem Reichtum begrenzt. In meinen jungen Jahren waren meine pumucklroten Haare sehr markant

* Im Gegensatz zum *Macher* (beide Begriffe kommen übrigens wie der Autor dieses Buchs aus Süddeutschland), der kernig alle ihm gestellten Aufgaben angeht und für den das Wort „Problem“ quasi nicht existiert, stellt sich der *Schaffer* den Herausforderungen, die das Leben nun mal mit sich bringt, mit einer großen Portion Kreativität, Erfindungsgeist und Chuzpe.

ausgeprägt, was mir den Spitznamen „*Duracell*“ eingehandelt hat. Ich habe nicht schneller als die anderen getrommelt, doch dank des Kupferkopfs einfach länger durchgehalten. So gab es längere Phasen, in denen ich locker mit fünf Stunden und weniger Schlaf ausgekommen bin – und wenn der Akku dann mal leer war, hatte ich weit mehr gebacken bekommen als die anderen.

Hätte ich von Anfang an im Team gedacht, von Anfang an ein Team mit aufgebaut, von Anfang an meine Führungskompetenz kontinuierlich weiterentwickelt und von Anfang an in der dadurch möglichen Ressourcenmultiplikation gedacht, wäre ich heute bestimmt schon doppelt, wenn nicht dreimal so weit wie heute. Ich bin deshalb nicht traurig, denn genau das gehört zu meinem Lernprozess in meinem Leben dazu. Doch mit der heutigen Erfahrung würde ich bei einem Neubeginn bestimmt einen anderen Fokus setzen.

Da unser Team heute ca. 40 bis 45 Köpfe stark ist und wir weiterwachsen, haben wir natürlich auch eine andere Ressourcenverfügbarkeit und mögliche Hebelwirkung. Doch Achtung: Nur weil jemand ein großes Team hat, heißt das nicht, dass alles einfacher und schneller läuft. Damit kommen natürlich andere Aufgaben, neue Verantwortlichkeiten, neue Abläufe etc. auf einen zu. Diese bringen selbstverständlich auch Probleme mit sich, die du in deinem Entwicklungsprozess lösen musst, um nicht in einer Sackgasse zu landen. So ändern sich auch die Fachaufgaben in Führungsaufgaben – bleibe trotzdem kritisch mit dir selbst: Wenn die Fachaufgaben immer weniger werden und du als Führungskraft auf einer gewissen Fachebene nicht mehr mitreden kannst und womöglich noch die falschen Fragen stellst oder Fakten falsch interpretierst, kannst du schnell ins Stolpern geraten …

Aus diesem Grund glaube ich, dass man nicht als Führungspersönlichkeit geboren wird, sondern sich früher oder später zu einer *entwickelt* (bei mir war es eben eher später). Ein Freund von mir leitet im Stuttgarter Raum seit vielen Jahren erfolgreich die Crestcom Führungsschule. In der Akquisephase fragt er immer mal gerne, wie die meisten heutzutage das erste Mal in ihre Führungsposition gekommen sind. Seine Antwort ist: Das ist meistens so, wie wenn man das erste Mal Vater oder Mutter wird. Plötzlich sind wir „*Eltern*" und müssen lernen, mit einer noch nie vorher da gewesenen Situation im realen Leben umzugehen.

Solltest du aus welchem Grund auch immer zu der Erkenntnis kommen, lieber allein und ohne ein Team agieren zu wollen, dann wirst du irgendwann ein natürliches Maximum erreichen. Wenn das im Einklang mit deiner Vorstellung ist, dann ist das vollkommen in Ordnung. Wenn du allerdings gerne weiterwachsen willst, dann hast du hier einen entscheidenden Hebel.

Was es alles braucht, um deine Führungskompetenz zu entwickeln, sprengt definitiv den Rahmen dieses Kapitels und des Buchs. Trotzdem möchte ich dir ein paar wichtige Punkte mitgeben, die ich bei Tausenden von Unternehmern entweder als entscheidende Stärke oder entscheidende Schwäche kennengelernt habe (das Ergebnis stand genau in der entsprechenden Korrelation):

- ☐ *Everybody's darling is everybody's fool.* Wenn du immer nett bist, wenn du immer einfühlsam bist und wenn du es allen immer recht machen willst, wirst du scheitern. Damit ist nicht gemeint, dass du rüpelhaft oder respektlos mit deinem Team umgehen oder dass du kein Verständnis zeigen sollst – doch du musst eben beide Seiten *bewusst* beherrschen. Mit beiden Seiten meint Europas Führungsexperte, der deutsche Managementtrainer Boris Grundl, NÄHE und ABSTAND. Das kann gerne übersetzt werden mit: auf der einen Seite die Liebe und Fürsorge zeigen und *an entscheidenden Punkten* eiskalt sein. Du kennst bestimmt Menschen, die entweder das eine oder das andere sind: entweder sehr nah oder sehr weit von ihrem Team entfernt. Beides funktioniert bis zu einem gewissen Grad. Wenn du die Balance im richtigen Moment allerdings bewusst anwendest (das heißt, du hast es gelernt und verinnerlicht), dann wirst du deine Mannschaft zu weit besseren Ergebnissen führen.

- ☐ *Führst du an der langen oder an der kurzen Leine?* Wie viel Freiraum lässt du den jeweiligen Mitarbeitern? Hier ist es entscheidend, dass du die jeweilige Länge der „*Leine*" individuell an die Person anpasst. Du wirst Menschen in deinem Umfeld haben, die zu Höchstform anlaufen, wenn du sie quasi an der kurzen Leine führst. Bei anderen Mitarbeitern dagegen wäre dies genau die falsche Führungsstrategie. Diese Menschen brauchen eine lange Leine, um die besten Ergebnisse zu erzielen. Passe also deinen Führungsstil dem Entwicklungsstadium und der Persönlichkeit deines Gegenübers an. *Ein* Führungsstil für alle wird nicht funktionieren, da wir alle unterschiedliche Persönlichkeitstypen und unserer Handlungsstrukturen dementsprechend mehr oder weniger ausgeprägt sind.
- ☐ *Ohne Konsequenz keine Championsleague.* Wenn die Championsleague dein Ziel ist, dann schau dir die Führungspersönlichkeiten dieser Vereine an. Ob du diese Persönlichkeiten sympathisch findest oder nicht, soll hier nicht betrachtet werden. Um nur ein paar beim Namen zu nennen: Uli Hoeneß, Karl-Heinz

Rummenigge, Jürgen Klopp, Pep Guardiola und wie sie alle heißen. Alle diese Persönlichkeiten wissen genau, dass sie nur in dieser Liga spielen können, wenn sie konsequent in Bezug auf die Vereinbarungen handeln: der Trainer mit den Spielern und das Management mit dem Trainerstab. Die Spielregeln sind den Beteiligten von Anfang an bekannt. Ebenso sind allen die Konsequenzen bewusst, wenn Vereinbarungen nicht oder wiederholt nicht eingehalten werden (sofern sie ihre Verträge gelesen und verstanden haben – siehe Kapitel 6 „*Lerne, Verträge zu lesen und nach dem Warum zu fragen*“).

Natürlich macht bekanntlich der Ton die Musik, doch wenn es an Führungsstärke mangelt, dann mangelt es meistens vor allem daran, dass diese Passage im Musikstück aus mangelndem Mut oder Angst gar nicht gespielt wird (siehe auch Kapitel 52 „*Lerne, mutig zu sein*“). Je klarer du dir als Führungspersönlichkeit darüber bist, wann genug genug ist, desto besser kannst du planen und dich neu ausrichten. Je länger du den Zeitpunkt von „*jetzt ist es genug*“ *ohne* Konsequenz überschreitest, desto schwieriger wird es, in entsprechend ruhigeres und sichereres Fahrwasser zurückzugelangen. Nur weil ein Schiff vom Kurs abgekommen ist, ist es noch nicht gesunken. Doch wenn der Kurs nicht korrigiert wird, dann wird es früher oder später auf Grund laufen – und ein Kentern ist dann oft unvermeidlich. Ein trauriges Beispiel: Die Summe von inkonsequenten Handlungen hat am 13. Januar 2012 für 32 Menschen auf dem Kreuzfahrtschiff „*Costa Concordia*“ den Tod zur Folge gehabt. Obwohl der Führung 15 Minuten nach der Kollision mit dem Felsen bekannt war, dass das mit über 4.000 Menschen besetzte Schiff nicht mehr manövrierfähig war, wurde die Seenotrettung nicht umgehend informiert. Die Küstenwache hat zufällig erst über eine Stunde später von der Havarie erfahren. Wie wichtig ein konsequenter Führungsstil ist, sollte hiermit selbsterklärend sein.

- ☐ *Wer schreibt, der bleibt.* Dies ist zwar nun mehr aus Sicht des „*Geführten*" zu betrachten, doch auch für dich als Führungskraft ist wichtig, dass du eine saubere Dokumentation praktizierst. Das beginnt bei der Dokumentation der Rahmenbedingungen (was wird von wem bis wann erwartet, und welche Ressourcen sind hierfür verfügbar), der klaren ergebnisorientierten Beschreibung der Aufgaben sowie der Eskalationsstufen und ggf. der notwendigen Exit-Szenarien. Bedenke: Nur weil du etwas gesagt hast, heißt das noch nicht, dass es auch verstanden wurde. Wenn jemand jedoch Dokumentiertes nicht verstanden hat, dann ist es zu einem späteren Zeitpunkt einfacher, sich über die Missverständnisse in der Dokumentation zu unterhalten als über Missverständnisse in Bezug auf etwas, das angeblich gesagt oder verstanden wurde.

Meine Lernfragen an dich:

- ☐ Wie läuft es in deinem Unternehmen? Wer führt hier wen? Kommt es immer mal wieder vor, dass der *„Schwanz mit dem Hund wackelt“*?
- ☐ Wie würdest du deine Selbst-, Mitarbeiter-, Projekt- und Kundenführung aktuell einstufen? Gehörst du schon zur Spitze? Oder ist hier noch massig Luft nach oben?
- ☐ Nach dem Prinzip *„who is in the bus“* (wer ist in deinem Team): Sitzt jeder auf seinem richtigen Platz, oder hast du den falschen Busfahrer?
- ☐ Wie sehr hast du das Prinzip *„Auf Wertschätzung folgt Wertschöpfung“* schon angewendet?
- ☐ Wie klar bist du in der Sache UND zugleich fair zur Person?
- ☐ Gehörst du eher zu den Führungspersönlichkeiten, die ihren Stil nicht anpassen können und immer die Nähe oder immer den Abstand suchen? Wenn ja, was würde es für einen Unterschied bewirken, wenn du dies zukünftig situativ anpasst?
- ☐ Hast du klare Erwartungen schriftlich festgehalten, sodass dein Team weiß, woran es gemessen wird (Thema: ergebnisorientierte Aufgabenbeschreibung)?

Wenn du mit deiner Führungskompetenz auf das nächste Level kommen möchtest, dann empfehle ich dir folgende Quellen:

Name	Produkte	Website	Bemerkung
Boris Grundl	Grundl Leadership Institut	www.grundl-institut.de	Europas Führungskräfte Trainer Nr. 1
Freddy Kremer	Kremer College	www.kremer-college.de	
Martin Zursiedel	Siehe Website	www.crestcom.de	Internationales Franchise für Führungskräfte-trainings
Patrick Lencioni	5 dysfunctions of a team	www.tablegroup.com	
Frank Breckwoldt	Hochleistung und Mensch-lichkeit	www.hochleistungundmenschlichkeit.de	Leitet über 100 Friseursalons (vorwiegend in Norddeutschland)

Prüfe unbedingt auch die Sonderkonditionen, die ich für dich als lernbegeisterten Leser speziell verhandelt habe und dir als Zusatzbonus anbieten kann: www.lernenwirddichreichmachen.de/deals

11. LERNE, DICH NICHT ZU WICHTIG ZU NEHMEN, BZW. LASS DEIN EGO RUHIG MAL ZU HAUSE

Wir alle haben ein grundlegendes Bedürfnis nach Anerkennung und Signifikanz. Ich selbst bin da keine Ausnahme – im Gegenteil: Dieses Bedürfnis ist mit ein Grund, warum ich die Energie aufbringe, dieses Buch zu schreiben. Viele der Zeilen haben den Ursprung in persönlichen Erlebnissen, sie reflektieren die Erfahrungswerte mehrerer Jahre, spiegeln Erkenntnisse weiser Persönlichkeiten oder sind einfach Beobachtungen, die ich während meiner Reisen gemacht habe. Und obwohl ich mit 40 Ländern bestimmt schon sehr viel von der Welt gesehen habe, wird mir mit jeder Reise aufs Neue bewusst: Die Welt ist riesig und schön und unendlich vielseitig – und ich bin nur ein winziges Pünktchen, das auf ihr dahinkrabbelt!

Die meisten von uns wollen einen Unterschied bewirken, die Welt in einem besseren Zustand verlassen als zu dem Zeitpunkt, an dem wir in sie hineingeboren wurden. Das sind wunderbare Absichten, und ich möchte alle ermutigen und dazu inspirieren, diesen Kurs aufrechtzuerhalten! Zugleich solltest du dabei immer beobachten, wer gerade dein Ruder übernommen hat: Wenn es dein Ego ist, dann bist du auf dem besten Weg, vom Kurs abzukommen. Wir alle sind vergänglich, unser gesamter Reichtum ist vergänglich, und alles, was wir glauben, besitzen und ansammeln zu müssen, ist vergänglich. Wir alle sind ersetzlich, und die Erde wird sich auch ohne uns weiterdrehen. Einer meiner Mentoren hat es sogar so extrem formuliert: „*Wir tun alles nur, um von anderen gesehen zu werden. Wenn wir andere nicht hätten, wären wir nichts. Wir definieren uns nur darüber, wie wir von anderen wahrgenommen werden. Wenn wir von niemandem wahrgenommen werden, dann sind wir tatsächlich nichts.*“ Ich weiß, dass dies jetzt erst einmal sehr abstrakt klingt, doch wenn es dich wirklich interessiert, dann empfehle ich dir die Literaturverweise am Ende des Kapitels.

Natürlich solltest du deshalb jetzt nicht einfach den Kopf in den Sand stecken und sagen: „*Okay, wenn dem tatsächlich so ist, dann brauche ich ja auch keine Anstrengung zu unternehmen, etwas zu verändern oder zu bewegen.*“ Ich glaube, viel wichtiger ist, sich darüber bewusst zu werden und wachsam zu sein, ob und wie sehr unser Ego uns einen Streich spielt. Da du dieses Buch liest, ist dir Lernen wahrscheinlich eine Herzensangelegenheit. Vielleicht kennst du das Beispiel, das immer wieder in den sozialen Medien auffindbar ist: Ein weiser Mönch sitzt seinem Schüler gegenüber und dieser stellt ihm folgende Frage: „*Was ist die wichtigste Erkenntnis, die ich unbedingt noch lernen muss?*“ Der Mönch antwortet: „*Vergeude keine Zeit in der Argumentation mit einem Dummkopf.*“ Erstaunt schaut der Schüler seinen Lehrer an und antwortet: „*Das sehe ich anders.*“ Daraufhin antwortet der Mönch: „*Du hast recht.*“

Und genau darum geht es unserem Ego meistens: ums Rechthaben. Die Frage ist nur, wie viel Energie kostet dich das Rechthaben? Und da Kosten bekanntlich Ausgaben ohne Mehrwert sind (sonst wären sie eine Investition), kannst du hier nur sehr wenig gewinnen. Ich meine damit nicht, dass du unternehmerisch jedem recht geben oder nicht auf dein Recht bestehen sollst, wenn es vertraglich definiert ist. Doch überlege dir auch hier, wie viel du investieren solltest und was auf dem Spiel steht. Denn wenn du schon mal einen Rechtsstreit mitgemacht hast und dieser womöglich nicht nach deinen Vorstellungen entschieden wurde, dann ist dir die Juristenweisheit *„Coram iudice et in alto mari sumus in manu Dei“ – „Vor Gericht und auf hoher See sind wir in Gottes Hand“* bestimmt bekannt.

Hier ein praktisches Beispiel: Vor vielen Jahren war ich neben meinem eigenen Unternehmen noch Geschäftsführer einer Servicegesellschaft mit zwei Mitarbeiterinnen. Da die Geschäfte gut liefen und wir weiterwuchsen, mussten wir irgendwann die Headcount-Erweiterung entscheiden. Unsere Strategie war, eine weitere Teilzeitkraft einzustellen und dieser ggf. anzubieten, sukzessive die Stunden aufzustocken (sofern dies die Auslastung und Performance bzw. Teamfit zulassen würden). Wir fanden eine weibliche Kraft auf Empfehlung und stellten sie ohne sogenanntes Probearbeiten auf Basis von 20 Stunden pro Woche ein. Aus Gründen, die ich hier nicht weiter erläutern möchte, stellten wir relativ schnell fest, dass es keine sinnvolle gemeinsame Zukunft zur Zufriedenheit aller Beteiligten geben würde. Entsprechend haben wir den Arbeitsvertrag gekündigt und die Mitarbeiterin sofort freigestellt. Da wir einen Arbeitsvertrag ohne Probezeit vereinbart hatten (die Dame kam ja auf Empfehlung) und die Kündigungsfrist bei drei Monaten lag, war das ein recht teures Unterfangen, denn wir haben die Kündigung bereits am zwölften Tag ihrer Anwesenheit ausgesprochen. Vier Monate Gehalt für zwölf Tage zu bezahlen, ist nun mal keine besonders gute Investition. Doch man lernt ja immer dazu.

Das Kurioseste sollte allerdings noch folgen. Die Dame wollte unbedingt ein Arbeitszeugnis haben – wie gesagt für die zwölf Tage à vier Stunden = 48 Stunden insgesamt. (Natürlich steht ihr das rechtlich zu, und ich habe hier nichts dagegen einzuwenden.) In meinen zwölf Jahren des Angestelltendaseins wurde ich immer gebeten, meine Arbeitszeugnisse selbst vorzuformulieren. Das ist auch bei Konzernen wie BMW, Siemens oder Porsche gängige Praxis. Der Vorteil ist, dass man sich selbst mit seiner Performance beschäftigt und relativ ungeschminkt den Unterschied der Selbst- und Fremdwahrnehmung feststellt, sobald der Chef einem dann die von ihm überarbeitete Version vorlegt. Entsprechend habe ich das der gekündigten Mitarbeiterin auch vorgeschlagen. Leider fand sie das nicht so prickelnd und hat sich erst nach mehrfachen Telefonaten und vier Monate nach dem Kündigungstermin damit einverstanden erklärt. (Klar, zu dem Zeitpunkt erhielt sie nur noch das Geld von der Agentur für Arbeit und wollte für weitere Bewerbungen natürlich ein Zeugnis vorlegen können.) Wie du es dir sicher denken kannst, hat sie ein Zeugnis vorformuliert gehabt, das der Schulnote „*Eins*" entsprach, indem sie die klassischen Formulierungen „*... stets zu unserer vollsten ...*" etc. verwendete. Da ich mich zu ehrlichen Menschen zähle, habe ich das Zeugnis korrigiert und es bei den Formulierungen auf die Schulnote „*Zwei*" bzw. „*Drei*" angepasst, unterschrieben und zurückgesendet.

Zu diesem Zeitpunkt war mein Ego weniger involviert, sondern ich dachte, wenn meine Unterschrift darunter steht, dann sollte es auch der Sachlage entsprechen. Und wenn ich mich von einem Mitarbeiter nach 48 Stunden Gesamtperformance trenne, dann kann das kein Einser-Mitarbeiter gewesen sein, oder? Ich hatte nicht die Absicht, mich an der Mitarbeiterin zu rächen oder ihr eins reinzudrücken. Was passierte als Nächstes? Sie beschwerte sich bei mir und drohte, vor Gericht zu gehen. Ich sagte ihr, dass sie das gerne tun könne, und genau das ist dann auch passiert. Verteilt über viele Monate gab es unzählige Schreiben zwischen den Anwälten etc. – final stand dann der Termin vor dem Arbeitsgericht in Stuttgart an. Folgendes war das Ergebnis: Das Gericht hat den Sachverhalt, dass wir uns bereits nach 48 Stunden Gesamtleistung voneinander getrennt haben, nicht berücksichtigt, sondern war der Auffassung, dass bei einem Arbeitsverhältnis von insgesamt vier Monaten (beachte die drei Monate Kündigungsfrist und sofortige Freistellung) das Arbeitszeugnis nicht angemessen und besser zu formulieren sei. Wie gesagt, ich zähle mich zu ehrlichen Menschen und habe dem Gericht mitgeteilt, dann müsste ich allerdings lügen und etwas in meiner Wahrnehmung Unwahres unterzeichnen. Das Gericht hat dann entschieden, dass ich die vom Gericht geschriebene Zeugnisformulierung zu unterzeichnen habe. Nochmals: Der Richter hat ein Zeugnis für eine Person, die er noch nie arbeiten gesehen hat, formuliert, und ich hatte es zu unterschreiben! Wow – ich war platt!

Was habe ich daraus gelernt?

1. Ich schaue mir kein Arbeitszeugnis mehr an, sondern habe die Bedingung, dass Mitarbeiter erst probearbeiten müssen, bevor sie einen unterschriebenen Arbeitsvertrag erhalten.
2. Bessere Arbeitsverträge zu formulieren (speziell in Bezug auf Probezeiten, Kündigungsfristen etc.) – auch wenn die Kandidaten auf Empfehlung kommen.

3. Bei einer Trennung den Kandidaten zu fragen, welche Art von Zeugnis er haben möchte: Ein *ehrliches* oder ein *geschöntes*, dass er es für weitere Bewerbungen evtl. einfacher haben könnte?
4. Keine Energie mehr für solche Argumentationen zu vergeuden.

Der eine oder andere Unternehmerkollege würde mir nun wahrscheinlich zustimmen, dass ich doch eigentlich alles richtig gemacht habe und Unternehmer sich nicht von Richtern, der Gesetzeslage oder Mitarbeitern auf diesem Niveau verbiegen lassen sollen. Das mag schon korrekt sein, doch die Energie (Geld, Zeit, Emotionen ...), die mich dieser Rechtsfall gekostet hat, war es nicht wert. Okay – immerhin konnte ich eine kleine Story für dieses Buch daraus kreieren.

Meine Lernfragen an dich:

- ☐ Wie kannst du für dich schnell und einfach herausfinden, ob und in welchen Situationen dein Ego überhandnimmt und eine Argumentation zu viel Energie kostet?
- ☐ Wann könnte Zustimmung oder Schweigen die sinnvollere Lösung sein?
- ☐ Wenn du häufiger oder regelmäßig mit „*Dummköpfen*" konfrontiert wirst, was könntest du in Zukunft daraus lernen, damit dir dein Ego hier keine Energie raubt?

12.

LERNE, ZU ENTSCHEIDEN UND DICH ZU ENTSCHEIDEN

Welche dieser Aussagen kennst du?

- ☐ Du kannst alles haben, doch nicht alles gleichzeitig (*You can have anything but not everything*).
- ☐ Im Moment der Entscheidung formst du dein Schicksal (*In the moment of decision your destiny is shaped*).
- ☐ Je schneller du Entscheidungen triffst, desto schneller kommst du voran.
- ☐ Je häufiger du Entscheidungen triffst, desto stärker wird dein *„Entscheidungsmuskel."*
- ☐ Wir alle wissen, was wir tun sollten, doch wir entscheiden, (es) nicht(s) zu tun.
- ☐ Keine Entscheidung zu treffen, ist auch eine Entscheidung.
- ☐ Erfolg ist die Summe kluger Entscheidungen, kluge Entscheidungen sind die Summe vieler Erfahrungen, viele Erfahrungen sind die Summe schlechter Entscheidungen.

- ☐ Du bist die Entscheidung.
- ☐ Glücklich sein beginnt damit, Verantwortung für sein Leben zu übernehmen. Je deutlicher ich entschieden habe, Verantwortung zu übernehmen, desto glücklicher war ich.
- ☐ …

Ich sitze daheim auf dem Sofa und schaue mir ein paar Trailer bei meinem Streamingdienstleister an. Meine Frau und ich haben entschieden, heute einen entspannten Abend zu verbringen und gemeinsam einen schönen Film zu sehen. Meine Frau meint: *„Ich gehe nochmals kurz runter in den Keller und hole eine Flasche Wein, und wenn ich zurück bin, hast du entschieden, welchen Film wir anschauen."* Nun ist es nicht so, dass unser Keller 100 Stockwerke tiefer als unser Wohnzimmer liegt oder wir einen Weinkeller mit Hunderten unterschiedlicher Weine haben. Du kannst dir also ungefähr vorstellen, wie viel Zeit ich habe, einen Film auszuwählen. Doch ganz egal wie lange meine Frau für den Gang in den Keller braucht – für mich ist es fast ein Ding der Unmöglichkeit, mich für einen Film zu entscheiden. Liegt es daran, dass ich sehr viele oder schon die meisten Blockbuster Filme im Kino gesehen habe? Liegt es daran, dass es zu wenig gute Filme gibt? Liegt es daran, dass ich keinen falschen Film auswählen möchte, um Kritik an meiner Auswahl zu vermeiden? Ehrlich gesagt weiß ich es nicht, und ich bin sehr dankbar, dass meine Unfähigkeit, mich bei der Filmauswahl entscheiden zu können, einer der wenigen Bereiche ist, in denen ich eine Entscheidungsschwäche habe.

Warst du schon einmal mit jemandem im Restaurant, ihr habt alle gleichzeitig die Karte erhalten, und einer konnte sich nicht für ein Gericht entscheiden – egal wie viel Zeit er gehabt hat?

Ich habe vor einigen Jahren die Leidenschaft für den Golfsport entdeckt und bin förmlich infiziert worden. Ein Golfprofi schafft eine Golfrunde mit ca. 70 bis 75 oder weniger Schlägen. 25 bis 30 davon sind mit dem Putter*. Das heißt, bei ca. 45 bis 50 Schlägen muss er aufgrund von Wind, Steigung, Gefälle, Temperatur, emotionaler Verfassung, Spielstand, Bahnlänge, Bahnhindernissen und körperlicher Verfassung immer wieder die Entscheidung treffen, welchen Schläger er verwendet und welchen Schlag er ansetzen möchte. Da man Golf eher selten alleine und mit unendlich viel Zeit spielt, ist die Zeit, um zu überlegen, eher begrenzt. Am Abschlag ist die Entscheidung für die meisten relativ einfach. Bei den meisten Par-vier- oder Par-fünf-Bahnen wird mit dem Driver oder auch mal Dreier-Holz abgeschlagen. Doch ab dem zweiten Schlag spielen o. g. Kriterien eine wichtige Rolle und beeinflussen das Ergebnis. Soll ich wegen eines Wasserhindernisses vorlegen (also das Grün nicht angreifen), oder soll ich eher Risiko spielen? Soll ich ein Eisen acht nehmen, weil die Fahne heute weiter hinten steckt, oder soll ich wie immer an dieser Bahn ein Eisen neun nehmen? Möchte ich, dass der Ball nach dem Aufkommen gleich liegen bleibt, oder soll er lieber noch etwas rollen? Es sind unglaublich viele Punkte zu berücksichtigen, und ich glaube, das ist mit ein Grund, warum dieser Sport nie langweilig wird. Doch zurück zum Thema Entscheidungen. Fast jeder Profigolfer wird dir bestätigen: Sobald die Entscheidung getroffen ist, welcher Schläger für den nächsten Schlag verwendet wird, ist ein hundertprozentiges Commitment notwendig, dass das gewünschte Ergebnis generiert wird. Solltest du dich für ein Eisen acht mit einem vollen Schwung entschieden haben, dann bleib bei dieser Entscheidung. Wenn du während des Probeschwungs zweifelst oder sogar während des tatsächlichen Schlags auf einen Dreiviertelschwung adaptierst, dann ist

* Der Putter wird für das Spiel auf dem Grün, manchmal auch auf dem Vorgrün, verwendet. Im Gegensatz zu allen anderen Schlägern wird hier nicht der Flug des Balls angestrebt, sondern der zielgerichtete Lauf auf dem Untergrund.

das Ergebnis meistens katastrophal! Die Sequenz sollte deshalb lauten: *Analyse – Decide – Commit – Execute* (ADCE). Danach schaust du auf das Ergebnis und kommst zum nächsten Schlag. Du musst wieder alle Kriterien berücksichtigen und gehst nach dem ADCE-Schema vor.

Und genauso ist es in deinem Leben und in Bezug auf deinen persönlichen Reichtum: *Analyse – Decide – Commit – Execute.* Doch leider bleiben wir sehr häufig in der Analysefalle hängen oder entscheiden ohne wirkliches Commitment. Ja, ich gehöre genauso dazu. Ja, auch ich habe diese Schwächen. Doch je mehr ich mir dessen bewusst werde und es immer und immer wieder verinnerliche, desto besser komme ich voran und lerne dazu. Ich werde berichten, wenn ich das nächste Mal einen Film aussuchen werde.

Doch da es im Leben nicht nur um die Entscheidung geht, welchen Film man sich ansieht, stelle ich dir nun die ganz wichtige Frage: Wer willst du sein, und wofür willst du am Ende deines Lebens gestanden haben? Du kennst vielleicht die Übung mit der Grabrede, also was an deinem Grab über dich gesprochen werden soll. Bei dieser Übung geht es darum, dass du dir darüber Gedanken machst, welche drei Persönlichkeiten würden an deinem Grab was über dich und dein Leben sagen. Warum das heute schon so wichtig ist, hängt damit zusammen, dass du dich heute schon entscheiden solltest, für was du stehst. Willst du jemand sein, der einfach ein durchschnittliches Leben geführt hat? Willst du jemand sein, der ein Paradebeispiel ist, eine „*Legende*"? Oder willst du eine Person sein, die für ein desaströses Leben steht? Jeder von uns wird im Leben „*er-folg(t)-reich*" sein – weil das Wort „*Erfolg*" nur aussagt, dass etwas „*er-folgt.*" Ohne Entscheidungen wird es sehr schwierig, den Weg zu bestimmen. Schaue dir hierzu bitte auch die Kapitel 27 „*Lerne, dass ein Plan wichtig ist* UND *es immer anders kommt als geplant*" und 28 „*Lerne, anzufangen* UND *durchzuhalten*" an.

Meine Lernfragen an dich:

- ☐ Wie häufig trainierst du deinen „*Entscheidungsmuskel?*“
- ☐ Welchen der vier Schritte solltest du in der Sequenz *Analyse – Decide – Commit – Execute* verbessern?
- ☐ Entscheiden heißt, bewusst etwas wegzulassen (*to cut away from*). Was willst du zukünftig weglassen?
- ☐ Welche Hauptentscheidung steht für dich über allen anderen?
- ☐ Von welcher Entscheidung lässt du dich nicht abbringen – auch wenn es mal schwierig im Leben werden sollte?

13.

LERNE, DASS MENSCHEN EHRLICH SEIN WOLLEN BZW. SIND – UND ZUGLEICH LÜGEN

Schon wieder so eine wilde oder auch verwirrend klingende Überschrift! Was es damit auf sich hat? Ich glaube, der Großteil der Menschen ist ehrlich zu einem gewissen Teil seines Umfeldes. Wenn du mich fragen würdest, ob diese Menschen dann auch *immer* zu *allem und allen* ehrlich sind, dann wäre meine Antwort ein ganz klares Nein. Eltern sind nicht ehrlich zu ihren Kindern, wenn sie ihnen Geschichten über den Osterhasen oder den Weihnachtsmann erzählen. (Oder ist dir einer der beiden Kollegen schon mal über den Weg gelaufen?) Lebenspartner sind nicht immer ehrlich, wenn sie immer auf die Frage *„Liebst du mich?"* mit *„Ja"* antworten.

Wenn du nun einen Mitmenschen fragen würdest, ob er sich als einen generell ehrlichen Menschen bezeichnen würde oder nicht, dann bin ich mir sicher, dass bei 99 Prozent der Befragten die Antwort *„Ja"* lauten würde. Fragst du dann genau diese Menschen, ob sie schon jemals ein Lebewesen getötet haben, dann würden 99 Prozent der Befragten mit Nein antworten. Und damit hätten die Befragten schon gelogen. Warum? Glaubst du, diese Personen sind noch nie zufällig auf ein Insekt getreten und haben es damit ausgelöscht, haben eine störende Fliege erschlagen oder lebende Mikroorganismen beim Gemüse- oder Händewaschen abgetötet? Die meisten widersprechen mir hier und erwidern: *„Das ist ja nicht mit Töten gemeint."* Okay, dann kommen wir der Sache schon näher, wie es das Paradoxon geben kann, dass Menschen von sich behaupten, sie seien ehrlich, obwohl sie im nächsten Atemzug bereits gelogen haben.

Die Ursache liegt in der Definition, was jeder Mensch für sich als *„ehrlich"* und was jeder Mensch für sich als *„lügen" definiert*! Für Eltern ist es keine Lüge, dem Kind den Bären vom Weihnachtsmann oder vom Osterhasen aufzubinden; es ist Teil des Erziehungsprozesses, den die meisten ebenso selbst erlebt haben. Für ein Kind ist es keine Lüge im Bett auf die Frage, ob es sich die Zähne schon geputzt hat, mit *„Ja"* zu antworten – es ist nur Schwindeln. Für den Pokerspieler ist es keine Lüge, ein falsches Blatt vorzutäuschen, sondern die Kunst des Spiels, wirkungsvoll zu bluffen – bei Verhandlungen wird ein Bluff ebenso eingesetzt und toleriert und nicht als Lüge bezeichnet. Ehrlich auf die Frage *„Wie geht es dir?"* zu antworten, würde den Großteil der Menschen überfordern. Es ist eine eher rhetorische Frage, die mit *„Ja"* beantwortet wird – nennen wir das etwa lügen?

Zudem kannst du froh sein, dass viele Menschen dir nicht die Wahrheit sagen und schon gar nicht, was sie in Wahrheit gerade (über dich) denken. Und das ist bestimmt auch gut so – ich würde es auch wirklich gar nicht wissen wollen. Zu lernen, dass jeder Mensch lügt, wird dir helfen, besser mit gewissen Situationen umzugehen. Es ist immer eine Frage der Definition und der Abwägung im entsprechenden Moment.

Ebenso ist es wichtig für dich selbst, eine Grenze zu ziehen, bis wohin du was tolerierst (siehe auch die Kapitel 19 *„Lerne, dass Klarheit für Freiheit sorgt"* und 10 *„Lerne, zu führen"*).

Je klarer du deinem Gegenüber deine Grenze zum Ausdruck bringst und ihm deine Definition mitteilst, desto leichter wirst du mit diesen meist doch schwierigen Situationen umgehen können. Hier ein konkretes Beispiel aus meinem Unternehmerleben:

Als ich im Jahr 2002 das Franchisekonzept BNI kennengelernt und geprüft habe, wollte ich vom Franchisegeber natürlich wissen, was es für ein Aufwand sein würde, in einem neuen Land auf grüner Wiese die BNI-Unternehmerteams aufzubauen. In den Verhandlungen und Schulungen wurde mir wiederholt mitgeteilt: *„Wenn du dir einen Vormittag pro Woche Zeit nimmst, dann kannst du vier Unternehmerteams pro Jahr starten."* Ich dachte: *„Wow, hört sich machbar an, das schaffe ich!"* Nun sind 19 Jahre ins Land gezogen, es gibt in Deutschland, Österreich und der Schweiz über 500 BNI Unternehmerteams – und es hat *noch nie* jemand vier Unternehmerteams mit einem Zeitaufwand von einem Vormittag pro Woche in zwölf Monaten aufgebaut. Es war die größte Lüge, die mir in diesem Kontext serviert wurde!

Bereue ich, dass ich damals auf diese Lüge hereingefallen bin? Nein, keineswegs, weil ich sonst wohl nie den Schritt ins Unternehmerleben gewagt hätte (ich war ja schließlich im sicheren Angestelltenverhältnis mit einem 911er-Porsche als Firmenwagen und einem sechsstelligen Jahresgehalt mit gerade mal dreißig). Im Grunde genommen kann ich sogar dankbar sein, dass es damals so gelaufen ist, denn sonst könnte ich heute auch nicht meine Lern- und Erfahrungskenntnisse mit dir teilen. Das heißt nicht, dass ich dies damals als gut empfunden habe.

Und es heißt auch nicht, dass ich so mit meinen Geschäftspartnern umgehe (siehe hierzu auch Kapitel 51 *„Lerne, dass alles im Leben für dich und nicht dir passiert“*).

Habe ich aus dieser *„Verhandlung“* gelernt? Oh ja, das kannst du mir glauben. Mache ich genau mit diesen Personen, die mir damals gegenüber saßen, weiter Geschäfte. Nein! Wenn dem so wäre, würde ich den Ansätzen, die in Kapitel 15 *„Lerne aus deinen Fehlern – und noch viel wichtiger: aus denen der anderen, denn die kosten dich nichts“* widersprechen.

Natürlich kann man sich immer fragen, warum Menschen sich so verhalten, warum sie hier eine andere Definition haben und was ihre Nöte sind. Häufig sind Menschen aus finanziellen Gründen gezwungen und nennen es dann die sogenannte *Notlüge*. Sehr häufig sind es auch einfach nur Scham und die Angst, wie man dastehen würde, wenn man nun die Wahrheit sagt. Je besser du dich in die Lage des anderen versetzen kannst, desto weniger lässt du die sogenannte Lüge an dich heran. Für mich war das damals nicht einfach, da ich BNI mit dem prognostizierten Aufwand natürlich nicht so entwickeln konnte wie geplant – ich hatte dadurch extreme Selbstzweifel. Heute kann ich dem mit weit mehr Gelassenheit gegenüberstehen und weiß, dass ich eine großartige Community im deutschsprachigen Raum ins Rollen gebracht habe.

Meine Lernfragen an dich:

- ☐ Zählst du dich zu den ehrlichen Menschen?
- ☐ In welchen Bereichen in deinem Leben hast du für dich Definitionen gesetzt, die bei anderen als Lüge interpretiert werden könnten?
- ☐ Wie geht es dir damit, wenn du dir bewusst wirst, dass Menschen von sich behaupten, ehrlich zu sein, und trotzdem immer mal wieder lügen? Was löst das in dir aus?
- ☐ Wo solltest du in deinem Leben klare Grenzen ziehen, damit es für dich stimmig ist und du dich nicht verschaukelt fühlst?
- ☐ Für welchen Bären, den man dir aufgebunden hat, bist du nach längerer Zeit wirklich dankbar?

14.
LERNE, FINANZEN ZU VERSTEHEN

Du hältst ein Buch zum Thema Reichtum in den Händen – und erst jetzt, in Kapitel 14, kommen die Finanzen ins Spiel? Da ich ja einleitend gesagt habe, dass es mir in diesem Buch mehr um die Balance bzw. die goldene Mitte von materiellem und immateriellem Reichtum geht, hast du bestimmt Verständnis dafür. Ich bin kein Banker, kein Steuerberater und kein Anlagespezialist. Doch was ich in den letzten zwei Jahrzehnten bei Angestellten, Selbstständigen und Unternehmern zum Thema Finanzverständnis erlebt habe, hat mich im Negativen wirklich plattgemacht – leider traurig, aber wahr. Ich will hier nur die Basics illustrieren und dir klarmachen: Wenn du das verstanden hast *und* umsetzt, dann bist du genau auf dem richtigen Weg. Leider habe ich zu viele Personen kennengelernt, die diese Punkte nicht verinnerlicht haben.

Deine eigene Einstellung zum Thema Geld

Wenn du noch nicht den finanziellen Reichtum hast, den du dir wünschst, dann hat das bestimmt viele Ursachen. Einige sind in diesem Buch beschrieben. Generell musst du dir allerdings klar werden, wie dein Mindset, deine Einstellung und deine Gedanken zum Thema Geld sind. Beantworte dir bitte folgende Fragen schriftlich, denn nur so kannst du dir wirklich bewusst machen, was zwischen deinen Ohren passiert:

- ☐ Wie denkst du allgemein über Geld?
- ☐ Wie würdest du Geld definieren – was ist es?
- ☐ Wie ist Geld historisch überhaupt entstanden? Wie hat das Leben funktioniert, bevor Geld existierte?
- ☐ Wenn du Geld durch deine Arbeitsleistung verdient hast, fühlst du dich dann über-, angemessen oder eher unterbezahlt?
- ☐ Woraus glaubst du, wird Geld generiert? Heißt es für dich: Wenn einer es erhält, wurde es jemand anderem weggenommen?
- ☐ Was steckt für dich dahinter bzw. welche Bedeutung hat es, dass du Geld „*haben*" willst?
- ☐ Wenn du „*reiche*" Menschen siehst, was für ein Gefühl löst das in dir aus (Bewunderung, Neid, Habgier, Motivation ...)?
- ☐ Welche Gefühle löst es in dir aus, wenn du Menschen mit geringen finanziellen Mitteln begegnest (Stolz, Mitleid, Fürsorge, Überheblichkeit …)?
- ☐ Was würde es für dich bedeuten, wenn du von einem Tag auf den anderen dein gesamtes finanzielles und materielles Vermögen verlieren würdest?
- ☐ Wann ist Geld verbrannt, wann investiert, und wann ist es wertlos?
- ☐ Welche dieser Glaubenssätze/Klischeegedanken treffen auf dich zu:

- o Bei Geld hört die Freundschaft auf.
- o Geld verdirbt den Charakter.
- o Schuster, bleib bei deinen Leisten!
- o Reichtum kann nur auf Kosten anderer erzielt werden.
- o Schulden sind generell etwas Schlechtes.
- o Geld ist nicht alles im Leben.
- o Mit Geld kann man Gutes tun.
- o Ohne Geld kann man auch gut leben.
- o Die Reichen sollten noch mehr besteuert werden.
- o Um meine Finanzen kümmert sich mein Berater.
- o Wegen Geld werden Kriege geführt.
- o Nur wer schon Geld hat, kann reich werden.
- o Lieber arm und gesund als reich und krank.
- o Wer zu viel Geld besitzt, muss sich nur Sorgen machen, damit er nicht bestohlen wird.
- o Geld macht sexy.
- o …

Einer meiner Mentoren hat mir mal gesagt, dass dein Kontostand genau das Spiegelbild deiner Gedanken zum Thema Geld ist: volles Konto = Geld ist etwas Großartiges und im Überfluss vorhanden; leeres Konto oder sogar im Minus = Geld stinkt und kann nie genug sein.

Kennst du Menschen, die gefühlt immer Probleme mit Geld haben (zu wenig, können Rechnungen nicht bezahlen, werden betrogen oder ausgeraubt, deren Kunden zahlen die Rechnungen nicht …)? Dies trifft sogar bei manchen zu, die fünf- oder sechsstellige monatliche Einnahmen haben. Wie kann es sein, dass so viele prominente Menschen irgendwann finanziell platt sind, mit dem Rücken zur Wand stehen oder Privatinsolvenz anmelden müssen, obwohl sie weit mehr Einkünfte hatten als Millionen andere? Für mich heißt es ganz klar: Finanzen sind *Chef*sache (ob privat oder in der Firma).

Wenn deine Einstellung zum Thema Geld in die Richtung geht,

- ☐ dass du damit Gutes bewegen kannst,
- ☐ dass du wie ein Magnet wirkst, der es quasi anzieht,
- ☐ dass du es als Tauschmittel siehst, weil diesem von einem bestimmten Personenkreis ein vertrauensvoller Wert zugeordnet wird,
- ☐ dass du glaubst, dass es immer im Überfluss für dich verfügbar sein wird,
- ☐ dass du es verdient hast, Geld zu besitzen,
- ☐ dass es dein Freund ist, um es im Leben leichter zu haben,
- ☐ dass es dich attraktiver macht und du dir dadurch selbst mehr wert bist, *ohne* es davon abhängig zu machen,
- ☐ dass du dich um kein Geld der Welt verbiegen wirst oder anderen Leid zufügst, nur damit es zu dir kommt,
- ☐ …

… dann wirst du es bestimmt viel einfacher haben, als wenn dich deine Glaubenssätze einschränken oder sogar sabotieren.

Gewinn und Verlust

Wenn du ein Unternehmen hast, schauen die meisten nur darauf, wie hoch der Gewinn ausfällt bzw. dass die Verluste so gering wie möglich sind. Doch die Gewinn-und-Verlust-Rechnung sagt noch lange nichts darüber aus, wie viel Liquidität ein Unternehmen besitzt. Eine zu geringe Liquidität hat allerdings schon einige Unternehmen in die Insolvenz gestürzt. Du fragst dich, wie das sein kann? Darauf haben viele Faktoren einen Einfluss: Einer davon ist eine schlechte Liquiditäts- oder Steuerrückstellungsplanung. Nur weil ein Unternehmen eine gute Auftragslage hat und einen Gewinn ausweisen kann, heißt das noch lange nicht, dass es ausreichend Liquidität besitzt, um planbare oder auch unerwartete Forderungen in der Zukunft zu bedienen.

Jetzt bist du vielleicht kein Unternehmer, sondern Angestellter, doch auch in diesem Bereich gibt es allein in Deutschland jährlich bis zu 100.000 Privat- bzw. Verbraucherinsolvenzen.

Begriffe:

- ☐ *Gewinn:* Profit, Marge, Ausbeute, Rendite, Reinerlös, Ergebnis, Überschuss
- ☐ *Verlust:* Defizit, Minus, Unterdeckung, Fehlbetrag „*Miese*"
- ☐ *Einnahmen:* Umsätze oder Erlöse
- ☐ *Ausgaben:* Kosten oder Aufwände. (Hierzu werden allerdings buchhalterisch Abschreibungen hinzugefügt, da diese rechnerisch den Gewinn mindern, um dadurch die Steuerlast zu senken – doch dazu später mehr).

Ohne hier jetzt in die Tiefe des Rechnungswesens einzusteigen, sind dir diese Begriffe bestimmt geläufig. Die meisten Menschen, die finanzielle Freiheit anstreben, können hier noch locker mithalten. Was ich allerdings schon bei der Investoren-TV-Show „*Die Höhle der Löwen*" erlebt habe, ist haarsträubend! Egal ob man aufgeregt ist oder nicht – die

Unterschiede dieser Definitionen musst du auch nachts um halb drei erläutern können. Einfach dargestellt stehen diese vier Begriffe so miteinander in Relation:

Gewinn = Einnahmen > Ausgaben

*(sprich: Einnahmen sind **größer** als die Ausgaben)*

Verlust = Einnahmen < Ausgaben

*(sprich: Einnahmen sind **kleiner** als die Ausgaben)*

Warum hier immer wieder so viele Menschen ins Straucheln kommen, liegt daran, dass die sogenannte Gewinn- und Verlust-Rechnung (GuV) den *Verlauf über einen Zeitraum darstellt* (wie wenn du einen Kinofilm bis zu einem gewissen Zeitpunkt angeschaut hast). Konkret heißt das, dass ein Unternehmen *gestern* noch einen *Gewinn* von 100.000 Euro ausweisen konnte, *heute* allerdings mit 100.000 Euro *Verlust* dasteht – und das, obwohl die Auftragsbücher voll sind. Wie kann das sein? Ich bin mir sicher, du kennst die Antwort: Heute kam ein netter Brief auf Umweltschutzpapier mit dem Absender *„Finanzamt"* und dem Betreff *„Ihre Steuernachzahlung"*. Wenn du die Steuern bereits in deinen Ausgaben und in deiner Planung berücksichtigt hast, dann lächelst du über diesen Satz. Leider wird dies in der Praxis viel zu häufig vernachlässigt und hat schon viele nach zwei oder drei Jahren die Existenz gekostet. Wenn du wie im obigen Beispiel die 200.000 Euro nicht zur Seite gelegt hast, dann kann von heute auf morgen deine Liquidität vollkommen im Eimer sein. Der eine oder andere musste deshalb entweder einen Kredit aufnehmen oder sogar Insolvenz anmelden.

Bilanz und Cashflow

Beim Begriff *„Bilanz"* oder eine Bilanz zu verstehen, wird es für die meisten schon schwieriger – doch ich will dich ermutigen, dass du dich dieser Thematik annimmst, da es nicht so kompliziert ist, wie die meisten glauben!

Das Wort Bilanz leitet sich vom lateinischen *„bilanx"* ab, das so viel wie *„zwei Waagschalen"* bedeutet. *„Bilanciare"* aus dem Italienischen bedeutet so viel wie *„ins Gleichgewicht bringen, ausgleichen."* Das heißt, mit einer Bilanz hast du quasi zwei Waagschalen, die ausgeglichen sind. Umgangssprachlich sagt man auch gerne nach einem Event oder einem Ereignis: *„Nun lass uns mal Bilanz ziehen!"* – es wird also erörtert, was gut und was schlecht gelaufen ist. In Bezug auf die Finanzen heißt das: *„Was besitzt du (was gehört dir) und was schuldest du (wem)."* Diese beiden Waagschalen werden einander gegenübergestellt und müssen zu einem *Stichtag* immer ausgeglichen sein. Deshalb spricht man bei einer Bilanz auch von einer *Momentaufnahme* zu einem gewissen Zeitpunkt.

Begriffe

- ☐ *Aktiva:* stehen bekanntlich auf der linken Seite einer Bilanz und werden auch als Assets, Vermögen (Umlauf-, Anlage- oder immaterielles Vermögen) bezeichnet. Hierzu gehören zum Beispiel Bargeld, Kassenbestände, Lagerbestände, Firmenimmobilien und auch nichtphysische (immaterielle) Vermögensgegenstände wie Rechte oder Lizenzen oder Forderungen.
- ☐ *Passiva:* werden in der Bilanz auf der rechten Seite dargestellt und auch Verbindlichkeiten (Liabilities) genannt. Hierzu gehören zum Beispiel Mieten, Löhne/Gehälter, Rückstellungen. Also alles, was dir quasi nicht gehört bzw. *„was du noch schuldest"*.

Die Formel lautet:

Aktiva = Passiva + (Gewinn bzw. Verlust)

Die meisten haben nicht verstanden, dass auf der rechten Seite der Bilanz (der Passivseite) der Gewinn (oder auch Verlust) aus der o. g. GuV mitberücksichtigt wird. Da beide Seiten also ausgeglichen sein müssen, kann ich zwar eine sehr hohe Bilanzsumme ausweisen oder darstellen, und diese kann sich auch von Stichtag zu Stichtag positiv entwickeln (zum Beispiel steigen), doch vielleicht ist der Gewinn mittlerweile rückläufig oder das Unternehmen macht bereits Verluste. Ebenso könnte ein Unternehmen einen Kredit aufgenommen haben, um in eine Produktionsstätte zu investieren (das heißt, auf der Aktivseite kommt Immobilienvermögen hinzu und auf der Passivseite die Verbindlichkeit bezüglich des Immobilienkredits). Das heißt, die Bilanzsumme ist zwar gestiegen (von einem Stichtag zum anderen), doch das Gesamtvermögen ist unverändert. Riskant wird dies dann, wenn der Cashflow durch die Investition (Kreditverbindlichkeit) so geschwächt wird, dass die Liquidität darunter leidet und mittelfristig nicht gesteigert werden kann.

Kommen wir nun zum Begriff Cashflow

- ☐ Mit *Cashflow* bezeichnet man Geld- oder Kapitalfluss. Das Wort *Fluss* stammt von *„fließen"*, das heißt, Geld oder Kapital muss tatsächlich fließen, damit es relevant für die Cashflow-Betrachtung ist. Man schaut sich also über einen Zeitraum alle Geld-/Kapitalzuflüsse an und stellt ihnen die Geld-/Kapitalabflüsse gegenüber. Sind sie positiv, habe ich einen positiven Cashflow. Sind sie negativ, habe ich einen negativen Cashflow (auch Cash-Drain genannt). Wer einen negativen Cashflow über einen längeren Zeitpunkt hat, verbrennt quasi kontinuierlich sein Cash und kann ausrechnen, wie lange sein Unternehmen noch existiert, bevor Insolvenz angemeldet werden muss (die sogenannte Cash-Burn-Rate). Ein Beispiel: Ich habe 100.000 Euro Cash (= Geld auf dem Konto oder von einem Investor erhalten), monatlich allerdings einen negativen Cashflow von 10.000 Euro (= es fließen 10.000 Euro mehr ab als zu, da die Einnahmen mehrere Monate zeitversetzt erfolgen), dann ist meine Cash-Burn-Rate 10. Nach zehn Monaten wären in diesem Beispiel meine Liquiditätsreserven aufgebraucht, sofern der negative Cashflow anhält und keine neuen Finanzmittel zur Verfügung stehen. Damit wäre ich zahlungsunfähig und hätte das Unternehmen in die Insolvenz geführt.

Generell gibt es drei unterschiedliche Cashflow Arten, die zusammen den Gesamt-Cashflow bilden: Operating-, Investitions- und Finanzierungs-Cashflow.

Operating-Cashflow

- ☐ Damit ist der Cashflow aus dem laufenden Geschäftsbetrieb gemeint. Das heißt, man betrachtet seine Umsatzerlöse und subtrahiert hiervon die Erhöhung des Forderungsbestandes, des Personal- und Materialaufwands sowie sonstige betriebliche Aufwendungen

Investitions-Cashflow

- ☐ Der Aufwand für Investitionen wird von den Einzahlungen aus Investitionstätigkeit (zum Beispiel Einnahmen aus dem Verkauf von Anlagen) abgezogen.

Finanz-Cashflow

- ☐ Den Auszahlungen für Darlehn werden die Tilgungen von Darlehn gegenübergestellt. Sind die Tilgungen größer als die Auszahlungen, dann spricht man von einem negativen Finanz-Cashflow.

Die Summe aus Operating-, Investitions- und Finanz-Cashflow ergibt den Gesamt-Cashflow. Wenn hier nun in der Bilanzierung Fehler gemacht oder diese bewusst manipuliert wird, dann führt dies zu Skandalen wie bei Enron im Jahr 2001 oder Wirecard im Jahr 2020.

Laut Euler Hermes (*Wirtschaft Konkret* Nr. 414) gibt es 14 Hauptursachen, weswegen Unternehmen ein Insolvenzverfahren eröffnen müssen. Unter den Top-6-Ursachen, sind fünf auf Probleme im Finanzbereich zurückzuführen. Konkret sind dies:

1. *fehlendes Controlling (79 Prozent)*
2. *Finanzierungslücken (76 Prozent)*
3. *unzureichendes Debitorenmanagement (64 Prozent)*
4. autoritäre, rigide Führung (57 *Prozent*)
5. ungenügende Kommunikation und Transparenz (44 *Prozent*)
6. *Investitionsfehler (42 Prozent)*

Wenn du also ein Unternehmen leitest und du die Zahlen, die dir dein Steuerberater aufbereitet, nicht verstehst bzw. nicht hinterfragst und mit der Haltung „*wird schon stimmen*“ hinnimmst, dann bist du entweder sehr naiv, liebst das Risiko oder bist dir dessen in keiner Weise bewusst.

Gute Schulden, schlechte Schulden

Generell solltest du verstehen, dass unser gesamtes Finanzsystem auf Schulden aufgebaut ist. Immobilieninvestoren und Kreditgeber haben dies zur Genüge verstanden, da es *ihr* Geschäftsmodell ist. Ob und wie lange dieses Finanzsystem noch stabil bleibt, wird momentan sehr heiß diskutiert. Was 2008 die Finanzkrise ausgelöst hat und warum, solltest du dir genauer anschauen, um die Systematik zu verstehen.

Plakativ gesprochen gibt es *„gute"* und *„schlechte"* Schulden. Schlechte Schulden sind sogenannte Konsumschulden, das heißt, wenn du auf *„Pump"* für deinen Konsum lebst. Nun gibt es lange Diskussionen darüber, was Konsum nun ist und was nicht. Wenn du einen Kredit aufnehmen musst, um in Urlaub zu gehen, dann sind dies in meiner Welt definitiv Konsum- oder schlechte Schulden. Wenn du dir privat ein Fahrzeug finanzierst, dann sind das in meiner Welt ebenso Konsumschulden. Wenn das Fahrzeug als Leasing in deiner Firma läuft, dann muss dies im Gesamtkontext für deinen Firmen-Cashflow betrachtet werden. In meiner Definition sind Konsumschulden all die Schulden und Kredite, die du aufnimmst, um deinen täglichen Konsum zu gewährleisten. Wenn du also mit der Kreditkarte zum Shoppen gehst, weil du hier noch x Tage zusätzlichen Kredit erhältst und dein Konto leer ist, dann machst du in diesem Moment ebenfalls Konsumschulden. Dasselbe gilt, wenn du ab dem ersten Cent den Dispokredit von deinem Konto anzapfst. Auch das sind Konsumschulden.

Streng genommen ist die eigengenutzte kreditfinanzierte Immobilie ebenso in die Kategorie *„Konsumschulden"* einzugliedern. Im Sinne des weiter unten erläuterten Cashflow-Quadranten führt sie eben nicht dazu, dass Cash in deine Taschen fließt, sondern Cash fließt *aus* deiner Tasche (nämlich um den Kredit zu bedienen). Die finanzierte Immobilie kannst du auch nicht zu deinem Vermögen/deinen Assets zählen, da diese – solange der Kredit nicht vollständig abbezahlt ist – nämlich nicht dir, sondern deinem Kreditgeber gehört (siehe Rangliste im Grundbuch).

Gute Schulden werden definiert, wenn sie als Investment dienen, über einen definierten Zeitraum anschließend einen höheren „*Return*" liefern, steuerliche Vorteile bieten, wenn möglich sehr früh einen positiven Cashflow produzieren und dir als Hebel dienen.

Hierzu zwei Beispiele: Angenommen, du nimmst einen Kredit in Höhe von 500.000 Euro auf, um in eine vermietete Immobilie zu investieren. Wenn wir von einem Zins von circa drei Prozent ausgehen (auch wenn es zum Zeitpunkt, an dem diese Zeilen entstehen, am Markt bereits weit bessere Konditionen gibt), dann hättest du 15.000 Euro Zinsbelastung im Jahr. Lassen wir mal der einfachheitshalber die Kaufnebenkosten weg (Notar-, Grundbuch und Maklerkosten), dann wärst du quasi rein rechnerisch ab 15.001 Euro pro Jahr an Mieteinnahmen im positiven Cashflow. Natürlich ist dieses Beispiel zu abstrakt und hinkt, da du jährliche Verwaltungskosten und Rückstellung noch hinzukalkulieren musst, ein Risiko bei Mietausfall trägst und die meisten Kreditgeber mindestens ein Prozent Tilgung erwarten. Doch darum geht es nicht. Es geht darum, dass du aus einer halben Million Euro – die dir nicht gehört – einen positiven Cashflow aufbauen kannst und noch weitere Vorteile wie mögliche Wertsteigerung sowie die positive Auswirkung der Inflation auf deine Schulden mitkalkulieren/berücksichtigen kannst. Wenn du ein Objekt entsprechend günstig findest und alle notwendigen Risiken entsprechend bewertet und abgewogen hast, kannst du mit solchen guten Schulden finanziell etwas aufbauen.

Zweites Beispiel: Du nimmst einen Kredit auf, damit du mehr Mitarbeiter beschäftigen kannst, die deinen Vertrieb nach vorne bringen, dann weißt du, wie viel dich so ein Mitarbeiter kosten würde, mit welcher Quote an Neuaufträgen du rechnen kannst und wie hoch dein Gewinn für jeden neuen Auftrag ist. Entsprechend kannst du das Risiko abschätzen, ob diese guten Schulden eine sinnvolle Investition sein könnten oder nicht.

Kosten und Investitionen

Bei diesen beiden Begriffen kommt es meistens auch zu Missverständnissen. Generell ist die Sachlage allerdings sehr einfach zu betrachten. Kosten *subtrahieren* etwas von einem Ausgangswert, und Investitionen *addieren* etwas zu einem Ausgangswert. Nehmen wir das geliebte Beispiel mit dem Personal: Sind das Kosten oder Investitionen? Antwort: Das hängt von der Betrachtung ab. Der Begriff „*Personalkosten*" aus Perspektive eines Unternehmers ist insofern schlecht gewählt, da ein Unternehmer normalerweise das Ziel hat, dass sein Unternehmen ohne sein Wirken Gewinne erwirtschaftet. Aus diesem Grund sollte Personal aus unternehmerischer Sicht als Investition betrachtet werden. Wenn sinnvoll in Personal investiert wird, dann erfolgt nach einer gewissen Zeit auch eine Addition zum Ausgangswert. Wenn das nicht der Fall ist, dann liegt es entweder am zugrunde liegenden Geschäftsmodell oder der Produktivität durch Abläufe und das Personal selbst.

Anderes Beispiel: Ist Werbung ein Kostenblock oder eine Investition? Die Antwort ist relativ einfach: Wenn die Werbung nichts bringt, das heißt, ich dadurch keine positiv messbare Veränderung für mein Unternehmen wahrnehmen kann, dann spricht man hier definitiv von *Kosten* (es erfolgt eine Subtraktion zum Ausgangswert). Sollte die Werbung allerdings messbar und spezifisch zu neuen Kunden oder Umsätzen führen, dann sprechen wir von einer *Investition* (es erfolgt eine Addition zum Ausgangswert). Das Schwierige bei der Werbung ist allerdings, dass nicht für alles und jeden immer genau eine hundertprozentige Zuordnung erfolgen kann.

Einfach dargestellt bedeutet eine Investition, wenn du später mindestens den gleichen Wert PLUS etwas dazubekommst, und Kosten, wenn du später WENIGER, als du eingebracht hast (oder gar nichts), zurückbekommst.

Steuern

Auch wenn wir in Deutschland in der Relation zu den meisten anderen Staaten in Europa bzw. auf der Welt in einem Hochsteuerland leben, solltest du auf der einen Seite dankbar sein, wenn du Steuern bezahlen darfst. Denn dies ist ein Zeichen dafür, dass du und/oder dein Unternehmen gute Gewinne erwirtschaften.

Auf der anderen Seite heißt das allerdings auch, dass du sehr genau darauf achten solltest, dass du nicht durch die falschen Berater, ungeschickte oder zum falschen Zeitpunkt gewählte Investitionen oder unpassende Firmenkonstruktionen über Jahre hinweg mit deiner Steuerlast große Verluste verzeichnest und hier meistens den größten Hebel hast, deine Liquidität und dein Vermögen zu optimieren. Natürlich alles auf legalem Wege!

Egal ob du Angestellter oder Unternehmer bist – du solltest sehr genau wissen, welche 20 Prozent deiner Kostenfresser gemäß Pareto* für 80 Prozent deiner Gesamtkosten verantwortlich sind. Ich gehe mit

---

* Das nach Vilfredo Pareto benannte Pareto-Prinzip (oder die Pareto-Methode) befasst sich mit der Beziehung zwischen Aufwand und Ergebnis: 80 Prozent der Wirkung können durch 20 Prozent der beteiligten Faktoren erreicht werden.

ziemlich großer Wahrscheinlichkeit davon aus, dass deine Gesamtsteuerlast (alle Steuern, die du in irgendeiner Form bezahlst: Lohn- bzw. Einkommen-, Körperschaft-, Gewerbe-, Mehrwert-, Kirchen-, Kapitalertragsteuer etc.) mit bei den Top-20-Prozent Kostenfressern dabei ist. Wenn dies noch nicht der Fall ist, dann kann ich dir jetzt schon sagen: Je reicher du finanziell werden solltest, desto größer wird der Anteil der Steuern an deiner Kostenstruktur ausfallen. Deshalb hier ein paar Fragen für dich zu diesem Kontext:

- ☐ Wenn du dich bereits im Spitzensteuersatz bewegst, wie sieht deine Steuerstrategie für die nächsten fünf bis 15 Jahre aus? Was vergangen ist, kannst du in 90% der Fälle nicht mehr ändern, doch bekanntlich spielt sich das Steuerspiel in der Zukunft ab.
- ☐ Wie gut kennst du dich mit den unterschiedlichen legalen steuerlichen Möglichkeiten überhaupt aus?
- ☐ Wenn dein Unternehmen zum Beispiel in Rostock seinen Firmensitz hat, weißt du, wie groß deine Gewerbesteuerersparnis wäre, wenn du stattdessen, den Firmensitz circa 30 Kilometer südwestlich im Landkreis Rostock in der Gemeinde Penzin hättest? Penzin hat einen Gewerbesteuerhebesatz von 250 Punkten, Rostock von 465. Je nach Firmierung kann die Gewerbesteuer in Rostock fast doppelt so hoch sein wie in Penzin. (Bei einem sechsstelligen Gewinn kann das ein schöner fünfstelliger Betrag sein.)
- ☐ Auch wenn das Pflegen eines Fahrtenbuches lästig ist, sollte dein Anteil an geschäftlichen Fahrten extrem hoch sein, dann kannst du hier – je nachdem, wie hoch der Bruttolistenpreis deines Firmenfahrzeuges ist – jährlich einen vierstelligen Betrag sparen.

- ☐ Wenn du einen mittleren bis großen Immobilienbesitz hast, dann musst du die Einkünfte aus Vermietung und Verpachtung entsprechend deinem persönlichen Steuersatz versteuern. Kennst du auch die Lösung, diese Einnahmen komplett steuerfrei zu belassen? Wenn nein, dann lies mal § 5 Absatz 10 des Körperschaftsteuergesetzes genau durch.
- ☐ Wenn du Immobilien als Investment Vehicle siehst – weißt du, in welchen Fällen es steuerlich mehr Sinn macht, eine Immobilie im Privatbesitz zu erwerben und wann über eine Firma?
- ☐ Kennst du die unterschiedliche Steuerlast, falls du in fünf oder zehn Jahren dein gut laufendes Unternehmen entweder als Personengesellschaft oder als GmbH innerhalb einer Holding verkaufst? Hier reden wir bei einer Verkaufssumme von 1.000.000 Euro locker über sechsstellige Beträge. Wäre vielleicht sinnvoll, hier einen Verkauf entsprechend langfristig vorzubereiten, oder?
- ☐ Kennst du alle Möglichkeiten, um deinen Mitarbeitern monatlich oder jährlich mehr Netto zu bieten, *ohne* dafür die vollen Sozialversicherungsabgaben zu tragen?
- ☐ Wenn du Geschäftsführer eines profitablen Unternehmens bist, was ist dann für dich wertvoller? Ein legitimer Bewirtungsbeleg in Höhe von 75 Euro oder ein 20-Euro-Schein, der dir *„geschenkt“* wird? Rechne es mal aus, und rechne ebenso nach, wie viel du als Angestellter monatlich mehr Bruttogehalt bekommen müsstest, um ein Essen in Höhe von 75 Euro privat (nach Steuern, aus deinem Nettogehalt) bezahlen zu müssen.
- ☐ …

Das waren nur ein paar Beispiele im Kontext Steuern. Natürlich musst du dir immer deine aktuelle persönliche Situation und Planung anschauen, doch je weniger aktive *Steuerplanung* du betreibst, desto höher wird deine *Steuerlast* werden.

Investments

Auch wenn der Titel des Buches „*Lernen wird dich reich machen*" lautet, ist das kein Buch über klassische Investments (das würde den Rahmen komplett sprengen). Wenn dich Investments im Sinne von Aktien, Fonds, Derivaten, Währungshandel, Rohstoffe, Edelmetalle, Kryptowährung etc. interessieren und du glaubst, dass dies dein Weg ist, dann beschäftige dich wirklich im Detail damit – denn du musst *verstehen*, was du tust! Wenn du nicht verstehst, in was du investierst, dann empfehle ich dir, die Finger davon zu lassen oder mit dem Geld gleich zum Zocken ins Casino zu gehen. Ich persönlich kann dir hier keine Tipps oder Ratschläge geben – was ich dir allerdings mitgeben möchte, sind folgende Fragen:

- ☐ Glaubst du wirklich, dass du mit einem geringen zeitlichen Aufwand (zum Beispiel mit einer Stunde täglich) ähnliche oder sogar bessere Ergebnisse erzielen kannst als Profis, die das als Full-Time-Job betreiben?
- ☐ Laut einer Studie schlagen nur vier Prozent aller Aktienfonds den Marktindex. Wie viel „*Glück*" brauchst du also, um bessere Ergebnisse als der Markt zu erzielen?
- ☐ Auch wenn der Devisenmarkt im Jahr 2019 mit einem *täglich weltweiten* Handelsvolumen von 6,5 Billionen US-Dollar zu den größten Märkten der Welt gehört, fehlt den meisten wohl die Relation dazu. Nur zum Vergleich: Das Bruttoinlandsprodukt

(BIP) für Deutschland betrug für das *gesamte Jahr 2018* gerade einmal gut die Hälfte (3,3 Billionen Euro). Traust du dir wirklich zu, als Amateur in diesem Markt, der zu einem sehr hohen Anteil von High-Frequency-Trading-Computern bestimmt wird, mitzuschwimmen?

- ☐ Wenn du bei der Größe des Devisenmarktes noch keine Schnappatmung bekommen hast, dann sei dir bewusst, dass der Markt aller Derivate (zum Beispiel Futures, Options, Forward Contracts, Swaps etc.) weltweit so riesig ist, dass keiner genau weiß, wie groß er tatsächlich ist! Experten sprechen davon, dass der Marktanteil sogar über 1 Billiarde US-Dollar liegt. Nur nochmals zum Vergleich: 1 Billiarde sind 1 Million Milliarden – im Englischen heißt diese unvorstellbare Summe Quadrillion! Wenn also Bewegung im Markt der Derivate ist (positiv oder negativ), was glaubst du, wie sich das auf deine Investments auswirkt? Vielleicht hilft dir diese Visualisierung vom Money Project, ein besseres Verständnis dafür zu bekommen:

  https://www.visualcapitalist.com/all-of-the-worlds-money-and-markets-in-one-visualization-2020

- ☐ Schau dir bitte die Geschäftsmodelle der angeblichen Börsenprofis an, die mit zweistelligen Renditen werben. Glaubst du, dass die meisten ihr eigenes Geld mit den Renditen oder mit den Gebühren auf ihre Produkte erwirtschaften? Im Casino ist es bekannt, dass die Bank wegen ihres Hausvorteils am Ende des Abends immer gewinnt. Hast du dir die Parallelen zwischen Casinos und Börsen schon mal genauer angeschaut?

- ☐ Wenn der Kurs am Markt um zehn Prozent eingebrochen ist, um wie viel Prozent muss er dann wieder steigen, damit du auf Null (ohne Verluste) kommst? Die richtige Antwort ist 11,111 Prozent (nicht 10 Prozent). Wie sieht dies bei einem Kurseinbruch von 20, 30 oder 50 Prozent aus? Richtige Antwort: 25, 42,9 und 100 Prozent. Vielleicht verstehst du jetzt auch Warren Buffetts wichtigste Regel 1 und 2 (siehe Kapitel 36 „*Lerne, Risiken besser zu bewerten*").

Alles, wovon ich nichts verstehe, davon lasse ich die Finger – egal wie lukrativ es sich anhört. Das heißt nicht, dass ich mir nichts Neues anhöre, doch mit den richtigen Fragen (siehe auch die Kapitel 6 „*Lerne, Verträge zu lesen und nach dem Warum zu fragen*", 9 „*Lerne, die richtigen Fragen zu stellen*" und 36 „*Lerne, Risiken besser zu bewerten*" auf den Seiten 40, 61 und 251) kannst du das relativ gut bewerten.

Cashflow-Quadrant

Ich hoffe, du hast in diesem Kapitel verinnerlicht, wie wichtig das Thema „*Finanzen und Cashflow*" ist. Eine der bekanntesten Illustrationen in Bezug auf Einnahmequellen und den damit verbundenen Cashflow ist der sogenannte Cashflow-Quadrant des US-amerikanischen Geschäftsmanns und Bestseller Autor Robert Kiyosaki: Er wird in die vier Typen „*Angestellter*", „*Selbstständiger*", „*Unternehmer*" und „*Investor*" untergliedert. Angestellte und Selbstständige tauschen Zeit gegen Geld, Unternehmer haben Mitarbeiter, die für sie arbeiten, und Investoren lassen Geld für sich arbeiten. Natürlich kannst du auch ein sehr gut verdienender Angestellter sein, doch wenn du deine Arbeitskraft (aus welchem Grund auch immer) nicht mehr verfügbar hast, dann wird es mit deinem Cashflow ziemlich schwierig. Du musst kein Unternehmer werden, doch es macht Sinn, sich mit Investments und der richtigen Strategie zu beschäftigen (beachte allerdings o. g. Hinweise).

Der Cashflow-Quadrant nach dem Modell von Robert Kiyosaki:

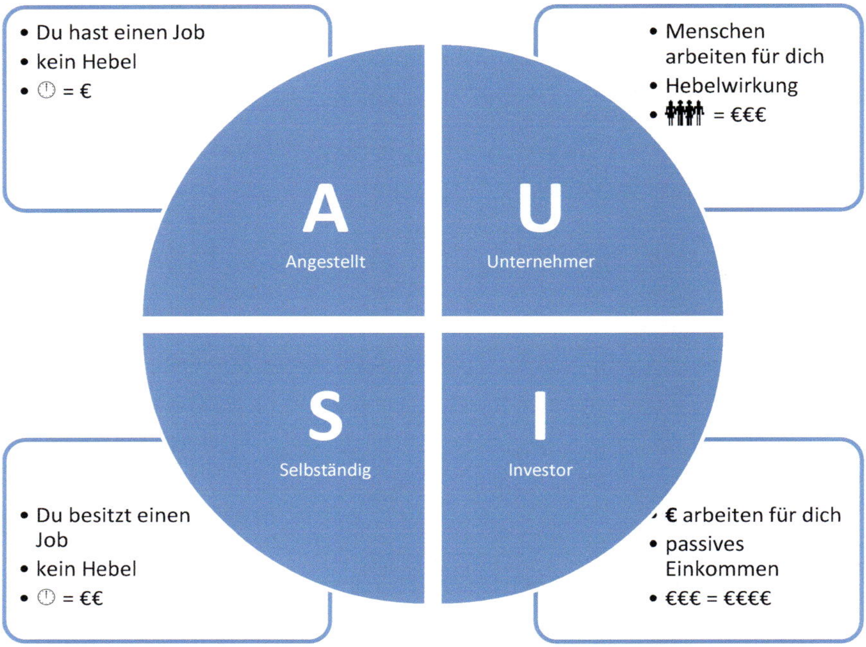

So wie eine Firma eine Gewinn-und-Verlust-Rechnung sowie eine Bilanz erstellt, solltest du als Privatperson ebenso eine Einnahmen-/Ausgabenübersicht sowie eine Vermögens- und Verbindlichkeitsübersicht erstellen und regelmäßig aktualisieren. Entscheidend für deine Entwicklung ist, dass deine „*passiven*" Einnahmen aus Vermögen (Aktien, Investments, Immobilien, Unternehmensbeteiligungen etc.) kontinuierlich steigen und dadurch deinen monatlichen Cashflow erhöhen. Auch wenn es das bekannte Sprichwort „*Cash is king*" gibt – wohl noch wichtiger ist ein kontinuierlicher Cashflow aus unterschiedlichen Quellen. Und das Allerbeste ist die Kombination aus beidem.

Private Finanzübersicht:

<table>
<tr><td>Einkünfte
- Gehalt
- Zinsen/Dividenden
- Immobilien
- Unternehmensbeteiligungen
- Sonstige Einkünfte</td><td rowspan="2">Summe der Einkünfte
-
Summe der Ausgaben
=
Monatlicher Cashflow
(Die Kunst ist es, dass die Summe deiner Einkünfte, die unabhängig von deiner Arbeitskraft sind, größer als die Summe deiner Ausgaben ist.)</td></tr>
<tr><td>Ausgaben:
- Steuern
- Miete/Darlehn
- Lebenshaltungskosten
- Urlaub
- Sonstige Ausgaben</td></tr>
<tr><td colspan="2">Bilanz</td></tr>
<tr><td>Vermögen:
- Ersparnisse
- Depotvermögen
- Immobilienvermögen</td><td>Schulden
- Immobilienkredite
- Sonstige Verbindlichkeiten</td></tr>
</table>

Bildlich gesprochen kannst du Cash als einen riesigen Stausee voll Quellwasser sehen. Wenn der See ausreichend gefüllt ist, kannst du jederzeit die Energie dieses Wassers zur Stromerzeugung (also weiterer Energie) verwenden. Wenn dann noch regelmäßig ausreichend frisches Wasser in den Stausee nachfließt, bist du bestens gerüstet.

Meine Lernfragen an dich:

- ☐ Wie fit bist du wirklich in den Basics zum Thema Finanzen?
- ☐ Wie detailliert fragst du nach, wenn du etwas in Bezug auf Finanzen nicht verstehst?
- ☐ Kennst du deine private und/oder unternehmerische Kostenstruktur bzw. deine größten Kostenfresser?
- ☐ Unterm Strich zählt nicht, wie viel Geld du verdient hast (also dein Umsatz oder dein Einkommen), sondern wie viel Geld dir zum Schluss noch übrig bleibt. Wie sieht hier für dich eine gesunde Balance zwischen Erbsenzähler und Aufschneider aus?

Wenn du auf das nächste Level bezüglich deiner Finanzkompetenz kommen willst, dann empfehle ich dir folgende Quellen:

Name	Produkte	Website	Bemerkung
Marc Friedrich	Speaker und Autor	www.marc-friedrich.de	
Alex Fischer Düsseldorf	Immobilien, Finanzen und Unternehmertum	www.alex-fischer-duesseldorf.de	Hat als Erster ein Steuercoaching für Unternehmer entwickelt
Prof. Dr. Christoph Juhn	Steuerberater	www.juhn.com	Sehr gut verständliche YouTube-Videos
Udo Heimann	Steuerberater	www.tax-network.de	Wenn einer Steuern liebt und sinnvolle Gestaltung in der Praxis realisiert, dann ist es Udo.
Dirk Schommert	Genossenschafts-berater	www.dvsg.berlin	
Sascha Drache	Stiftungsberater	www.ratgeber-stiftungen.de	
Robert T. Kiyosaki	Siehe Website	www.richdad.com	Meist bekannt als Autor von „Rich Dad Poor Dad“
Gerald Hörhan	Siehe Website	www.investmentpunk.com	

Prüfe unbedingt auch die Sonderkonditionen, die ich für dich als lernbegeisterten Leser speziell verhandelt habe und dir als Zusatzbonus anbieten kann: www.lernenwirddichreichmachen.de/deals

15.

LERNE AUS DEINEN FEHLERN – UND NOCH VIEL WICHTIGER: AUS DENEN DER ANDEREN, DENN DIE KOSTEN DICH NICHTS

Persönlichkeiten, die sehr viel Wohlstand kreiert haben, haben dies nicht ohne Fehler erreicht. Nein, sie haben dies genau *wegen* all ihrer Fehler erreicht. Hast du das schon mal gehört?

- ☐ *„Every Master was once a disaster."*
- ☐ *„Wenn Sie in meiner Firma vorankommen wollen, dann verdoppeln Sie die Anzahl Ihrer Fehler!"*
- ☐ *„Irren ist menschlich."*
- ☐ *„Je größer der Fehler, desto größer der Schmerz, und umso wertvoller ist die Lernerkenntnis."*

Freitag, 21. Februar 2003. Es ist 07:00 Uhr morgens in einem Hotel in Stuttgart Zuffenhausen. Der Raum ist erstmals gefüllt mit über 20 Teilnehmern. Es ist mein drittes Informationstreffen zum Aufbau des ersten BNI-Unternehmerteams in Deutschland. Noch keiner hatte dies jemals zuvor erfolgreich geschafft. Die 90 Minuten bis 08:30 Uhr laufen ziemlich gut dafür, dass ich das erste Mal bei einem Treffen dieser Größe am Start bin. Beim ersten Treffen waren es nur sieben Teilnehmer, von denen genau einer mitgemacht hat, und beim zweiten Treffen waren nur zwei Personen im Raum. Der Neue von der Woche zuvor und ich! Okay, ich darf hier auch gerne die Wettersituation erwähnen, da es in der Nacht vor dem zweiten Treffen 20 Zentimeter Neuschnee gegeben hatte und die Verkehrslage morgens um 06:00 Uhr extrem rutschig war. Egal, das dritte Treffen lief ziemlich gut, die Stimmung und Energie waren so, wie es sein soll, die Teilnehmer waren alle von entsprechend guter Unternehmerqualität – und dann passiert es: Kurz vor Ende der Veranstaltung stellte ein Teilnehmer diese Frage: „*Herr Verleger, darf ich nächste Woche nochmals wiederkommen, bevor ich mich entscheide, ob ich hier mitmachen möchte?*" Meine Antwort darauf: „*Warum wollen Sie denn nächste Woche nochmals wiederkommen? Ich werde genau das Gleiche präsentieren und sagen wie heute.*" BÄM! Mit diesem Satz habe ich über 20 Teilnehmer vor den Kopf gestoßen. Ich hatte zu diesem Zeitpunkt zwar noch keine Zusage von irgendeiner Person, doch das Potenzial war definitiv vorhanden. Nach diesem Satz habe ich das Potenzial auf so gut wie null minimiert, da wahrscheinlich alle gedacht haben „*Was ist das denn für ein Vogel? Fängt hier bei null an, hat keine Referenzen in Deutschland (auch wenn es BNI damals schon in 30 Ländern mit 65.000 Mitgliedern und seit 18 Jahren gab), verdient sein Geld fett als Berater bei Porsche, will, dass wir mit ihm das Ganze aufbauen und kommt so arrogant rüber.*"

Ja, das war ein harter Schlag, denn mit dieser Aussage habe ich alle neuen Interessenten komplett verloren. Die Hauptarbeit – *to get butts in the seats* –, also Teilnehmer in den Raum zu bekommen, hat sich ohne Ergebnis in Luft aufgelöst! Wer schon mal bei null angefangen hat und wer schon mal versucht hat, Räume oder Hallen zu füllen, weiß, wovon ich rede. Damals habe ich das Kapitel 3 „*Lerne, zu verkaufen*“ definitiv nicht verinnerlicht. Ja, die Aussage war zu diesem Zeitpunkt in dieser Art ein klarer Fehler – und ich habe daraus gelernt. Wie würde ich heute damit umgehen?

- ☐ Wenn möglich, würde ich Fragen immer im Eins-zu-eins-Gespräch beantworten und nicht vor einer großen Runde.
- ☐ Wenn es nicht möglich oder sinnvoll ist, Fragen eins zu eins zu klären, dann würde ich sagen: „*Na klar können Sie nächste Woche nochmals wiederkommen. Es zeigt mir, dass Sie generell den Nutzen und die Chancen für sich erkannt haben. Bringen Sie am besten noch zwei bis drei Ihrer besten Unternehmerkollegen mit, denen Sie als Erstes die Chance geben wollen, das Konzept zu prüfen, bevor deren Position vergeben ist.*“
- ☐ Vor der Antwort würde ich nochmals nachfragen, warum das für ihn wichtig ist, und wenn möglich einen Testabschluss platzieren: „*Nur mal angenommen, Sie würden nächste Woche nochmals wiederkommen, es gefällt Ihnen wieder, Sie konnten neue Kontakte knüpfen und ich habe alle möglichen weiteren Fragen zu Ihrer Zufriedenheit beantwortet, würden sie sich dann um einen exklusiven Platz bewerben?*“

Du fragst dich jetzt bestimmt: Wie doof kann man denn sein, so eine Antwort in so einer Situation zu geben? Nun gut, das ist einfach: Unerfahrenheit und fachliche Inkompetenz. Okay, nicht ganz, doch wenn man zwölf Jahre im Konzerngeschäft im In- und Ausland bei den besten deutschen Konzernen wie BMW, SIEMENS und Porsche tätig war, dann wäre es vermessen, zu behaupten, Abschlusskompetenz im Klein- und Mittelstand zu haben. Trotzdem, ich war ja auch nicht ganz auf den Kopf gefallen, denn ich war auf die möglichen Fragen von meinem Franchisegeber bereits hingewiesen worden. Dies war die Antwort laut Handbuch in einem anderen Land zu einer anderen Zeit in einem anderen Markt. Wie gesagt, ich war der Erste in Deutschland, und somit habe ich quasi alle Erfahrungen für ein Franchisesystem in einem neuen Markt als Erster gemacht und machen dürfen. Das nennt man dann: *„Das Franchise wurde auf den jeweiligen Markt angepasst“*!

Natürlich war das nicht der einzige Fehler, den ich in den folgenden Jahren gemacht habe. Doch das Wichtigste war, immer wieder die eigene Vorgehensweise nach einem entscheidenden Fehler anzupassen, sodass dieser Fehler, wenn möglich, kein zweites Mal passiert. Und genau darin steckt das unendliche Potenzial, wenn man *aus den Fehlern anderer lernt*. Du musst nicht das Rad neu entwickeln oder die bekanntlich zigtausend Versuche von Edison zum Entwickeln der Glühbirne selbst erproben – viel besser ist es, in Erfahrung zu bringen, welche Vorgehensweise bereits *erfolgreich* gescheitert ist, und diese dann marginal zu adaptieren. Das spart dir unendlich viel Zeit, Ressourcen und emotionalen Frust. Ich mache ein anderes konkretes Beispiel, das viele unserer Kunden für ihr eigenes Unternehmen aufgrund unserer Erfahrung umgesetzt haben:

- ☐ Dir ist bestimmt bekannt, dass Fluggesellschaften Flüge generell überbuchen. Warum werden also mehr Buchungen eingeplant, als es tatsächlich Sitzplätze im Flugzeug gibt? Du kennst die Antwort. Genau, weil es seltsamerweise immer einen Anteil von Personen gibt, die einen gebuchten Flug nicht antreten – unabhängig ob gewollt oder durch höhere Gewalt (Krankheit, Terminänderung, Stau, Anschlussflug verpasst, aktive Stornierung etc.). Da jeder einzelne leere Sitzplatz die Fluggesellschaft bares Geld kostet, wird sie alles daransetzen, so gut es geht, *jeden* Flug hundertprozentig ausgelastet zu haben (➔ *Sitzplatzausfallwahrscheinlichkeit* gegen null zu setzen). Das ist natürlich reine Theorie, doch zumindest mal der Ansatz. Denn eine Fluggesellschaft verdient am meisten Geld, wenn der Flieger in der Luft ist *und* alle Plätze belegt sind (Toilettenplätze und Notsitze natürlich ausgenommen).

Und genauso ist es bei dir – pro Woche hast du nur eine begrenzte Anzahl von möglichen Terminen, die du mit Kunden, Dienstleistern etc., vereinbaren kannst. Auch du solltest schauen, dass deine verfügbaren Sitzplätze nie leer von A nach B fliegen. Du kannst mir glauben, alle Unternehmer, die in einem Bereich tätig sind, bei dem es um Termine mit anderen Menschen geht (Ärzte, Anwälte, Handwerker, Berater, kreative Köpfe etc.), ärgern sich immer wieder, wenn vereinbarte Termine platzen, abgesagt, vergessen oder einfach nicht eingehalten werden.

Nicht dass diese Person dann für einen geplanten 60-minütigen Termin eine Stunde gelangweilt herumsitzt, doch sollte noch Rüstaufwand (zum Beispiel Anfahrt, Vorbereitungszeit etc.) mit betroffen gewesen sein, dann ist es eben schnell mehr als nur eine Stunde. Nun empfehle ich dir natürlich nicht, deine Termine wie bei einer Airline um x Prozent zu überbuchen, doch es gibt auch noch andere Möglichkeiten, die „*Sitzplatzausfallwahrscheinlichkeit*“ zu minimieren. Aus diesem Grund wird bei uns ein Termin am Vortag nochmals telefonisch bestätigt. Nur diese eine Aktion – die ich heute natürlich glücklicherweise nicht mehr selbst machen muss, sondern entsprechend an mein Team delegiert habe – hat die „*Sitzplatzausfall-wahrscheinlichkeit*“, das heißt, dass der Termin platzt, auf fast null reduziert.

Solltest du also in einer Branche tätig sein, in der es für dich oder deine Mitarbeiter immer mal wieder geplatzte Termine geben sollte, dann kostet dich das wirklich Geld. Es wäre also ein Fehler, das einfach so hinzunehmen und nichts dagegen zu unternehmen. Nun lass uns mal durchkalkulieren, was dich dieser Fehler für einen 60-minütigen Termin tatsächlich kostet:

- ☐ A = Anzahl der Termine, die du oder deine Mitarbeiter pro Woche mit anderen Menschen haben (zum Beispiel drei pro Tag ➔ fünfzehn in der Woche)
- ☐ B = Anteil der Termine, die platzen (zum Beispiel einer pro Woche ➔ ~ 7 Prozent
- ☐ C = Stundenlohn (zum Beispiel 100 Euro)
- ☐ D = ggf. zusätzlicher Rüstaufwand (zum Beispiel 0,5 Stunden ➔ 50 Euro)
- ☐ **Verlust pro Jahr** = (A x B x (C + D) x 46 Wochen)
  Im Beispiel wären das:
  15 x 0,07 x (100 Euro + 50 Euro) x 46 ➔ **7.245 Euro**

Ob die Beispielwerte für dich nun stimmen, sei mal dahingestellt, doch wenn du Anwalt oder Arzt bist, dann bin ich mir sicher, dass du aus so einem Fehler lernen kannst. Ob und wie du Termine im Vorfeld nochmals bestätigst, kannst du über unzählige Möglichkeiten sicherstellen (persönlicher Anruf, Anruf durch einen Mitarbeiter, Anruf durch einen Dienstleister, Erinnerung per SMS, Erinnerung per E-Mail etc.). Wichtig ist allerdings, dass die Maßnahme wirklich das gewünschte Ergebnis liefert, das heißt, dass die Terminausfallwahrscheinlichkeit auf annähernd null reduziert wird. Sollte die Methode nicht zum gewünschten Ergebnis führen, dann ändere die Methode oder erkundige dich bei einem Unternehmerkollegen, wie er es geschafft hat, dass keine Termine mehr ausfallen und dein A380 dadurch nur noch voll ausgebucht abhebt.

Die Idee, den Termin am Vortag nochmals telefonisch zu bestätigen, kommt natürlich nicht von mir persönlich, sondern steht bei uns im Franchisesystemhandbuch. Das heißt, ich greife auf Erfahrungswerte, die bereits erprobt sind, zurück, ohne diese selbst machen zu müssen. Ein gutes Franchisesystem sollte also bereits die zigtausend Iterationsschleifen, die Herr Edison für die Glühlampe gemacht hat, im Handbuch dokumentiert haben. Deshalb war es für mich auch wahrscheinlich der richtige Weg, über ein Franchisebusiness aus dem Angestelltenverhältnis und dem Zeit-gegen-Geld-Arbeitsmodell auszuscheiden.

Doch bevor du schnell von den Fehlern anderer lernen willst, schau dir bitte immer eine fundiert validierte Faktenbasis an. Nur weil ein Kollege gesagt hat, er mache jetzt dies und das, und, schwupp, läuft alles besser, wäre es verheerend, dies eins zu eins so zu kopieren.

Ein geliebtes Beispiel ist das Thema CRM-Systeme (*__C__ustomer __R__elationship __M__anagement*). Wenn dir Unternehmer sagen, dass der größte Fehler war, kein CRM von Anfang an etabliert zu haben, dann steckt hier nur ein Teil der Wahrheit – denn was viel wichtiger ist als das tatsächliche IT-System, sind die daran anknüpfenden Abläufe und die Disziplin der Mitarbeiter, dies auch anzuwenden. Ich selbst bin ein Fan von IT-Systemen, die funktionieren, und ja, ich hätte längst nicht die Freiheiten, wenn ich nicht ein cloudbasiertes CRM-System seit 2010 im Einsatz hätte. Doch schau dir dieses Beispiel an: Hier ist eine Notiz von einem unserer Kunden, der das nach dem ersten Dialog im Jahr 2004 bei sich in seiner Papier-Kontakt-Kartei dokumentiert hat:

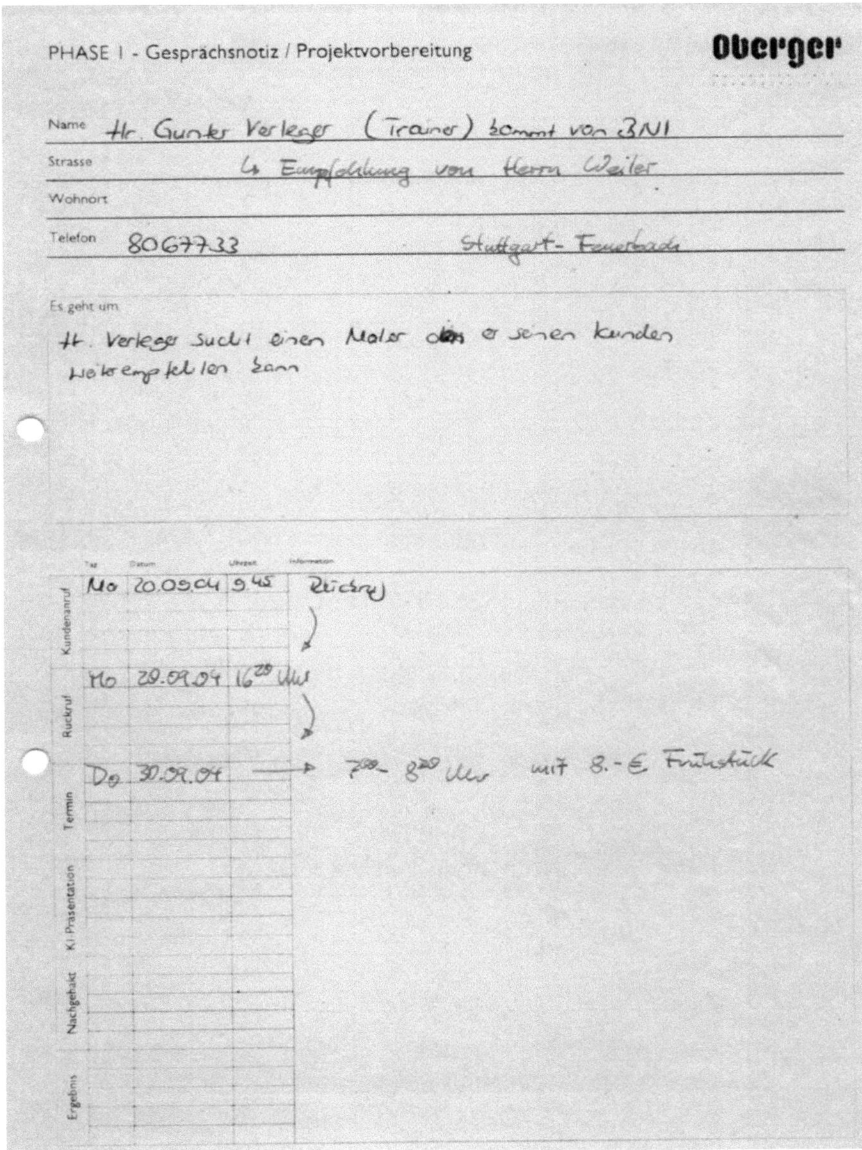

PHASE I - Gesprächsnotiz / Projektvorbereitung

Oberger

Name: Hr. Gunter Verleger (Trainer) kommt von BNI

Strasse: ↳ Empfehlung von Herrn Weiler

Wohnort:

Telefon: 8067733 Stuttgart-Feuerbach

Es geht um:

Hr. Verleger sucht einen Maler ~~das~~ er seinen Kunden weiterempfehlen kann

	Tag	Datum	Uhrzeit	Information
Kundenanruf	Mo	20.09.04	9.45	Rückruf
Rückruf	Mo	20.09.04	16.20 Uhr	
Termin	Do	30.09.04	→	7.00 - 8.20 Uhr mit 8.- € Frühstück
Kl. Präsentation				
Nachgehakt				
Ergebnis				

Auch wenn es nicht cloudbasiert ist, hier steckt einfach verdammt viel drin, *und* der Mitarbeiter wendet dies auch tatsächlich an!

Meine Lernfragen an dich:

- ☐ Fragst du andere Unternehmer nach deren Geheimnis ihres Erfolges oder nach deren größten Fehlern während der letzten ein bis drei Jahre?
- ☐ Führst du ein „*Fehlerbuch*" oder hast du ein Systemhandbuch, in dem die korrekt durchzuführenden Abläufe für jeden selbsterklärend dokumentiert sind (egal welches Format)?
- ☐ Wenn Fehler passieren, liegt es entweder

  a) an menschlicher Inkompetenz oder

  b) am Schulungsgrad oder

  c) an der ungenügenden Dokumentation.

Wie gut bist du bereits in den Punkten b) und c)?

16.
LERNE, MUSTER ZU ERKENNEN – SIE SIND MEISTENS WIRKUNGSVOLLER ALS „*TRIAL-AND-ERROR*“

Im privaten Leben kennen wir sie alle: die Verhaltensweisen unserer Familienmitglieder. Es sind die Muster, die den einen oder anderen schon zur Weißglut gebracht haben oder sogar der finale Trigger für die Trennung einer langjährigen Partnerschaft waren. Er lässt den Toilettendeckel immer oben, sie macht die Zahnpastatube nicht zu, er räumt seine Klamotten nicht weg, sie muss jeden Tag den Satz *„Ich liebe dich hören!“*, er ist nie pünktlich abfahrbereit, wenn ein gemeinsamer Termin ansteht etc. Die meisten haben sich ganz gut damit arrangiert, doch können sie quasi gewisse Verhaltensweisen oder Themen vorhersagen.

Wie sieht es mit den Mustern der Arbeitskollegen, des Chefs, der Kunden, der Lieferanten/Dienstleister, Wettbewerber etc. aus? Wir alle kennen Verhaltensweisen und Muster. Doch wie viele machen sich dies wirklich zunutze?

Gehen wir mal davon aus, du hast einen Geschäftspartner, der eine Zusage für einen Termin zu einem gewissen Thema gemacht hat. Zum entsprechenden Termin liefert er entweder nichts, nur einen Teil oder etwas komplett anderes. Hier ist natürlich wichtig, beim ersten Mal zu überprüfen, ob von beiden Seiten *vorher* klar war, was erwartet wurde (siehe hierzu bitte auch das Kapitel 17 *„Lerne die Kraft der wirkungsvollen Kommunikation"*). Beim zweiten Mal passiert es wieder, beim dritten Mal vielleicht nicht – und irgendwann nach einem längeren Zeitraum stellst du ein gewisses Muster fest. Einer meiner Mentoren hat den Satz geprägt: *„How you do anything you do everything"* (wie du eine Sache erledigst, erledigst du alle Sachen). Könnte es also sein, dass dein Geschäftspartner generell Herausforderungen hat, zu einem gewissen Termin klar definierte Ergebnisse zu liefern?

Im Vertrieb ist das ein sehr häufiges Muster. Da gibt es dann Gründe wie *„nicht erreicht"*, *„muss ich noch nachfassen"*, *„zu teuer"*, *„keine Zeit"* *„habe ich noch nicht geschafft"*, *„Kunde muss noch mit dem Entscheider sprechen"* etc. Doch das gilt nicht nur für den Vertrieb. Es gilt genauso für Themen in der Buchhaltung, in der Planung, beim Aufräumen, beim Vorbereiten, beim Treffen von Entscheidungen, beim Kennzahlenverifizieren – Menschen haben Verhaltensmuster.

Ebenso gibt es Entwicklungstrends für Märkte, Lebenszyklen für Unternehmen (Gründungs-, Wachstums-, Reife-, Stagnations-, Rezensions- und Auflösungsphase), Geschäftsmodellveränderungen (früher kaufen oder besitzen, heute nur noch mieten oder sharen). Eines meiner Lieblingszitate von Oscar Wilde lautet: *„Die Zukunft gehört denen, die sie sehen, bevor sie offensichtlich wird."* Die kanadische Eishockeylegende Wayne Gretzky hat es in seinen Worten formuliert: *„Skate where the puck is going to be, not where it has been"*. Doch auch er kann nicht in die Zukunft schauen – aber er kann durch seinen langjährigen Erfahrungsschatz leichter und schneller die möglichen Muster erkennen und diese zu seinem Vorteil nutzen.

Muster zu erkennen, hat natürlich sehr viel mit Achtsamkeit, Bewusstsein und Wahrnehmung zu tun. Bekanntlich erkennen wir ja nur das als *„wahr"*, was wir auch *wahr*nehmen. Das heißt, wenn unsere Wahrnehmung, unser Bewusstsein getrübt, verschwommen oder unklar ist, fällt es uns auch viel schwerer, Muster zu erkennen. Im Geschäftsleben helfen hier Statistiken von Big Data – denn diese erkennt auf Basis von harten Fakten (sofern die Datenbasis korrekt/fehlerfrei und fundiert ist) eindeutige Muster.

Du brauchst allerdings keine Big Data, um Muster zu deinem Vorteil zu erkennen. Du musst dir nur bewusst werden, dass es in allen Lebensbereichen bei allen Menschen Muster gibt, und immer wieder bewusst hinterfragen oder notieren: *„… hatten wir dies nicht schon einige Male in der Vergangenheit …?"* Wenn dann die Antwort *„Ja"* lautet, dann überlege dir, welche Maßnahme oder Aktivität du daraus als nächsten Schritt ableiten solltest, um deine Musterannahme zu bestätigen. Sobald sich nun das angenommene Muster mit mindestens 70 Prozent als bestätigt erweist, kannst du quasi die Zukunft in diesem Bereich antizipieren.

Meine Lernfragen an dich:

- ☐ Beginne bei dir selbst und beobachte, welche Muster du hast, die allerdings zum Nachteil für dich sind (zum Beispiel: Kontrollierst du das Wechselgeld bei Bareinkäufen? Überprüfst du die Korrektheit von Rechnungen? Kaufst du immer den neusten Schrei, obwohl du schon zig Produkte ähnlicher Art besitzt?).
- ☐ Welche Muster kannst du in deinem beruflichen Umfeld erkennen, die immer wieder zu Problemen, Mehraufwand oder Konflikten führen?
- ☐ Welche Aussagen hörst oder erhältst du immer und immer wieder, sodass du fast schon weißt, wann diese auftreten werden (wie ein Kratzer in einer Schallplatte)?

17.
LERNE DIE KRAFT DER WIRKUNGSVOLLEN KOMMUNIKATION

Meine Ausbildung war ganz klassisch: Grundschule, Realschule, technisches Gymnasium mit Abitur und Mechanikerlehre, Ingenieurstudium und anschließendem BWL-Aufbaustudium. In all diesen Jahren musste ich immer wieder lernen, zu kommunizieren. Sprachen waren allerdings nie meine Stärke – weder in Deutsch, Englisch oder Französisch. Englisch war sogar mein schlechtestes Fach in der Oberstufe, und in Französisch habe ich mich durch geschicktes Abschreiben und andere Strategien durchgemogelt. Trotzdem spreche ich heute verhandlungssicheres Englisch und kann vor Hunderten von Teilnehmern aus 20 Nationen mitreißende Vorträge halten (siehe auch www.guntherverleger.com/referenzen), kann mich in Italien auch abseits vom Gardasee auf Italienisch austauschen und habe schon Länder bereist, in denen ich noch nicht einmal einen blassen Schimmer hatte, was das geschriebene Wort für eine Bedeutung hat (oder weißt du, was Обучение сделает вас богатым bedeutet? Wenn du neugierig bist, sende mir eine E-Mail an info@guntherverleger.com Betreff: Sprache).

Welche dieser Statements kommen dir im Kontext Kommunikation bekannt vor?

- ☐ Wir haben zwei Ohren und einen Mund – im entsprechenden Verhältnis sollten wir dies einsetzen (siehe auch Kapitel 8 „*Zu- oder hinhören – die Vorstufe des Schweigens*“).
- ☐ Du kannst nicht *nicht* kommunizieren.
- ☐ Kommunizieren, um zu antworten oder um zu verstehen (siehe auch Kapitel 9 „*Lerne, die richtigen Fragen zu stellen*“).
- ☐ Gesagt heißt nicht gehört ➔ gehört heißt nicht verstehen ➔ verstehen heißt nicht einverstanden sein.
- ☐ Verwende alle Sinne in deiner Kommunikation (Sehen, Hören, Fühlen, Schmecken, Riechen)!
- ☐ Ihr sprecht nicht die gleiche Sprache.
- ☐ Kommuniziere in der Persönlichkeitsstruktur deines Gegenübers.
- ☐ Variiere dein Sprechtempo (langsam, schnell bzw. Pausen), deine Stimmlage (hoch, tief) sowie „*Stimmmelodie*“ (kindlich, ängstlich, weinerlich, überzeugt, selbstsicher, zweifelnd …).
- ☐ Der Körper lügt nie.
- ☐ Worte lösen Vorstellungen aus.
- ☐ Kommuniziere in Bildern und Geschichten!
- ☐ Welches Kopfkino hast du bei deinem Gegenüber ausgelöst?
- ☐ …

Die meisten der hier aufgelisteten Statements hast du vielleicht schon mal gehört oder sind dir bekannt. Wenn du sie alle beherrschst und kontinuierlich anwendest, dann bin ich mir sicher, dass du ein Profi bist und deine Kommunikation absolut wirkungsvoll ist! Wenn du durch deine Kommunikation zwar eine Wirkung erzielst, allerdings nicht deine gewünschte, dann ist in diesem Fall bei einem der o. g. Statements eine Lücke oder ein Konflikt entstanden.

Und genau das ist der Schlüssel: Die *Wirkung* deiner Kommunikation kann im Ergebnis quasi digital (0 oder 1) bzw. wie eine geworfene Münze betrachtet werden. Wenn du nun ganz genau sein willst, dann hat eine Münze drei Flächen: Kopf, Zahl und den Rand. Wenn du eine Münze wirfst, dann wird sie mit dem größten Teil immer auf Kopf oder Zahl landen und ganz selten auf dem Rand. Genauso ist es mit deiner Kommunikation: Den größten Teil wirst du entweder die gewünschte Wirkung erzielen oder nicht – und ganz selten nur teilweise.

Darum ist es so entscheidend, dass du dir im Klaren darüber bist, welche Wirkung du erzielen willst. Denn du wirkst immer. Du hinterlässt immer einen Eindruck. Der Fisch, der im Aquarium schwimmt, spricht zwar nicht deine Sprache, doch er wird von seinem Umfeld beobachtet oder wahrgenommen – und wirkt dadurch. Wir alle sind wie ein Fisch im Aquarium für unser Umfeld, das uns entsprechend unserem Kommunikationsverhalten wahrnimmt.

Auch wenn das Ergebnis digital ausgedrückt recht einfach ist (0 oder 1 – gewünschte Wirkung erreicht oder gewünschte Wirkung nicht erreicht), der Weg dorthin ist alles andere als einfach, sondern höchst komplex. Er setzt sich quasi wie ein Puzzle aus Hunderten von Teilchen zusammen. Wenn du nur an den Puzzleteilchen in einer Ecke oder nur an den Randteilchen arbeitest und diese zusammengesetzt hast, dann ist das Bild noch nicht fertig. Dann hast du mit deinem Puzzlebild noch keine Wirkung generiert. Ich möchte es dir an einem einfachen Beispiel illustrieren:

Vor vielen Jahren war ich auf einer Großveranstaltung nicht als Teilnehmer, sondern als Volunteer (freiwilliger Helfer). Vielleicht bist du selbst ein *„Seminarjunkie“* und weißt, was in einem Raum mit Tausenden von Personen so alles abgeht und passieren kann. Wenn du die Person bist, die auf der Bühne steht und zum Publikum spricht, dann können Ablenkungen für dich und Ablenkungen für dein Publikum einen entscheidenden Unterschied in deinem Vortrag und deiner Präsentation bewirken. Da mehrere Tausend Menschen niemals alle über mehrere Stunden regungslos im Raum sitzen werden, passiert hier also immer irgendwas. Für den Vortragenden ist es jedoch entscheidend, dass das, was nebenbei passiert, eine möglichst geringe Ablenkung auslöst. Wenn die Ablenkung zu groß ist, wird dies seine Wirkung in die falsche Richtung beeinflussen. Das ist zum Beispiel ein Grund, warum freiwillige Helfer auf Großveranstaltungen die Verantwortung haben, dass Teilnehmer, die aufstehen wollen, um sich die Beine zu vertreten, oder vom langen Sitzen müde Knochen haben, sich nur bedingt stehend oder bewegend im Raum aufhalten sollen.

Auf einer der mehrtägigen Veranstaltung, bei der ich mich als Helfer engagiert habe, gab es dann mal wieder die Situation, dass sich zu viele Teilnehmer im hinteren Bereich aufgehalten haben. In meiner Rolle als Volunteer habe ich diese nun gebeten, sich entweder wieder an einen Platz zu setzen oder den Raum zu verlassen, da uns allen wichtig war, dass der Sprecher die beste Wirkung für das Publikum erzielen sollte. Die meisten sind der Aufforderung auch nachgekommen, und das Problem war relativ schnell gelöst – bis auf einen Kandidaten.

Trotz mehrfachen freundlichen Bittens war er nicht geneigt, den Raum zu verlassen oder sich wieder zu setzen (auch nicht auf den Boden). Da mir das Ergebnis wichtig war, habe ich mit meinem Teamverantwortlichen gesprochen und ihn um Rat gefragt sowie Unterstützung geholt. Nein, wir haben keine Security-Armada auffahren lassen und die Person gewaltsam entfernt … das hätte nur noch mehr Aufmerksamkeit und Ablenkung generiert. Der Teamverantwortliche fragte mich, ob ich etwas lernen möchte. Dem habe ich natürlich zugestimmt. Also bat er mich, ihn nur dabei zu beobachten, wie er vorgeht. Er ging allein (ohne mich) auf den immer noch stehenden Teilnehmer zu, der nun schon wirklich längere Zeit an diesem Platz verharrte. Er hat ihn kurz angesprochen, und quasi wie von Geisterhand machte er sich umgehend auf den Weg zu einem offiziellen Sitzplatz. Mein Volunteerkollege – der übrigens genauso wie ich gekleidet war – kam zurück und lächelte: *„Siehst du, geht doch!“* Ich fragte ihn, was er dem Mann gesagt hat. Er antwortete: „Das gleiche wie du: *Is it ok for you to go back to a seat?*“ Ich war platt und fragte, warum der Teilnehmer seiner Bitte gefolgt sei und meiner nicht, obwohl wir dieselben Worte verwendet haben? Seine Antwort war: *„Du musst den Teilnehmer von Herzen anlächeln – hast du das gemacht?“* Und genau das war das Puzzleteil, das mir in meiner wirkungsvollen Kommunikation gefehlt hat!

Die Landessprache und Worte waren identisch, doch die Wirkung meines Gesichtsausdrucks hat den Groschen in die andere Richtung fallen lassen. Natürlich gibt es noch unzählige weitere Punkte, die zu beachten sind, wie zum Beispiel: Gehe ich auf Augenhöhe auf den anderen zu? Bewege ich mich frontal von vorne auf ihn zu oder eher seitlich in dieselbe Richtung schauend? Berühre ich ihn leicht an der Schulter oder am Arm? Nicke ich leicht mit dem Kopf, während ich ihm von Herzen lächelnd mitteile: „*Is it ok for you to go back to a seat?*“ Ebenso könnte es auch noch unzählige andere Punkte geben, die ich nicht wusste: gesundheitliche Gründe, weswegen er nicht mehr sitzen kann und deshalb stehen möchte/muss; sein Sitzplatz wurde von jemanden anderem belegt (deshalb auch die Formulierung „*Go back to a seat …*“ und nicht „*Go back to your seat …*“); sein Sitznachbar ist ihm unangenehm u. v. m.

Ich hoffe, an diesem kleinen Beispiel wurde klar, dass es mehrere Bausteine sind, die für die wirkungsvolle Kommunikation verantwortlich sind. Was glaubst du, wenn bei einfachen Aufgaben (wie die Bitte, dass sich jemand zurück an seinen Sitzplatz begeben soll) eine wirkungsvolle Kommunikation so komplex sein kann, wie einfach sollte dann eine wirkungsvolle Kommunikation bei komplexen Aufgaben sein? Je komplexer der Sachverhalt, umso einfacher solltest du kommunizieren, um die gewünschte Wirkung zu erzielen.

Der Mehrwert, den ein Unternehmen oder eine Persönlichkeit liefert, liegt früher oder später immer im wirkungsvollen Bedienen der Kommunikationsschnittstelle zwischen den betroffenen Parteien. Demnach spielt eine wirkungsvolle Kommunikation eine entscheidende Rolle innerhalb der gesamten Wertschöpfungskette. Entsteht nun eine Lücke in der Kommunikation, bricht diese Kette – die eigentlich *Wert schöpfen* soll – sozusagen auseinander. Zu welchen verheerenden Auswirkungen das führen kann, zeigt folgendes Beispiel:

BNI-Unternehmerveranstaltungen sind aus der Betrachtung von einem Caterer/Raumanbieter dafür bekannt, dass a) die angegebene Teilnehmerzahl zu 95 bis 98 Prozent akkurat ist und diese am Vortag des Frühstücktreffens nochmals telefonisch bestätigt wird. Das erfolgt selbst dann, wenn das Team sich über Monate oder Jahre hinweg jede

Woche am selben Standort trifft. Entsprechend meldet eine Person dem Caterer/Raumanbieter, für wie viele Personen die Räumlichkeiten vorbereitet werden sollen (Anzahl Frühstücke, Sitzordnung, Technik etc.). Da wir neben den Mitgliedern auch immer wieder Besucher und Gäste bei so einem Frühstückstreffen willkommen heißen, kann die Teilnehmerzahl schwanken und wird entsprechend am Vortag gemeldet. Aus diesem Grund hat dann die verantwortliche Führungskraft an einem Donnerstagnachmittag den Anruf beim Caterer getätigt und der Person am anderen Ende der Leitung Folgendes mitgeteilt: „Hallo, hier spricht Herr XY vom BNI-Unternehmerteam STUTTGART. Ich wollte nur kurz mitteilen, dass wir morgen keine Gäste haben."

Am nächsten Morgen um 07:00 Uhr standen die 30 Mitgliedsunternehmer des Teams STUTTGART vor verschlossenen Türen des Caterers/Raumanbieters. Alle waren sehr aufgebracht, und natürlich ging die Diskussion los, was hier schiefgelaufen war, wenn doch der Caterer am Vortag extra nochmals informiert worden war. Entsprechend läutete dann am Freitagvormittag das Telefon bei mir mit aufgeregten und verärgerten Kunden. Glücklicherweise waren die Unternehmer kreativ und lösten die Situation, indem sie ein Improvisationsfrühstück im Hotel gegenüber durchgeführt haben. Da wir der Veranstalter waren, habe ich mich selbstverständlich entsprechend bei den Beteiligten erkundigt, ob denn der Anruf erfolgte und die Personenzahl entsprechend gemeldet wurde. Mein Anruf beim Caterer bestätigte Folgendes: *„Natürlich hat wie jede Woche jemand angerufen. Den Anruf hat die Aushilfskraft entgegengenommen. Diese hat dem Chef mitgeteilt, dass BNI angerufen habe und morgen nicht zu Gast sei!"* – zwischen der Aussage *„Morgen haben wir keine Gäste."* und *„Morgen sind wir nicht zu Gast."* besteht jedoch ein himmelweiter Unterschied! Der Teamverantwortliche hat mit seiner Aussage

„Wir haben morgen keine Gäste." gemeint, dass neben den 30 Mitgliedern *keine zusätzlichen* Gäste eingeplant sind ➔ 30 Mitglieder + 0 *zusätzliche* Gäste = 30 Gesamtteilnehmer sind einzuplanen. Die Aushilfskraft kannte also den Unterschied nicht, ob es sich um Besucher, Gäste, Vertreter oder Mitglieder handelte, da das für die Planung normalerweise unerheblich ist. Entsprechend hat sie *„keine Gäste"* mit *„0 Gesamtteilnehmern"* interpretiert, was in Folge zur Lücke in der Kommunikation und zum Bruch der Wertschöpfungskette geführt hat.

Für eine kontinuierliche Wertschöpfungskette empfiehlt es sich also, dass so **häufig wie möglich und so wenig wie nötig** der Schritt *clarify-verify* durchgeführt wird. Konkret heißt das, dass **beide** Parteien (Sender und Empfänger) dafür Sorge zu tragen haben *und* dafür verantwortlich sind, dass die Absicht der Handlung klar verstanden wurde (Empfänger weiß, was zu tun ist) und vom Sender verifiziert wurde (Sender hat überprüft, was verstanden wurde). Immer vor dem Hintergrund, dass die Wünsche und Bedürfnisse des Kunden erfüllt werden können.

#	Sender	Empfänger	Bemerkung
1	Ist klar in seiner Kommunikation bzgl. des gewünschten Ergebnisses bzw., wenn notwendig, der notwendigen Zwischenschritte		

2		Nimmt *aktiv* die implizierten *und* explizierten Parameter auf. Diese werden ggf. klargestellt und verifiziert (z. B. Rückfrage)	Parameter können sein: - Informationen, Befürchtungen, Herausforderungen, Bedürfnisse, Möglichkeiten - Anfragen - Emotionen - Material - Entscheidungen / Termine Profis achten bewusst auf die implizierten Kommunikationselemente, die häufig nonverbal sind – allerdings eine weit größere Auswirkung haben können.
3	Basierend auf Schritt 2 ergänzt der Sender entscheidenden und benötigten Mehrwert *zeitnah* und *effektiv*.		Hier geht es darum, dass häufig kein oder nur ein sehr umständlicher Austausch erfolgt (z. B. über den falschen Kommunikationskanal).
4		Der Empfänger hat nun folgende Handlungs-möglichkeiten: 1. akzeptiert und handelt gemäß der Anfrage durch den Sender 2. fragt detailliert nach (z. B. Inhalt oder Zeitschiene) 3. verhandelt oder macht Gegenangebot 4. verweigert die Anfrage *5. ignoriert* die Anfrage!	Ein Bruch in der Wertschöpfungskette durch das Ignorieren einer Anfrage ist meistens der Anfang, der später zu einem verheerenden Vorfall führen kann (siehe auch das Beispiel bei der Costa Concordia auf Seite 74).
		Empfänger liefert *pünktlich*, *effektiv* und *verifiziert* das gelieferte Ergebnis. Ggf. wird er in diesem Schritt selbst zum Sender und somit schließt sich der Kreislauf der Wertschöpfungskette und startet wiederum bei Schritt 1.	

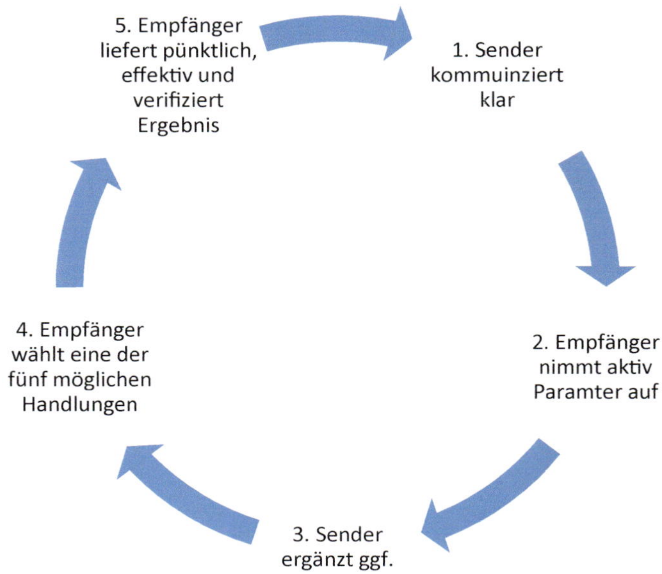

Sprachen

Auch wenn ich in meinem klassischen Schulleben die Sprachfächer wie Deutsch, Englisch und Französisch wirklich gehasst habe, kann ich jedem nur ans Herz legen, mehrere Fremdsprachen zu erlernen! Allein die Fähigkeit, in mehreren Sprachen parlieren zu können, öffnet dir weit mehr Türen und Möglichkeiten auf deinem Weg zu deinem spezifischen Reichtum als so manche andere. Und wer möchte nicht reich an Sprachenwissen und Sprachgewandtheit sein? Wer möchte nicht verstehen können, was in anderen Sprachen gesprochen wird? Wenn du Geld und Zeit im Überfluss hättest, würdest du dann nicht auch lieber die Sprachen erlernen, als permanent mit einem Dolmetscher an der Seite die Welt zu bereisen?

Viele behaupten, dass sie in der Schule zwar ein, zwei oder mehrere Sprachen gelernt, aber leider wieder alles vergessen haben, da sie diese

Sprachen nach der Schule im alltäglichen Leben einfach nicht mehr angewendet haben. Trotzdem: Einmal gelernt, schlummern die Sprachen latent auf dem Boden deines Bewusstseins. Weck sie auf! Vielleicht hilft es dir, wenn du dich genauer mit den Kapiteln „*Lerne von anderen Kulturen – Reisen bildet*" und „*Lerne, mutig zu sein*" befasst. Am schnellsten lernst du Sprachen nicht in einem Volkshochschulkurs, sondern in dem jeweiligen Land, in dem du permanent von der Sprache umgeben bist *und* obendrein gar keine Wahl hast, auf eine alternative Sprache zu wechseln, um dich zu verständigen. Ja, das mag hart und abenteuerlich klingen, und du musst ja auch nicht gleich mit einem Urlaub im tiefsten Dschungel beginnen – doch wenn du die am häufigsten gesprochene Sprache der Welt erlernen willst (und weil dort dein Zielmarkt ist, in dem unglaubliches Potenzial steckt), dann wirst du bei einer Reise nach China schnellere Fortschritte machen als an einem Abendkurs in einer 5.000 Einwohner großen deutschen Gemeinde.

Bühne und Präsentieren

Jeder wirkungsvolle Kommunikator hat auch gelernt, die Bühne und das Präsentieren zu beherrschen. Natürlich gibt es auch in diesem Bereich ein paar Genies, die alles im Kopf haben und ganz spontan eine Hammerpräsentation improvisieren können – leider sind nur ganz wenige mit diesem Talent gesegnet (deshalb empfehle ich niemandem, ohne Vorbereitung und komplett planlos an den Start zu gehen). Doch mitreißendes Präsentieren und die Fähigkeit, die Bühne zu beherrschen, kann man lernen: Egal wie die Bühne aussehen wird – wenn du Menschen erreichen, berühren und inspirieren willst, dann musst du Meister des Präsentierens werden. Im Marketing gibt es hierzu sogar noch eine Steigerung: *die Inszenierung* (einen Sachverhalt in Szene setzen). Dies ist entscheidend, wenn man Massen erreichen und bewegen will. Bestimmt kennst du Menschen, die auf der Bühne (und hier ist nicht nur die Theaterbühne gemeint) eine Wirkung erzielen, die dem Publikum quasi den Atem raubt, tief unter die Haut oder direkt ins Herz geht – ohne viele Worte zu verwenden. Diese Wirkung kann so stark sein, dass du nicht nur emotional berührt bist, sondern dich vollkommen in die Handlung einbringst.

Und womit haben diese Persönlichkeiten diese außergewöhnliche Fähigkeit erreicht? Mit ÜBUNG! (Gemäß der simplen Antwort eines New Yorker Taxifahrers, der von einem Fahrgast gefragt wurde: *„Wie komme ich am schnellsten an den Broadway?“ – „Durch Übung!“*) Die Frage ist also nicht, ob du die Bühne meistern wirst oder ob du das Präsentieren wirklich lernen willst. Die Frage, die du dir stellen musst, ist, ob du bereit bist, die Arbeit in Kauf zu nehmen, *bevor* es zum großen Bühnenauftritt kommt? Bist du bereit, deine Präsentation tausendmal vor 0 Teilnehmern zu üben, um für eine Stunde vor einem Publikum von 1.000 Teilnehmern zu brillieren?

Du bist begeistert von Stars im Musik- und Showgeschäft, von Künstlern, Comedians, Akrobaten, Speakern, Trainern oder Vorzeigeunternehmern? Dann sei dir bewusst, dass diese gefeierten Sekunden im Rampenlicht stunden-, tage-, wochenlang in Dunkelheit und mir viel Schweiß erarbeitet wurden. Profis wie der Comedian Bülent Ceylan, Schlagerstar Helene Fischer, Bodybuilderlegende Arnold Schwarzenegger, Cirque de Soleil-Akrobaten, Stargeiger David Garrett oder wer auch immer dein Vorbild sein sollte, können diese Wirkung nur erzielen, weil *jeder* Akt des Präsentierens bis ins letzte Detail geübt, geübt und nochmals geübt wurde.

Selbst wenn manches absolut spontan oder improvisiert *erscheint* – sei dir gewiss, hier wird nur das Allerwenigste dem reinen Zufall überlassen. Natürlich bekommst du mit der Zeit mehr und mehr Routine, und du trittst ja auch nicht vor einem Millionenpublikum auf. Vielleicht musst oder willst du in deiner Berufung auch niemals Millionen von Menschen erreichen. Doch sei dir gewiss: Irgendwann, in irgendeiner Situation musst du mindestens *einen* Menschen mit einer Präsentation erreichen, um einen Schritt voranzukommen (ja, auch der Trader oder Programmierer im stillen Kämmerlein der Millionenumsätze generiert, wird Situationen erleben, in denen er sich selbst, sein Produkt oder seine Idee präsentieren muss). Entsprechend solltest du regelmäßig die Möglichkeiten nutzen, deine Fähigkeiten und Kompetenzen des Präsentierens anzuwenden, zu verfeinern und zu verbessern.

Meine Lernfragen an dich:

- ☐ In welchen Lebenssituationen könntest du heute schon auf eine andere Sprache aus Übungszwecken umsteigen (zum Beispiel fremdsprachige Bücher lesen oder hören, im Restaurant in der jeweiligen *„Essenslandessprache"* mit dem Kellner kommunizieren …)?
- ☐ Welchen Plan hast du, um Präsentieren im Alltag anzuwenden und zu verfeinern?
- ☐ Wie tickt dein Publikum? Wie kannst du bei deinem Gegenüber eine Wirkung erzielen, die nachhaltig und emotional ankommt?

Wenn du deine Kommunikations- und Präsentationskompetenz verbessern möchtest, dann empfehle ich dir folgende Quellen:

Name	Produkte	Website	Bemerkung
René Borbonus	Siehe Website	www.rene-borbonus.de	Rhetorik-Experte
Frederik Malsy	Siehe Website	www.frederik-malsy.com	Multitalent: Moderator, Schauspieler, Trainer, Improvisationskünstler und Unternehmer
Frederik Beyer	Siehe Website	www.erfolgsfaktor-stimme.de	
Matthias Pöhm	Siehe Website	www.poehm.com	Rhetorik und Schlagfertigkeitsspezialist. Bietet das härteste und teuerste Rhetorik-Seminar Europas an.

BNI	Professionelles Unternehmer-netzwerk	www.bni.de	Hier kannst du jede Woche deinen Salespitch vor einem Publikum perfektionieren
Toastmasters	Redeclub	www.toastmasters.org	Weltweite Non-Profit-Organisation, um öffentliches Reden zu verbessern
Michael Rossie	Siehe Website	www.michael-rossie.com	Rhetorik-Experte

Prüfe unbedingt auch die Sonderkonditionen, die ich für dich als lernbegeisterten Leser speziell verhandelt habe und dir als Zusatzbonus anbieten kann: www.lernenwirddichreichmachen.de/deals

18.
LERNE, DICH, DEIN PRODUKT UND DEINE DIENSTLEISTUNG ZU VERMARKTEN

Baden-Württemberg ist im Ranking der Bundesländer für vieles bekannt: Das Bundesland wird auch als die Heimat vieler *„Hidden Champions"* und *„Weltmarktführer"* bezeichnet, wo sich die sogenannten Tüftler und Bastler zu Hause fühlen, und auch wirtschaftlich gehört die Region Stuttgart zu den stärksten in Europa. Vielleicht kommt daher auch der Slogan: *„Wir können alles. Außer Hochdeutsch."*

Dieser Slogan ist natürlich ein Marketinggag, doch im Vergleich aller Bundesländer ist er laut einer Studie des W&V Verlages (einer der führenden Medienhäuser für Fachinformationen in den Bereichen Marketing, Medien und Kommunikation) der bekannteste in Deutschland. Und genau das ist entscheidend: Als *Hidden Champion* ein Weltmarktführer zu sein, ist nur möglich, wenn man gelernt hat, sich, sein Produkt oder Dienstleistung entsprechend zu vermarkten.

Der Duden definiert das Wort *„vermarkten"* folgendermaßen: *„an die Öffentlichkeit bringen und ein gutes Geschäft daraus machen"*. Im Klartext bedeutet das: Ausschließlich gut oder der Beste zu sein, bringt einem gar nichts, wenn man nicht bekannt ist. (Ob man behaupten kann, der Beste zu sein, obwohl man nicht bekannt ist, sei mal dahingestellt …) Allerdings sehen sehr viele Unternehmen oder Persönlichkeiten eine Herausforderung in der Vermarktung oder haben ethisch ein Problem damit – sie möchten nicht reißerisch, marktschreierisch oder mit einer platten und womöglich zweideutig interpretierbaren Aussage am Markt auftreten oder so wahrgenommen werden.

Doch bei der Flut von Informationen und Eindrücken, die jeden Tag auf uns einprasseln, bleibt uns fast keine andere Möglichkeit mehr, um Aufmerksamkeit am Markt zu erlangen. Im Wort Vermarktung bzw. Marketing steckt der Begriff *„Markt."* Dieser leitet sich vom lateinischen *„mercatus"* ab und steht für *„Handel."* Das Wort Markt steht also für einen Ort, an dem Waren regelmäßig gehandelt werden. Früher gab es eben in fast jeder Ortschaft einen *Markt*platz, an dem – je nach Größe der Ortschaft/Stadt täglich oder mehrmals wöchentlich – Waren gehandelt wurden. Je größer oder unübersichtlicher der Marktplatz wurde, umso lauter und kreativer mussten die Verkäufer werden, um die Aufmerksamkeit ihres Publikums auf sich zu ziehen. Warum ich diesen kleinen Ausflug in die (Wort-)Geschichte gemacht habe? Marketing bezieht sich sehr wohl darauf, wie man von seinem gewünschten Publikum die nötige Aufmerksamkeit erhält *und* dass dies weitererzählt wird! Welche Nachricht weitergetragen werden soll (positiv, neutral, negativ), definieren Marketingagenturen mit dem oder den jeweiligen Unternehmen oder Persönlichkeiten. Nicht umsonst werden bewusst *„schlech-*

te/negative" Nachrichten oder Headlines von Marketing- und PR-Profis benutzt, um Aufmerksamkeit zu erregen.

Für einen ausführlichen Exkurs in Marketingstrategien und mögliche Ansätze reicht der Rahmen dieses Buches leider nicht. Doch falls es dich interessiert: Es gibt Tausende Bücher, Studien, Literatur und Profis, die sich ausschließlich mit dieser Thematik beschäftigen. (Und auch diese müssen sich alle vermarkten!)

Ich habe an dieser Stelle die wichtigsten Bausteine für ein erfolgreiches Marketing (in der Duden-Definition) zusammengetragen:

1. **Wer, wo ist mein Zielmarkt** (wo befinden sich meine potenziellen Käufer oder Kunden)?

   Aus meiner Sicht wird es nicht die besten Ergebnisse bringen, neben einer Kirche Plakatwerbung für einen Swingerclub aufzustellen. Eine Onlinebannerwerbung auf einem Datingportal zu schalten, könnte hier schon zu anderen Ergebnissen führen.

2. **Wer hat bereits Zugang zu meinem Zielmarkt** (und ist, wenn möglich, nicht mein Wettbewerber)?

   Ein Golfplatzbetreiber lebt – neben den Golfclubmitgliedern – auch von den sogenannten Greenfee-Spielern. Das sind Personen, die keine Mitgliedschaft abgeschlossen haben, allerdings je nach Lust und Laune ein oder mehrmals jährlich spielen. Da man einen Golfplatz nicht so einfach geografisch verlagern kann (wie zum Beispiel Tomaten, anstatt nur auf dem Ortsmarkt des landwirtschaftlichen Betriebs auch noch in der nächsten Ortschaft auf dem Markt zu platzieren), könnte man überlegen, ob Hotels, Autohäuser, Restaurants, Reisebüros etc.

bereits einen Zugang zu meinen Wunschkunden haben. Diese müssen sich allerdings gar nicht ausschließlich in unmittelbarer Nähe vom Golfplatz befinden, sondern können auch Hunderte Kilometer entfernt sein. Denn wer auf Sylt gerne Golf spielt, der könnte das beim Abholen seines 7er BMWs in München gegebenenfalls mit einem schönen Wochenende und einer Runde Golf kombinieren.

3. **Was ist die beste Methode, um die notwendige Aufmerksamkeit zu erhalten?**

Die Betonung liegt auf „*Not-wendig*“, denn wenn ich die Aufmerksamkeit von meinem Zielmarkt erhalte, der allerdings keine „*Not*“ hat, um diese zu „*wenden*“, dann wird es schwierig. Natürlich lässt uns Marketing glauben, wir bräuchten noch dieses und jenes Produkt, obwohl unsere Schränke daheim schon aus allen Nähten platzen – hier wird unser endloses Bedürfnis, immer das Neuste besitzen zu wollen (siehe auch Kapitel 25 „*Lerne, den Unterschied zwischen Wünschen und Bedürfnissen zu verstehen*“), einfach ausgenutzt.

4. **Wie viel Zeit bleibt mir, um Aufmerksamkeit zu erlangen/ zu behalten?**

Weißt du, wie lange ein Goldfisch einer Sache Aufmerksamkeit schenkt, bevor er weiterschwimmt? Es sollen angeblich neun Sekunden sein (ich habe es allerdings nicht überprüft und glaube auch nicht wirklich, dass ein Goldfisch eine ähnliche Art Aufmerksamkeit wie ein Mensch besitzt). Im digitalen Zeitalter spricht man allerdings schon davon, dass junge Menschen heutzutage eine geringere Aufmerksamkeitsspanne als Goldfische besitzen: Um zum Beispiel in den sozialen Medien über ein Bild, Text, Video etc. die Aufmerksamkeit zu erlangen und danach auch zu behalten, bleiben den Marketern weniger als neun Sekunden Zeit! Wenn du es in dieser kurzen Zeit also nicht schaffst, ist der Fisch schon weitergeschwommen und in die Tiefen der digitalen Welt abgetaucht …

5. **Wie häufig und über welche unterschiedlichen Kanäle müssen die Impulse wiederholt werden, um Aufmerksamkeit zu erlangen bzw. bei dir präsent zu bleiben?**

Natürlich ist das sehr vom Produkt, der Dienstleistung und dessen Wert abhängig. Vor einigen Jahrzehnten war noch von circa fünf bis sieben Impulsen die Rede, bevor sich ein potenzieller Käufer überhaupt näher oder detaillierter mit einem Produkt oder Ware beschäftigt. Heutzutage wird schon von durchschnittlich 14 Impulsen gesprochen. (Ob es in zehn bis 20 Jahren weniger Impulse braucht, würde ich mal bezweifeln.) Aus diesem Grund sprechen viele Experten auch von einem notwendigen „*Marketingmix.*“ Sich ausschließlich auf einen Kanal zu verlassen, wäre nur bedingt zielführend. Ebenso wird die Anzahl der notwendigen Impulse nicht selten unterschätzt. Vielleicht wird dir jetzt auch klar, warum Konzerne so viel Energie und Ressourcen in Marketing und den Aufbau einer Marke stecken und auf *allen Kanälen* präsent sein wollen. Es geht darum, unbewusst in deinem Gehirn präsent zu sein. Teste dich einfach selbst:

- An welche Firma denkst du bei Taschentüchern?
- An welche Firma denkst du bei einem Fast-Food-Restaurant?

- An welche Firma denkst du bei einem sozialen Netzwerk?
- An welches Produkt denkst du bei einem Nuss-Nougat-Brotaufstrich?
- An welche Firma denkst du bei Übernachtungen in privaten Apartments?
- An welche Firma denkst du bei einem Lieferservice für Restaurantessen?
- ...

6. Wenn du die Aufmerksamkeit erhalten hast, welchen Nutzen kommunizierst du, welche Emotion löst du aus, und welche Geschichte wird weitererzählt?

Dein Gegenüber stellt sich immer die Frage: „*Was bringt/nutzt es mir?*“ Welchen konkreten Mehrwert – ggf. auch erst einmal kostenfrei – kommunizierst du, wodurch entweder Freude gewonnen oder Schmerz vermieden wird*. Das können zum Beispiel Zeitgewinn, Prestigesteigerung, Kostenersparnis, Beschleunigung von Abläufen, zahlreichere und zufriedenere Kunden, das Schließen von Wissenslücken etc. sein. Was dein Gegenüber zu Beginn nicht braucht, sind Produktbeschreibungen wie technische Details. Wenn du bei dieser Kommunikation die emotionale Ebene sinnvoll und geschickt mitberücksichtigst, wird selbst beim Scheitern des folgenden nächsten Bausteins eine positive Geschichte weitererzählt.

---

* Allgemein gilt in der heutigen Verhaltensforschung das Prinzip, dass es zwei grundlegende Motive gibt, warum der Mensch überhaupt handelt: Entweder versucht er, Freude zu empfinden und sich besser zu fühlen; oder er versucht, Schmerzen zu vermeiden oder einer schmerzhaften Erfahrung aus dem Weg zu gehen.

7. Wie implementierst du den eleganten Übergang zum Verkauf?

Ich möchte nochmals die Duden-Definition von *„vermarkten"* wiederholen: *„an die Öffentlichkeit bringen und ein gutes Geschäft daraus machen"*. Egal wie genial du dein Produkt oder deine Dienstleistung an die Öffentlichkeit gebracht hast, ein gutes Geschäft wird erst daraus, wenn du auch verkauft hast! Wenn dies bei deiner Vermarktungsstrategie unter dem Strich nicht realisiert wird, dann war es kein gutes Vermarkten. Schau dir hierzu bitte auch gerne nochmals das Kapitel 3 *„Lerne, zu verkaufen"* an! Diesen letzten Schritt schaffen leider nur ganz wenige – selbst geniale Marketingagenturen stoßen hier gerne an ihre Grenzen. Zwei Extreme sind hier weitverbreitet:

a) Zu vergessen, dass man auch noch verkaufen muss und dies aktiv mitzubegleiten, zu lenken und zu leiten.

b) Zu früh und/oder zu aggressiv den Verkaufsprozess einzuleiten.

Die hier genannten Bausteine haben noch nichts mit der tatsächlichen Methode und dem Medium zu tun. Die Bandbreite ist quasi endlos: Print-, Online-, TV-, Radio-, Blog-, Content-, Affiliate-, Empfehlungs-, Audio-, Messe-, Guerilla-, E-Mail-, Social-Media-, Event-Marketing und wie sie alle heißen – bei allen musst du die sieben oben genannten Schritte mitberücksichtigen.

Meine Lernfragen an dich:

- ☐ Welche der sieben Bausteine funktionieren bereits gut in deiner Vermarktungsstrategie (unabhängig vom Medium)?
- ☐ Welche der sieben Bausteine solltest du genauer unter die Lupe nehmen und entsprechend dem Wirkungsgrad steigern?
- ☐ Wenn dich hierfür ein Dienstleister begleitet, wie gut ist er selbst in seiner eigenen Vermarktungskompetenz?
- ☐ Wenn deine Marketingergebnisse keine messbaren Ergebnisse liefern, was ist der Sinn, diese Strategie weiterhin zu betreiben?

Wenn du dein Marketing verbessern möchtest, dann empfehle ich dir folgende Quellen:

Name	Produkte	Website	Bemerkung
BNI	Netzwerk für Empfehlungsmarketing	www.bni.de	Weltweiter Marktführer im Bereich Unternehmernetzwerke für Kontakte und Empfehlungen
Asentiv	Siehe Website	www.asentiv.de	Trainings für strategisches Empfehlungsmarketing
Klick-Tipp	E-Mail-Marketing Automation	www.klicktipp.com	
Hermann Scherer	Siehe Website	www.hermannscherer.com	Auftritte in über 30 Ländern, 50 Bücher in 18 Sprachen veröffentlicht

Proven-expert	Bewertungsportal	www.provenexpert.de	Zentrale Bündelung von Kundenbewertungen aus Hunderten unterschiedlichen Quellen
Alexander Christiani	Storytelling für Unternehmen	https://storymarketing-institute.de	
Contra	Konferenz für **Tra**ffic und **Con**version	www.die-contra.de	Hier findest du gebündeltes Marketing-Know-how
Julius Löwenstein	Profi im Bereich Buchmarketing bei Amazon	www.book-leads.com	Über 1,5 Mio. verkaufte Exemplare, mehrfach in den Top 3 auf Amazon

Prüfe unbedingt auch die Sonderkonditionen, die ich für dich als lernbegeisterten Leser speziell verhandelt habe und dir als Zusatzbonus anbieten kann: www.lernenwirddichreichmachen.de/deals

19.
LERNE, DASS KLARHEIT FÜR FREIHEIT SORGT

Wie fühlst du dich, wenn du an einem Herbstmorgen im Straßenverkehr durch den Nebel fährst und die Sicht manchmal sogar unter 100 Meter ist? Wie fühlst du dich, wenn du mit über 100 Stundenkilometern auf der Autobahn plötzlich in eine Nebelbank fährst? Ich bin mir sicher, dass du in diesen Momenten alles andere als frei bist. In diesen Momenten hast du nur die Sorge und den Wunsch, dass es schnell und bald wieder aufklart.

Genauso ist es in deinem eigenen Leben: Je klarer du bist, desto freier und einfacher wirst du es haben. Mit „*Klarheit*" ist hier gemeint:

- Klarheit in deiner Kommunikation
- Klarheit in deinen Gedanken
- Klarheit in dem, was du tolerierst
- Klarheit in dem, was du wirklich willst
- Klarheit in deinen Werten
- Klarheit in dem, was dir am Herzen liegt und wichtig ist

Wenn du gemäß dem Kapitel 17 *„Lerne die Kraft der wirkungsvollen Kommunikation"* klar kommunizierst, wirst du viel weniger Missverständnisse haben, viel weniger Zeit für Rückfragen benötigen, viel schneller zum Punkt kommen können. Hier ein Beispiel: Du kannst einem Mitarbeiter zum Beispiel Folgendes sagen: *„Ich brauche die Unterlagen für das Kundengespräch am Donnerstag."* In den meisten Fällen wird es wohl gut gehen, doch folgende Punkte sind überhaupt nicht klar:

1. Welche Unterlagen genau?
2. In welchem Format und die genaue Anzahl?
3. Für welchen Kunden?
4. Findet das Kundengespräch am Donnerstag statt, oder brauche ich am Donnerstag die Unterlagen, damit ich diese vor dem tatsächlichen Termin nochmals prüfen kann?
5. Gibt es eine Checkliste für den Umfang der Unterlagen?
6. Müssen die Unterlagen vorher von einer zweiten Person gegengecheckt werden (gemäß dem Vier-Augen-Prinzip, um Fehler zu minimieren)?

Wie viele Menschen kennst du, die meistens nicht klar sind? Kennst du Menschen, die schon zehnmal weiter sind als du und *nicht* klar sind? Mit *„klar sein"* ist nicht gemeint, dass du unfreundlich oder ruppig sein sollst. Du kannst klar *und* respektvoll sein.

Wenn du sehr klar definiert hast, wo du hinwillst, dann wirst du dich nicht so schnell vom Weg abbringen lassen. Für viele hat Klarheit leider einen negativen Touch, weil sie das Gefühl haben, dass hier jemand intolerant, unnahbar oder eiskalt ist. Doch wenn du klar zu dir selbst bist, dann musst du dich auch viel weniger verbiegen. Wenn du Wischiwaschi redest, wenn du heute in die eine Richtung rennst und morgen in die andere, wenn du heute auf Pferd A setzt und morgen auf Pferd B, dann wirst du immer Opfer deines eigenen Nebels sein.

Vielleicht hast du schon mal die Aussage gehört: *„Er hat auf mich so gewirkt, als wäre er mit sich selbst im Reinen.“* Im Reinen mit sich selbst zu sein, ist wie der Blick in einen Bergsee: so klar, dass du quasi vom Ufer aus bis in die Tiefe auf den Grund sehen kannst. In dieser Klarheit ist kein Platz für Verunreinigung oder Unruhe. In dieser Klarheit steckt allerdings unendlich viel Energie und schenkt dadurch einen wunderbaren Lebensraum und Freiheit. Wenn du hier Herausforderungen mit dem bildlichen Vergleich hast, dann schaue dir bitte auch das Kapitel 60 *„Lerne von der Natur – verbringe Zeit mit ihr“* an!

Meine Lernfragen an dich:

- ☐ Wie wirken Menschen auf dich, die Wischiwaschi-Aussagen machen?
- ☐ Was kannst du von Menschen lernen, die Klarheit ausstrahlen?
- ☐ Welchem Leben lässt du durch Unklarheit keinen Raum?

20.
LERNE, NEIN ZU SAGEN

Dieses Kapitel hat sehr viele Berührungspunkte mit dem Kapitel 29 „*Lerne, den Fokus richtig zu setzen*“ – doch dazu später mehr. Denn um den Fokus richtig setzen zu können, solltest du zuerst erkennen und akzeptieren, dass du lernen musst, Nein zu sagen. Obwohl es einer bestimmten Personengruppe in einem gewissen Kontext überhaupt nicht schwerfällt, Nein zu sagen, fällt es derselben Personengruppe in einem anderen Kontext überaus schwer, Nein zu sagen. Welches Beispiel meine ich konkret? Eltern und ihre Kinder:

Ich bin mir sicher, dass Eltern zu ihren Kindern viel häufiger Nein sagen als Ja. Väter machen das anscheinend eleganter, denn die antworten wohl gerne, wenn ihnen ihr Schützling eine Frage gestellt hat: „*Was hat deine Mutter dazu gesagt?*“ (Weil sie sich wohl selbst nicht trauen, Nein zu sagen, verpacken sie es auf diese Art und Weise. Wie förderlich dies der Kindererziehung und für den Familienfrieden ist, kann ich als Nicht-Vater kaum bewerten.)

Doch schauen wir uns einfach mal an, warum Eltern zu ihren Kindern einfacher Nein sagen können: Der Grund liegt darin, dass Eltern sich über die Konsequenzen bei einem Ja bewusst sind (im Vergleich zum

„unwissenden“ Kind). Die Konsequenzen müssen nicht automatisch, sofort und unmittelbar auftreten (zum Beispiel, wenn das Kind ohne Zähneputzen ins Bett will), doch sie wissen, dass zu häufiges Stattgeben mittel- und langfristig entscheidende Auswirkungen und Folgen mit sich bringt – den Eltern liegt das Wohl ihrer Kinder am Herzen, und sie sagen Nein, um das Kind zu schützen.

Nun wachsen Kinder zu Jugendlichen heran, Teenager zu jungen Erwachsenen, und irgendwann schreiben Eltern ihren erwachsenen Kindern selbstverständlich nichts mehr vor (weil sie ja jetzt selbst für sich verantwortlich sind). Doch hier kommt die Krux ins Spiel: Jahrzehnte hat ein Mensch ein Nein gehört, Jahrzehnte wurde auf ihn aufgepasst – und nun soll er alles, was im zukünftigen Erwachsenenleben kommt, plötzlich ganz allein meistern? Weil wir eben keinen Schutzengel mehr haben, müssen wir lernen, selbst aktiv Nein zu sagen. Ein 20-Jähriger hat normalerweise noch nicht so viel Erfahrung wie ein 30-Jähriger, und dieser noch nicht so viel Erfahrung wie ein 40-Jähriger und dieser nicht so viel wie ein 50-Jähriger. Natürlich sind für diese Menschen unterschiedliche Themen in ihrer jeweiligen Lebenslage wichtig. Doch der Einzige, der auf uns aufpasst, das sind wir selbst. Wenn wir es uns selbst nicht wert sind, dann wird keiner auf uns aufpassen. Also: Du musst es dir selbst wert sein, Nein zu sagen:

- ☐ zu Dingen und Verhaltensweisen, die dir mittel- und langfristig schaden (von einer Tafel Schokolade im Monat ist noch keiner übergewichtig oder zuckerkrank geworden – bei zwei Tafeln am Tag über mehrere Jahre sieht dies schon anders aus),
- ☐ zu Ablenkungen, die dich von deinem Weg und deinen langfristigen Zielen abbringen (sei es das Telefon, Kollegen, Mitarbei-

ter, Familie, Social Media, Werbebotschaften …); ganz tückisch versteckt beginnen diese Ablenkungen häufig mit: „… *kannst du mir mal geschwind…*“,

- ☐ zu Menschen und Umgebungen, die dir nicht guttun (das könnte auch dein aktuelles Arbeitsumfeld oder Freundeskreis sein),
- ☐ zu Mustern, die immer wieder Nachteile für dich bedeuten (zum Beispiel wenn du leichtgläubig bist und jede Aussage für bare Münze nimmst),
- ☐ zu Ausreden, Umständen, Dingen, die du selbst nicht beeinflussen kannst oder die außerhalb von deiner Kompetenz liegen (das Wetter ist nicht für deine finanzielle Situation verantwortlich – genauso wenig wie deine Eltern oder dein Banker),
- ☐ noch ein weiteres Projekt, Aufgabe, Amt etc. anzunehmen, wenn du mit deiner aktuellen Situation schon überfordert bist (wenn du Dinge zum Abschluss bringst, wirst du tausendmal mehr erreichen, als wenn du immer noch weitere Baustellen aufmachst – im Vertrieb zählt nicht die Akquise, sondern der Abschluss),
- ☐ wenn du Nein meinst und aus falscher Höflichkeit oder Unsicherheit dann doch Ja sagst („… *ich habe zwar Ja gesagt, doch Nein gemeint*“, hilft niemandem auf lange Sicht),
- ☐ zu Anfragen, bei denen du dich am Ende nur verbiegen müsstest oder die gegen deine Werte gehen (ich habe 2003 unter anderem aus diesem Grunde der Automobilbranche den Rücken gekehrt),
- ☐ und deshalb die Verantwortung für deine aktuelle Situation vollkommen selbst zu übernehmen und nicht auf andere, deine Vergangenheit oder deine Story abzuwälzen.

Hier ein konkretes Beispiel aus unserer Firma: Mit BNI liegt unser Fokus auf dem erfolgreichen Durchführen von Unternehmerfrühstücken, die messbare und nachhaltige unternehmerische Ergebnisse für unsere Kunden liefern. Es ist schon fast zu simpel – doch genau in der Einfachheit steckt bekanntlich das Genie. Ich muss jede Woche mindestens einer neuen Idee ein Nein aussprechen, die uns vom oben genanntem Fokus ablenken würde.

Wir werden regelrecht bombardiert mit Veranstaltungsanfragen und Produkten, die *„genau das Richtige“* für unsere Mitglieder sind. Wirklich? Seit 2003 habe ich bestimmt Hunderte Ideen gehört, Dutzende ausprobiert – und nicht mal eine Handvoll hat wirklich einen Unterschied gemacht. Die Zeit und die Ressourcen, die verschwendet wurden, weil zu spät Nein gesagt wurde, hat uns sechsstellige Summen gekostet. Unser Business liefert für alle beteiligten genau dann die gewünschten Ergebnisse, wenn oben genannter Fokus gehalten und hierfür die Vertriebs- und Führungskompetenz *aller* ausgebaut wird. Wir sind kein Veranstaltungsbüro, wir sind keine Eventagentur, wir sind keine Trainingsorganisation, wir sind keine Werbeplattform für andere, wir sind keine Spielwiese *für Könnte-man-doch-mal-ausprobieren* etc. Wer Vertrieb und Führung gemeinsam im Team lernen und ausbauen will, der ist bei uns genau richtig. Aus diesem Grunde ist Neinsagen ein extrem wichtiger Erfolgsbaustein.

Meine Lernfragen an dich:

- ☐ Bei welchen kleinen Themen könntest du das Neinsagen üben?
- ☐ Wie hast du dich gefühlt, wenn du zu einer Sache Ja gesagt, allerdings Nein gemeint hast? Wie war das Gefühl im Moment der Aussage, wie war es langfristig? Wie war es in dem Fall, in dem gesagt und gemeint identisch waren?
- ☐ Wenn du ein Mensch bist – so wie ich – der gerne anderen Menschen hilft, wobei würdest du anderen Menschen langfristig eigentlich mehr helfen, wenn du ihnen mit Nein antwortest?

21. LERNE, DASS LERNEN NIEMALS ENDET

Für mich hat Lernen viel mit Wachstum zu tun. Nur wenn du bereit bist, zu lernen, wirst du wachsen. Nur wenn du gewachsen bist, hast du wirklich was gelernt. Wachsen muss allerdings nicht immer etwas mit Größe oder Masse zu tun haben, sondern eher mit Fortschritt und Reife. Doch was passiert, wenn kein Fortschritt mehr erzielt und kein Reifeprozess mehr durchschritten wird? Das unmittelbare Gegenteil ist Rückschritt oder Zerfall. Das heißt, wenn du nicht mehr bereit bist, zu lernen, zu wachsen, Fortschritt voranzutreiben und reifer zu werden, dann ist dein Zenit überschritten, und die Tage bis zum finalen Erliegen, Stillstand oder Zerfall sind gezählt. Deshalb ist die innere Einstellung, dass wir auf der Welt sein dürfen, um ein Leben lang zu lernen, extrem *wert*voll und sollte zu deinen Kern*wert*en gehören.

Du fragst dich jetzt vielleicht, ob das Lernen denn niemals aufhört? Ganz klar: Nein! Weil die Veränderung das Beständigste im Leben ist und wir lernen dürfen, immer wieder dazuzulernen. Doch welches Medium ist für dich das wirkungsvollste, um kontinuierlich zu lernen? Lernst du nur aus schmerzhaften Lebenserfahrungen (sei es körperlicher, emotionaler, mentaler oder finanzieller Schmerz)? Bist du nur bereit, zu lernen, kurz bevor der Schmerz zu groß wird? Oder gestaltest du dein Leben aktiv und sagst dir bewusst, was genau du wirklich als Nächstes lernen willst? Welches ist dein Medium, deine Methodik, um nicht nur Wissen anzuhäufen, sondern auch in die Umsetzung zu kommen? Lesen ist für den Geist genauso wichtig wie Eiweiß für den Körper. Doch Lesen allein wird nicht ausreichend sein. Diskutiere und tausche dich mit deinem Umfeld über deine geistige Nahrung aus bzw. bringe jemandem in deinem Umfeld bei, was du selbst gelernt und umgesetzt hast. Damit sei jedoch nicht automatisch gesagt, dass jeder Lehrende die Weisheit in Person verkörpert. Leider gibt es unter den Lehrenden auch sehr viele, die das, was sie selbst lehren und anderen beibringen wollen, selbst gar nicht in die Tat umsetzen (gemäß „*You teach what you need most for yourself*" oder „*Wenn ich es selbst schon nicht auf die Beine bringe, dann lehre ich eben andere darin, wie sie es zu tun haben*")

Passives Lernen:

- ☐ Lesen von Büchern
- ☐ Anhören von Hörbüchern, Podcasts etc.
- ☐ Ansehen von Videokursen oder Online-Tutorials

Aktives Lernen:

- ☐ O. g. passive Methoden mit anschließendem Quiz, Test oder Lernkontrolle, für die eine aktive (am besten schriftliche) Handlung notwendig ist
- ☐ O. g. passive Methoden mit anschließender Diskussion innerhalb einer Peergroup

- ☐ Teilnahme an einem Live-Seminar
- ☐ Interaktive Übungen mit Teilnehmern auf einer Veranstaltung
- ☐ Persönlich aktiv angeleitet und begleitet werden
- ☐ Selbst der Lehrende für ein Publikum sein

Wenn du beim Lesen nach einer Seite immer wieder einschläfst, dann überlege dir andere Quellen und Methoden. Ich persönlich liebe zum Beispiel gutes Essen. Kochen macht mir auch Spaß, sofern ich eine Mahlzeit nicht allein zubereiten muss. Neue Gerichte zu probieren, ist auch sehr spannend. Doch nach einem Kochbuch und Rezept vorzugehen, ist alles andere als eine gute Lernmethodik für mich. Super funktioniert jedoch, wenn ich mit jemandem in der Küche kulinarische Köstlichkeiten zubereiten darf – nach dem Motto: Der Chefkoch macht vor, und der Assistent macht nach. Wenn ich dies dann ein paarmal unter Anleitung verinnerlicht habe, passt es wunderbar für mich (und meistens schmeckt es dann auch noch den anderen). Meine Frau ist hier genau das Gegenteil – vielleicht liegt es daran, dass ich bei ihr die Leidenschaft für die gute Küche geweckt habe und sie bald mehr Kochbücher durchgekocht hat, als es Gewürze auf dem Planeten gibt.

Leider feiern viele Schulabgänger den Abschluss (ob Haupt-, Real-, Berufsschule, Gymnasium, Studium oder Zusatzqualifikation) häufig mit einer Art Aufatmen. Nach dem Motto: So, nun ist dieser Lernstress endlich vorbei, jetzt kann das Leben losgehen, und ich brauche nichts mehr zu lernen. Warum das so ist, muss jeder selbst für sich entscheiden. Es kann am Thema, am Umfeld, an der Methodik, am Lehrenden oder daran liegen, dass man einfach keinen Spaß dabei hatte. Doch deshalb mit der Einstellung weiter durch das Leben zu gehen, dass ich nun nichts mehr dazulernen muss bzw. darf, wird wohl in einem, fünf, zehn oder zwanzig Jahren zu der schmerzhaftesten Lernerkenntnis führen. Im Fußball heißt es bekanntlich: *„Nach dem Spiel ist vor dem Spiel."* Mit einem Abschluss ist es genau das Gleiche. Es ist quasi der Startschuss für die nächste Etappe. Es ist *nicht* das Signal, endlich mit *Legitimation* stehen bleiben zu dürfen.

Lernen findet außerhalb der Komfortzone statt. Darum solltest du auch bereit sein, diese zu verlassen. Auf der anderen Seite heißt das allerdings nicht, dass du deine Fähigkeiten in sämtlichen Bereichen ausbauen solltest, auch wenn die gar nicht förderlich für dich sind. Lege den Fokus auf deinen Kompetenzbereich, und baue diesen sukzessive weiter aus. Ein Beispiel: Du bist ein Zahlen-, Daten-, Faktentyp, hast Spaß am Aufbereiten von Kennzahlen und vertiefst dich bis ins letzte Detail darin? Dann könntest du zum Beispiel überlegen, wie du diesen Kompetenzbereich ausbauen könntest, indem du etwas Neues in der Datenaufbereitung dazulernst, das außerhalb deiner aktuellen Komfortzone liegt. Natürlich könntest du auch beginnen, Chinesisch zu lernen, doch ob dich dies in deiner Kompetenz weiterbringt, sei mal dahingestellt.

Meine Lernfragen an dich:

- ☐ Wie viel Zeit und Ressourcen investierst du in dich, in deine Bildung, in deine Entwicklung?
- ☐ Wer ist verantwortlich für deine Persönlichkeitsentwicklung, und wie kannst du diese auf Kurs halten?
- ☐ Welches Medium, welche Methodik wendest du zurzeit schon an, und welche Ergebnisse liefert diese Art?
- ☐ Bist du bereit, nur von den sogenannten *Erfolgreichen* zu lernen, oder kannst du von jedem und deinem gesamten Umfeld bis hin zum sogenannten *Versager* etwas für dich lernen?
- ☐ Was assoziierst du mit dem Begriff „*Lernen*“?

22.
LERNE IMMER WIEDER ETWAS NEUES

Neugierde und Neues sind für viele Menschen ein gewisser Antrieb. Mit *„etwas Neues lernen"* meine ich allerdings, dass du offen und bereit sein solltest, etwas Neues *wirklich* zu lernen und nicht nur Neuem hinterherzurennen. Lerne, deine Kompetenzen auszubauen und nicht immer den neusten Schrei haben zu müssen.

Ich persönlich bin der Meinung, dass Technik und technologischer Fortschritt uns die nächsten Jahre mehr denn je begleiten wird. Du hast nun die Wahl, dich damit zu beschäftigen, dagegen anzugehen oder die Thematik zu ignorieren. Ich würde definitiv empfehlen, sich generell damit zu beschäftigen und währenddessen zu entscheiden, wie tief man in die Materie einsteigen will. Absolut falsch wäre sicherlich, Energie aufzuwenden und dagegen anzukämpfen. Naiv wäre bestimmt auch, so zu tun, als ob es einen nicht betreffen würde.

Das gleiche Prinzip gilt für viele andere Unternehmens- und Lebensbereiche. Natürlich sollst du dich nicht überfordern, wenn es um das Lernen von Neuem geht – doch aus unternehmerischer Sicht musst du immer wieder Neues dazulernen, weil du sonst ganz schnell zum alten Eisen gehörst. Das Schwierige ist für die meisten einfach, zu unterscheiden, mit welchem Neuen und vor allem in welcher Intensität man sich mit diesem Neuen beschäftigen sollte und was man besser weglassen sollte?

Ich persönlich habe früher zum Beispiel keinen blassen Schimmer von Formeln in Excel gehabt. Doch irgendwann habe ich mich mal damit beschäftigt und fand es dann doch nicht so schlecht. Dann sind mir neue Ideen gekommen, die mich unternehmerisch weiterbringen könnten, und ich habe mir sukzessive mehr und mehr Wissen angeeignet. Eines Tages hat mir ein Geschäftspartner einen Tipp gegeben, wie ich hier einiges vereinfachen und automatisieren kann, indem ich mich mehr mit Pivot-Tabellen und einfachem VBA-Quellcode beschäftige. (Als wir uns im Jahr 2010 ein CRM-System auf Basis einer SQL-Datenbank zugelegt haben, hatte ich noch nicht einmal den Unterschied zwischen einer Tabelle und einem Feld verstanden.) Meine Frau – als Businessanalystin für komplexe Datenbanken im Finanzsektor – war mir um Lichtjahre voraus. Weil ich offen war und mich Stück für Stück weiter mit der Thematik beschäftigt habe, kann ich heute weniger komplexe SQL-Abfragen relativ schnell selbst schreiben, Unternehmensdaten noch besser analysieren, wiederkehrende Prozesse entsprechend automatisieren, indem Datenschnittstellen miteinander kombiniert werden und mir damit das Leben erleichtern. Heute fragt mich meine Frau schon eher: *„Glaubst du nicht, dass wir das über eine SQL-Abfrage mit einem Daten- oder Intervallereignis lösen könnten und die Daten automatisch über eine Power Query Abfrage ziehen können?"* Nein, ich bin kein Programmierer, nein, ich bin auch kein Nerd, und nein, ich mache das nicht aus Langeweile oder weil ich keine Freunde habe. Ich habe mir Neues angeeignet, weil es mich nach vorne bringt! Mein Team ist begeistert und dankbar, wie wir dadurch unser Unternehmen noch besser aufstellen.

Natürlich hätte ich auch alles an einen Dienstleister outsourcen können, doch dann wäre ich a) in einer tiefen Abhängigkeit gewesen, und b) – was noch viel schlimmer ist – ich hätte nicht bewerten können, ob und inwiefern der Aufwand überhaupt gerechtfertigt ist.

Neben dem sogenannten immateriellen Asset, das ich hier für mich generiert habe, habe ich noch etwas viel Wichtigeres für meine persönliche Entwicklung sichergestellt: Ich habe meinen Geist aktiv gefordert und beschäftigt, sodass meine grauen Zellen zwischen den Ohren wach und aktiv bleiben! Zudem habe ich drei meiner persönlichen Bedürfnisse mit Nahrung versorgt:

1. mein Bedürfnis nach *Abwechslung / Variety*,
2. mein Bedürfnis nach *Signifikanz / besonders sein* und
3. mein Bedürfnis nach *Wachstum*.

Je länger ich mich mit der Materie beschäftige, desto besser werde ich früher oder später noch zwei weitere Bedürfnisse erfüllen können:

4. das Bedürfnis nach *Sicherheit* (ich kann mitreden, wenn mir jemand etwas erklären will, warum etwas wie funktioniert oder nicht funktioniert) und
5. das Bedürfnis, *zu geben* (weil ich anderen früher oder später meine Erfahrung weitergeben kann).

Hätte ich mich vor Jahren dagegen gesträubt und in der Haltung verharrt: „*Excelformeln verstehe ich nicht*“, dann hätte ich mir wohl sehr viel verbaut. Hat mich dieses Lernen von Neuem viel Energie gekostet? Ja, natürlich! Hatte ich auch Frust dabei? Ganz sicher! Das gehört einfach zum Prozess des Lernens dazu – und war es auf alle Fälle wert.

Wenn du dieses Buch vollständig gelesen hast, dann bin ich mir sicher, dass bei dir sehr viel Bekanntes nochmals in Erinnerung gerufen wurde. Vielleicht hast du auch Themen entdeckt, die neu für dich waren und mit denen du dich wohl intensiver beschäftigen solltest. Genau wenn du das tust, dann wirst du dem Titel des Buches „*Lernen wird dich reich machen*“ gerecht.

Meine Lernfragen an dich:

- ☐ Was hast du in den letzten zwölf Monaten wirklich Neues gelernt?
- ☐ Welche Kompetenz solltest du in den nächsten 12 bis 36 Monaten beharrlich weiter ausbauen?
- ☐ Welche Methodik wird dir dabei am besten dienlich sein? Heutzutage gibt es fast zu allem kostenfreie Videos (oder gegen eine geringe Gebühr sehr gute Kurse zum Beispiel auf www.udemy.de).
- ☐ Was würdest du wirklich gerne beherrschen, wärst bereit, es zu lernen *und* durchzuhalten, während du den Prozess durchlebst?

23.
LERNE, DASS DU MIT DER ZEIT GEHEN MUSST – WANDEL IST TEIL DES PROZESSES

Sprüche wie *„Nichts ist so beständig wie der Wandel"* oder *„Wer nicht mit der Zeit geht, geht mit der Zeit"* sind dir bestimmt geläufig. Doch warum tun sich die Menschen dann so schwer damit? Vielleicht liegt es daran, dass jeder Wandel mit Veränderung zu tun hat und Menschen, die ein Sicherheitsbedürfnis haben, genau durch diese Veränderung Sorge um ihr Bedürfnis haben.

Genauso gibt es auch Menschen, die sich total freuen, dass es endlich mal wieder eine Veränderung gibt. Ich kann mich noch gut erinnern, als mir Menschen in meinem Umfeld gesagt haben: *„Das mit dem Internet und den E-Mails, das ist nur so ein Modetrend – das geht auch wieder vorbei."* Wirklich? Genauso wird es heute Menschen geben, die behaupten, dass *Disruption** sie und ihre Branche nicht betreffen wird, weil sie zum Bei-

* Disruption ist ein Prozess, bei dem ein bestehendes Geschäftsmodell oder ein gesamter Markt durch eine stark wachsende Innovation abgelöst bzw. „zerschlagen" wird.

spiel künstlerisch, kreativ oder handwerklich unterwegs sind. Ich wäre mir da nicht mehr so sicher, denn heute gibt es schon 3-D-Drucker, die perfekt kreierte, leckere und individuelle Torten herstellen können – ohne dass ein Konditor Hand anlegen musste. Ob der nächste Schrei die virtuelle oder *augmented reality* sein wird oder nicht, spielt keine Rolle. Fakt ist: Wir werden in 20 oder 40 Jahren vollkommen andere Lebensverhältnisse haben – natürlich hoffe ich, dass diese noch besser als heute und vor allem friedlich sind. Entscheidend ist jedoch, wie schnell ich bereit bin, mich auf den Wandel (der unausweichlich ist) einzustellen, oder wie viel Energie ich aufwende, um mich dagegen zu wehren.

Es ist gute 100 Jahre her, dass das Telefon für einen praxisrelevanten Einsatz erfunden bzw. seinen Markteintritt feiern durfte. Nun versetze dich bitte einmal gedanklich zurück an den Beginn des letzten Jahrhunderts. Glaubst du, dass damals alle Menschen begeistert waren, dass man nun über dieses Telefongerät in der Lage war, zu kommunizieren? Glaubst du, es gab nicht auch Menschen, die gesagt haben: *„So ein Blödsinn! Wenn jemand mit mir sprechen will, dann soll er auf sein Pferd steigen und vorbeikommen oder sich über einen Boten anmelden. Ich will nicht, dass ich immer kontaktiert werden kann!“* Es ist gerade einmal 50 Jahre her, da musste man zum Telefonieren noch das Haus verlassen und eine Telefonzelle aufsuchen. Im Jahr 1995 hatte ich mir mein erstes Mobiltelefon zugelegt – ein Nokia 2010. Drei Jahre später wurde Nokia Weltmarktführer für Handys, verteidigte diesen Platz bis 2011 und stieg 2013 durch den Verkauf an Microsoft aus dem Mobilfunkgeschäft aus.

Wenn du Wandel nicht wahrnimmst oder an etwas festhältst, das bereits Geschichte ist, dann kann dich das unter Umständen deine Existenz kosten. Darum kann ich dir nur empfehlen: Bevor du dich mit aller Kraft und Energie gegen einen unaufhaltsamen Wandel stemmst oder sogar lautstark wehrst, überlege dir lieber, wie du dir diesen Wandel zunutze machen kannst. Ich meine damit natürlich nicht, dass du resignieren sollst und die Haltung an den Tag legst: *„Ich kann so oder so nichts ändern."* – Wenn du in einem Umfeld lebst, in der ein Wandel zu deinem Nachteil ist, dann beginne, dies zu akzeptieren. Je früher du anfängst, dich damit zu beschäftigen, dadurch Neues zu lernen, kreativ zu werden, welche Chancen dir dies ermöglicht, desto leichter wirst du dich damit tun. Das Gefährliche am Wandel ist, dass wir ihn leider nicht täglich wahrnehmen, sondern quasi wie vom Blitz getroffen eines Tages aufwachen und feststellen, dass sich etwas signifikant geändert hat. Du kennst bestimmt die Story vom Frosch, der im Kochtopf schwimmt, wobei langsam die Wassertemperatur erhöht wird. Da diese Veränderung langsam und nicht sprungartig erfolgt, springt er eben *nicht* aus dem Wasser, sondern bleibt bis zum bitteren Tode. Sei also bitte kein Frosch und warte zu lange ab, bis du förmlich gelähmt oder zu sehr eingeschränkt bist, um noch aktiv zu handeln. Und wenn du nun sagst: *„Ja, ja, das sind alles wieder irgendwelche Geschichten, doch bei mir trifft das nicht zu"*, dann frage dich Folgendes:

- ☐ Werden Menschen über Nacht übergewichtig, oder ist es ein langsamer, schleichender Prozess?
- ☐ Baut sich die Körpermuskulatur von einem Tag zum anderen um 50 oder 80 Prozent ab, oder ist das ein Prozess, der über Jahre dauert?
- ☐ Wenn Menschen Konsumschulden in fünf- oder sechsstelliger Höhe haben, sind diese durch *eine* Transaktion entstanden oder über einen längeren, andauernden Wandel, der kaum wahrnehmbar war, weil gerne weggeschaut wurde?

Wandel hat mit selektiver Wahrnehmung zu tun. Das Beispiel mit den Basketballspielern und dem *„unsichtbaren Gorilla"* ist heute wohl fast allen bekannt (falls nicht, schau mal hier http://www.theinvisiblegorilla.com/gorilla_experiment.html). Doch wenn der Wandel schleichend stattfindet und man Teil der Betrachtung ist, dann sieht man den Wandel meistens als Letzter. Schaue dir hierzu auch gerne die Videos von Daniel Simons* an. Hier ein Beispiel: http://y2u.be/1nL5ulsWMYc

* Weitere Infos findest du hier: www.dansimons.com http://www.viscog.com/ordering/

Meine Lernfragen an dich:

- ☐ In welchen Lebensbereichen, die dein persönlich definiertes Reichsein betreffen, bist du der Frosch, der kurz vor dem möglichen Exodus steht?
- ☐ In welchen Bereichen im Leben freust du dich über den Wandel, hast Spaß daran, und wie könntest du diese Erkenntnis auf einen anderen Bereich, in dem dir Veränderung schwerfällt, übertragen?
- ☐ Welche Chancen für einen dir bewusst gewordenen Wandel, der unaufhaltsam ist, solltest du ergreifen und auf der Welle mitsurfen, anstatt einfach nur zuzuschauen?

24.
LERNE, ZU TRÄUMEN, KREATIV ZU SEIN UND DICH ZU INSPIRIEREN

Mensch sind ja bekanntlich verschieden. Es gibt Persönlichkeiten, die leben quasi permanent in einer surrealen oder Traumwelt – gemäß *„Mein Leben ist ein Ponyhof"*. Andere sind kontinuierlich in einer kreativen Schöpfungsphase, bringen diese Kreativität allerdings nicht *„auf die Straße"* (dazu empfehle ich, das Kapitel 28 *„Lerne, anzufangen UND durchzuhalten"* genauer zu betrachten).

Und genauso gibt es Menschen, die aufgehört haben, zu träumen, kreativ zu sein und sich inspirieren zu lassen. Das *„Warum aufgehört wurde?"* möchte ich in diesem Kapitel gar nicht weiter erörtern. Viel wichtiger ist, sich wieder bewusst zu werden, dass es in jedem Alter wichtig ist, zu träumen, kreativ zu sein und sich inspirieren zu lassen. Träume sollten dein Antrieb sein, Kreativität deine Ideenkammer und Inspiration dein Umsetzungsimpuls. Kinder tun sich mit dem Träumen und Kreativsein bekanntlich leichter – vielleicht, weil sie mit den Neins nichts anfangen können und die Anzahl der Rückschläge, Enttäuschungen,

Absagen, und Niederlagen noch kein entscheidendes Gewicht erlangt hat. Doch wenn dies bei dir der Fall ist, heißt das dann, dass es das mit deinem Leben war? Heißt es, dass du auf gegeben hast, zu träumen? Heißt es, dass du resigniert hast? Glaubst du, dein Leben könnte nicht viel reicher und wertvoller sein, wenn du mit der Haltung *„Wenn ich wüsste, dass morgen die Welt unterginge, würde ich heute noch ein Apfelbäumchen pflanzen“** jeden Tag leben würdest?

Es sind die Träume, die die Welt verändern; es sind die Träume, die das Leben lebenswert machen; es sind die Träume, die uns Energie und Ansporn geben; es sind Träume, die der Start für die Veränderung sind; es sind die Träume, die unsere Gesellschaft in Frieden leben lassen; es sind die Träume, die Menschen miteinander verbinden. Darum bitte ich dich von Herzen: Sei nie zu beschäftigt, um keine Zeit für Träume zu haben! Sei nie zu niedergeschlagen, um zwischen den Ohren oder tief in deiner Brust die Saat für einen großen Traum zu säen! Auch wenn du dich nicht als Weltverbesserer erkoren siehst – wovon hast du als Kind geträumt, wovon träumst du heute, wovon träumst du in deiner letzten Lebensdekade? Auch wenn niemand weiß, wann und wo sein Ende stattfinden wird (ist wohl auch gut so), wovon träumst du, wenn dein Körper in Asche übergangen ist?

Wenn du einen Traum oder Träume hast, dann setze ihn/sie in die Tat um. Hierfür sind Kreativität und Einfallsreichtum gute Zutaten. Die Aussage: *„Ich habe nicht die Ressourcen dazu“*, ist nur bedingt korrekt. Das Wort *„Ressourcen“* kommt aus dem Lateinischen und bedeutet: *„wieder aufstehen, sich wieder aufrichten“*. Ich bin mir sicher, dass du in der Lage bist, dich hierzu innerlich aufzurichten, und damit genügend Ressour-

* Das ist ein angebliches Zitat von Martin Luther, das im Rahmen des Wiederaufbaus bundesweite Bekanntheit erlangte. Übertragen bedeutet es: Verliere nie den Mut, auch wenn die Lage noch so aussichtslos erscheint!

cen hast. Es könnte sein, dass du an deiner *Resourcefulness* arbeiten darfst – also an deinem Einfallsreichtum. Und wenn es dir eventuell wirklich an Einfallsreichtum mangeln sollte, dann überlege dir, wo du diese Quelle anzapfen könntest.

Und genau hier kommt die Inspiration ins Spiel: Wenn deine Kreativität, dein Einfallsreichtum momentan blockiert sind, dann gibt es unzählige Möglichkeiten, diese Quelle anzuzapfen. Albert Einstein hat nicht umsonst gesagt, dass Kreativität wichtiger ist als Wissen – denn Kreativität ist unbegrenzt (im Gegensatz zu Wissen). Inspiration kannst du in jedem Moment, an jedem Ort, in jeder Situation oder in jeder Person finden. Wichtig ist: Du musst offen dafür sein. Du kannst Inspiration mit einem Fallschirm vergleichen: Ein Fallschirm wird dich nur am Leben halten, wenn er im richtigen Moment aufgeht. Genauso ist es mit Inspiration – nur wenn du im richtigen Moment offen dafür bist, wird sie dich am Leben halten. Doch wenn du generell nicht offen dafür bist, wirst du auch nie den Moment erleben, der dir den entscheidenden Impuls für eine gute Landung gibt! Inspiration kann man nicht planen, Inspiration kann man nicht terminieren. Sie kann jederzeit in Erscheinung treten – ob im Kino, im Verkehrsstau, im Schlaf, beim Sex, beim Wohnungsputz, in der Natur, beim Sport oder beim Lesen dieses Buches. Einer meiner Mentoren hat einmal gesagt: *„Es ist nicht entscheidend, was in einem Buch steht, sondern was du mit dem machst, was im Buch geschrieben wurde.“* Für mich wäre es das größte Geschenk, wenn du alles aus dem Buch vergessen oder nicht anwenden würdest, sofern es nur eine einzige Inspiration bei dir ausgelöst hat, die dein Leben zum Positiven verändert.

Auch wenn ich als Jugendlicher innerlich meinem Herzenstraum gefolgt bin, Ingenieur zu werden und im Ausland zu leben, sind bei mir

Anfang dreißig neue Träume entstanden. Mein Traum war, mehr miteinander anstatt gegen-einander zu arbeiten. Mein Traum war, ein eigenes Unternehmen zu leiten, das ohne mich funktioniert und wächst. Mein Traum war, dass ich standortunabhängig sein kann und andere Menschen mit meinen Erfahrungen auf ihrem Weg begleiten darf. Nun bin ich Fünfzig, und es werden neue Träume geweckt, ich darf weiter kreativ sein und bin inspiriert von Menschen, die Unmögliches oder Supergeniales erschaffen haben – warum also nicht in der zweiten Lebenshälfte weiter Gas geben?

What if, …

Im Jahr 2015 durfte ich den Gitarristen und Comedian Mike Rayburn live erleben. Er hat eine Keynote-Präsentation auf unserer Jahreskonferenz mit dem Titel „*What if,…*" gehalten. Wer ihn kennt, der weiß, wovon ich spreche – wer ihn nicht kennt, der sollte sich anschauen, was ein Akustikgitarrenspezialist bewegt hat, nur weil er sich *diese* Frage gestellt hat. Diese Frage ist der Beginn eines Traums, diese Frage wird dir Antworten auf bisher Unmögliches geben, diese Frage wird dein Potenzial, das schon immer in dir schlummert, anzapfen, diese Frage könnte den Unterschied bewirken, dein Leben auf ein ganz neues Level zu bringen. Hier ein paar Anregungen, die ich mir gestellt habe:

- Was wäre, wenn alle Menschen auf dem Globus jederzeit und kostenfrei Zugriff zu Bildung hätten?
- Was wäre, wenn wir mehr miteinander als gegeneinander handeln würden?
- Was wäre, wenn Menschen begreifen würden, dass alles im Leben mit Bildung beginnt und Bildung der Grundstein für unsere Zukunft ist?

- Was wäre, wenn wir das Fach „*Erfolgreich und glücklich leben*" in der Schule als Pflichtfach hätten?
- Was wäre, wenn wir uns von alten Denk- und Lern*zöpfen* lösen und Neuem mehr Freiraum geben würden?
- …

Kommen wir zurück zum Titel dieses Buchs: *Lernen wird dich reich machen*. Menschen, die den Reichtum haben, den du dir wünschst, haben genau diese drei Dinge in die Tat umgesetzt: Sie haben geträumt, sie haben sich inspirieren lassen und sie waren kreativ!

Meine Lernfragen an dich:

- ☐ Träumst du dein Leben, oder lebst du deinen Traum?
- ☐ Wenn es dir an Einfallsreichtum mangelt, in welchem Lebensbereich hast du genügend Ideen? Finde heraus, was dich dort antriggert, was du in anderen Bereich noch nicht angezapft hast.
- ☐ Was sind deine Inspirationsquellen?
- ☐ Wenn du dir die Frage stellst: „*Was wäre, wenn …?*“, wie würde dieser Satz bei dir enden?
- ☐ Was ist für dich heute eine Selbstverständlichkeit, was vor vielen Jahrzehnten ein langersehnter Traum für die Menschheit war – wie könnte dich dies inspirieren?

25.
LERNE, DEN UNTERSCHIED ZWISCHEN WÜNSCHEN UND BEDÜRFNISSEN ZU VERSTEHEN

Die Menschheitsgeschichte hat viele Philosophen, Gelehrte und weise Persönlichkeiten erlebt und hervorgebracht. Es gibt unzählige Modelle, das heißt theoretische Veranschaulichungen zum Thema *„Menschliche Bedürfnisse und was der Mensch sich wünscht"*. Sei es die Maslowsche Bedürfnispyramide, die *„Six Human Needs"* nach Tony Robbins etc. Alle funktionieren bestimmt zu einem gewissen Grad oder können mehr oder minder im Alltag implementiert werden, doch entscheidend ist, den Unterschied zwischen einem *Bedürfnis* und einem *Wunsch* zu erkennen und zu verstehen. (Ich habe viele Jahre gebraucht, den kleinen, aber doch entscheidenden Unterschied zu verstehen.)

Als Kind wurden die meisten von uns vor dem Geburtstag oder vor Weihnachten gefragt: *„Und, was wünschst du dir?"* Ich hoffe natürlich auch, dass du das als Erwachsener immer noch gefragt wirst, doch je älter du wirst oder je mehr du Personen im hohen Alter fragst, desto weniger werden die Wünsche. Wünsche in Bezug auf materielle Dinge sind dann sehr häufig gedeckt und werden ersetzt mit nicht käuflichen Wünschen wie Gesundheit, Glück, Freude etc. Doch was steckt wirklich hinter diesen Wünschen? Oder sind es in Wirklichkeit keine Wünsche, sondern die Bedürfnisse dieser Person? Der Wunsch, gesund zu sein/zu bleiben, ist ein Bedürfnis nach Sicherheit. Die Sicherheit zu haben, von Krankheiten verschont zu bleiben, im Alter nie gepflegt werden zu müssen, sein Leben ohne Fremdbestimmung gestalten zu dürfen. Der Wunsch nach einem romantischen Sechs-Gänge-Menü hat nichts mit dem Grundbedürfnis, satt zu werden und nicht hungern zu müssen, zu tun. Dahinter steht das Bedürfnis nach Nähe, nach Liebe, nach in Kontakt zu sein sowie das Bedürfnis, besonders zu sein, Anerkennung und Wertschätzung zu erleben. Der Wunsch, dass einem kein Geld oder unnützer Kram geschenkt wird, sondern einem wohltätigen Zweck zugutekommt, dient dem Bedürfnis, besonders in den Augen anderer zu wirken und einen Beitrag für die Gesellschaft leisten zu wollen (weil dies einem selbst wieder guttut).

Wenn du nun also selbst Wünsche äußerst, dann schau genauer hin: Was für ein manchmal verdecktes Bedürfnis steckt hinter dem tatsächlichen Wunsch? Kann der Wunsch das Bedürfnis überhaupt erfüllen, oder ist es nur eine Ersatzbefriedigung? Wenn dir auf der anderen Seite allerdings ein Wunsch zugetragen wird, dann versuche, herauszufinden, welches tatsächliche Bedürfnis hinter diesem Wunsch steht. Wenn dein Lebenspartner zum Beispiel den Wunsch äußert oder hat, einmal im Leben zum Weihnachtsshopping nach New York zu fliegen, dann hat das gewiss nichts mit dem Shopping als Handlung zu tun. Die Läden in New York sind zu 80 Prozent die gleichen wie in jeder deutschen Großstadt. Dass es ökologisch und buchhalterisch wenig sinnvoll ist, ca. zweimal acht Stunden Flugzeit, zusätzliche Hotelkosten etc. für materielle Gegenstände zu investieren, die es quasi auch vor der Haustüre zu einer weit günstigeren Gesamtkostenrechnung geben würde, erkennt auch ein Blinder. Ist dieses Weihnachtsshopping dann wirklich ein Wunsch? Oder ist es nicht vielmehr ein Bedürfnis nach einem Erlebnis der besonderen Art, das sich nur sehr wenige Menschen auf dem Planeten gönnen/gönnen können und wodurch die Person sehr besonders im Licht der anderen wirken kann?

Bei manchen wirkt dies als Bewunderung (*„Ich würde das auch gerne erleben!“*) – bei manchen wirkt dies als Verachtung (*„Wie kann man die Umwelt nur so belasten, muss das wirklich sein?“*). Oder ist es ein Bedürfnis nach Liebe und Wertschätzung von seinem Partner? Oder ist es ein Bedürfnis, seinen eigenen Status unter Beweis zu stellen: *„Schau, wie toll ich bin, was ich mir leisten kann, wie weit ich es geschafft habe!“*?

Leider gibt es immer wieder extrem erfolgreiche Menschen, die diesen Unterschied nicht verstanden oder erkannt haben. Musiker, Schauspieler oder andere Weltstars können sich alle Wünsche erfüllen und habe trotzdem sehr häufig unerfüllte Bedürfnisse. Dies soll jetzt nicht abfällig gegenüber diesen Persönlichkeiten und ihren Errungenschaften gemeint sein. Ich bewundere sehr viele dieser Persönlichkeiten – speziell weil sie die meisten der hier beschriebenen Schritte des Lernens umgesetzt haben. Sie haben Opfer gebracht, länger und härter Disziplin gezeigt als ihr Umfeld und sind wohl auch um ein Zigfaches reicher. Doch was bringt diesen Persönlichkeiten dieser Reichtum und all diese erfüllten Wünsche, wenn ihre *Bedürfnisse* nicht erfüllt sind? Man hört immer wieder: *„Ich bin wunschlos glücklich.“* Nimmst du das deinem Gegenüber auch wirklich ab? Ist *„glücklich sein“* dasselbe wie *„erfüllt sein“*? Sind Weltstars, die drogen- oder alkoholabhängig sind, wirklich wunschlos glücklich und erfüllt? Sind Multimillionäre und Multimilliardäre, die sich ihrem Umfeld gegenüber respektlos und abfällig verhalten, wirklich erfüllt, oder kompensieren sie mit ihrem Status und ihrer Macht ein Bedürfnis, das nie erfüllt wurde? Schaue dir hierzu bitte auch das Kapitel 50 „*Lerne, eine Aufgabe zu haben und gebraucht zu sein*“ an!

Wenn du den Fokus mehr darauf setzt, anderen Menschen dabei zu helfen, ihre Bedürfnisse zu erfüllen bzw. zu befriedigen, dann wirst du mit Sicherheit nachhaltigeren Fortschritt erzielen, als wenn du „*nur*“ deren Wünsche erfüllst. Eine Frau wünscht sich vielleicht einen Ring oder ein Schmuckstück mit Diamanten, doch hinter diesem Wunsch steht normalerweise das Bedürfnis, geliebt zu werden bzw. in den Augen anderer ganz besonders dazustehen („*Schau mal, wie viel ich meinem Mann wert bin. Er hat mir diesen teuren Ring geschenkt*“). Wie viele Kinder kennst du, deren Wünsche alle erfüllt werden, deren Bedürfnisse jedoch (manchmal ein Leben lang) ungehört bleiben? An Weihnachten ist wohl die Zeit, in der weltweit die meisten Wünsche und wenigsten Bedürfnisse erfüllt werden. Warum ist sonst Weihnachten auch die Zeit, in der sich die meisten Dramen abspielen?

Entscheidend hierbei ist, dass vor dem Erfüllen eines Bedürfnisses ein Mangel bestand. Natürlich gibt es Menschen, die permanent, immer und immer wieder hören und spüren, dass sie geliebt werden. Allerdings hängt ihnen das quasi zum Halse raus. Für sie wirkt es, als ob sie von so viel Liebe erdrückt werden und diese Liebe somit eine Belastung für sie ist. Warum ist das so? Weil das Bedürfnis, geliebt zu werden, vollkommen übersättigt ist und somit kein Bedürfnis mehr darstellt. Sei dir also im Klaren darüber, dass dies genauso für dich und deine Lebenssituationen gilt. Und es gilt genauso für deine Definition von Reichtum.

Meine Lernfragen an dich:

- ☐ Wann hast du in der Vergangenheit Wünsche und Bedürfnisse verwechselt? Welche Auswirkungen hat das mit sich gebracht?
- ☐ Wann würdest du dich persönlich reicher bzw. erfüllter fühlen: wenn deine Wünsche in Erfüllung gehen oder wenn deine Bedürfnisse befriedigt werden?
- ☐ Welche Fragen kannst du an dich oder an dein Umfeld stellen, um herauszufinden, ob du zur Wunscherfüllung oder Bedürfnisbefriedigung beiträgst?

26.
LERNE, PROBLEME ZU FINDEN UND DIESE UNABHÄNGIG VON DEINER PERSON ZU LÖSEN!

Sei dankbar für jedes Problem, das du entdeckst, denn genau hierin kann ein Impuls oder eine Idee für etwas Großes stecken. Wichtig: Ich meine hier *nicht*, dass du dich *auf Probleme konzentrieren* solltest, sondern dass du in Problemen eine Chance für Reichtum sehen solltest. Das Schöne an Problemen ist: Es gibt unzählige davon – und die wenigsten gehen sie an. Hier ein paar Beispiele aus der Vergangenheit:

- ☐ Die Anzahl der Songs auf einem portablen Gerät war immer begrenzt (Kassette, falls du noch weißt, was das ist, CD, Mini-Disk etc.). Apple hat das Problem erkannt und mit dem iPod eine Lösung geschaffen, die die Musikwelt revolutioniert hat.
- ☐ Zu Messezeiten schießen in Ballungsgebieten die Hotelpreise exorbitant in die Höhe. Wie kann man ungenutzte Übernachtungsmöglichkeiten hier als Alternative anbieten? Airbnb hat

dies im Jahr 2007 erkannt und eine Lösung in die Tat umgesetzt.

- ☐ Smartphones sind heutzutage nicht mehr aus unserem Alltag wegzudenken. Allerdings passiert immer mal wieder ein Missgeschick, und danach hat das Display einen „*Spiderlook.*" Aus diesem Grunde gibt es Millionen von Schutzfolien, Hüllen oder andere „*Absturz-Schutzlösungen*".
- ☐ Viele Menschen wünschen sich einen persönlichen Assistenten, der ihnen administrative, organisatorische oder andere Tätigkeiten abnimmt. Eine Person einzustellen, zu führen und Vollzeit zu bezahlen, ist jedoch zu Beginn eher selten möglich. Im Rahmen der Globalisierung sind die sogenannten VPA (**V**irtueller **p**ersönlicher **A**ssistent) kreiert worden: Menschen, die irgendwo auf der Welt zum Beispiel auf Stunden- oder Aktivitätsbasis kleine Dienstleistungen erledigen.
- ☐ … die Liste könnte unendlich fortgeführt werden.

Probleme skalieren

Findest du nun ein Problem, das für Millionen oder sogar Milliarden von Menschen existiert (bzw. diese noch gar nicht wissen, dass es existiert), *und* wäre die Lösung dieses Problems für diese ein *Bedürfnis*, dann hast du die Basis für Skalierung geschaffen. Die Betonung liegt auf *Bedürfnis* (schaue dir hierzu bitte auch nochmals das Kapitel 25 „*Lerne, den Unterschied zwischen Wünschen und Bedürfnissen zu verstehen*" an).

Meine Frau und ich haben dies 2007 bitter erfahren dürfen, da wir ein Problem erkannt haben und viele auch den Wunsch hatten, dass dies gelöst wird – allerdings war das Bedürfnis danach bzw. der aktuelle

Schmerz nicht hoch genug. Hintergrund: Wir beide haben nebenberuflich über zehn Jahre in der Fitnessbranche als Trainer gearbeitet. Als Kurstrainer hat man meistens mehrere Stunden pro Woche, in denen man Kurse leitet. Allerdings braucht man hierfür immer mal wieder einen Vertretungstrainer (bei Krankheit, Urlaub, Dienstreisen …). Entsprechend haben wir ein Portal entwickelt, das vollautomatisiert für einen entsprechenden Kurs, an einem speziellen Datum, zu einer genauen Uhrzeit, in einem geografischen Gebiet den möglichen verfügbaren qualifizierten Trainer findet und vermittelt – für den Trainer sogar kostenlos. Unsere Kunden waren die Fitnessstudiobetreiber. Leider waren die Trainer damals überhaupt nicht von der Sache begeistert oder überzeugt und haben sich lieber traditioneller Telefonlisten bedient, sodass zum damaligen Zeitpunkt die Problemlösung am Markt nicht akzeptiert wurde, weil es kein wirkliches Bedürfnis war. Dass *„angebliche"* Probleme am Markt floppen können, ist bestimmt allen seit dem Scheitern des Projekts *„Google Glass"* im Jahr 2015 bekannt.

Große Fußballclubs sind meistens bereits ein Milliardenimperium mit unterschiedlichen Einnahmequellen: Ticketverkauf für die Spiele, Sponsorenverträge, Anteile an Übertragungsrechten, Spieltransfer etc. Was die meisten jedoch nicht wissen: Wie lassen sich die dreistelligen Transferkosten von Top-Spielern überhaupt finanzieren? Ein nicht zu unterschätzender Anteil wird durch Merchandising refinanziert. Kommt ein neuer Spieler zu einem neuen Verein, dann ist das für die Fans ein Problem, da diese noch kein Equipment – speziell das Trikot mit dem Namen plus Nummer ihres Helden – vom neuen Heimatclub haben. Bevor Christiano Ronaldo den ersten Ballkontakt bei seinem ersten offiziellen Spiel bei Juventus Turin hatte, konnte der Club über eine halbe Million Trikots verkaufen. Wie viele es nach einem Jahr waren und wie hoch der Deckungsbeitrag bei einem Trikot mit einem Verkaufspreis von 80 bis 100 Euro sein wird, darf sich jeder selbst ausrechnen.

Solltest du noch nicht in Skalierung denken *und* wirklich das Bedürfnis haben, finanziell frei, unabhängig oder im Überfluss leben zu wollen, dann empfehle ich dir, dich intensiver mit dieser Thematik zu beschäftigen, sie zu verstehen und zu lernen, was, wie, womit erfolgreich skaliert werden kann.

Natürlich kannst du auch mit einem hohen Stundenlohn viel Geld verdienen, doch die wirklichen Hebel setzt du mit Skalierung und Multiplikation in Bewegung. Zudem trägst du bei der Thematik mit einem *„hohen Stundenlohn"* (Zeit gegen Geld zu tauschen) ein enormes Risiko: Solltest du selbst krank werden oder die Tätigkeit, für die du die Kompetenz hast, nicht mehr gebraucht werden, dann wird es schwierig mit höheren Tagessätzen. Auch wenn du in einem Bereich tätig bist, in dem du angeblich der Experte bist und dir niemand das Wasser reichen kann – schau bitte genau hin, ob du nicht selbst das Problem werden könntest. Was meine ich konkret? Wenn du vor 100 Jahren der beste Hufschmied gewesen bist, weil die Fortbewegung mittels Pferd die beste Mobilitätsstrategie war, dann ist die Frage, wie viele Hufschmiede die Welt heute noch braucht? Wenn du heute ein Experte der Radiologie bist und täglich Hunderte von Computertomografie- oder Magnetresonanzbilder diagnostizierst, dann ist die Frage, ob dies durch Künstliche Intelligenz (KI) in zehn Jahren vielleicht zu 99 Prozent abgelöst wird?

Ich möchte hier a) keine Angst verbreiten (das böse KI-Monster) oder b) Experten (ob Sportler, Künstler etc.) in ihrer Existenz angreifen. Mir ist viel wichtiger, dass hier ein Bewusstsein für die Chancen geschaffen wird. Beachte dazu bitte folgende Anregungen:

- ☐ Ein sehr guter Freund von mir ist Zauberkünstler mit einem *„kleinen"* eigenen Zaubertheater und begrüßt jährlich ca. 40.000 Teilnehmer in seinen Reihen. Ich wünsche ihm von Herzen, dass er zaubern kann, solange er will. Doch wenn er ausfällt, fällt alles aus. Aus diesem Grund löst er gerade das sogenannte *Ticketing-Problem* in der Veranstaltungsbranche durch eine eigene Lösung. Auch wenn er dieses Problem für sein eigenes Theater gelöst hat, sieht er den möglichen Skalierungseffekt für die Hunderten Theater, die das gleiche Problem haben. Hier beginnt für ihn die Skalierungsmöglichkeit, die unabhängig von ihm in Person ist.
- ☐ Bevor du den Markt mit deiner Skalierungsidee überrollen willst, alles entwickelst und quasi mit dem *„fertigen"* Produkt an den Markt gehst, teste deine Idee: Teste, nimm das Feedback auf, adaptiere entsprechend, teste erneut. Wiederhole diesen Zyklus *mehrfach*. Wenn du nicht mindestens 100 begeisterte Kunden hast, die dir offenes und ehrliches Feedback geben, bist du noch nicht so weit, um zu skalieren.
- ☐ Wenn du feststellst, dass du selbst der Flaschenhals bist und du dich selbst bekanntlich noch nicht klonen kannst, dann prüfe, was du als Erstes delegieren, outsourcen oder automatisieren kannst. Die Möglichkeiten hierzu sind quasi unlimitiert. Beginne mit einfachen Dingen, Abläufen oder Tätigkeiten – es ist in erster Instanz egal, ob im privaten oder beruflichen Umfeld. Wenn du selbst keinen Spaß,

keine Freude oder keinen sinnvollen Wirkungsgrad beim Wohnungsputz oder Rechnungenschreiben hast, dann definiere klar, was, wann, wie, von wem zu erledigen ist, und delegiere dies.

- ☐ Wenn du der Überzeugung bist, dass du die wichtigste Person in deinem Unternehmen bist, dann stell dir für die Zukunft bessere Fragen. Den Luxus, dass ich jedes Jahr zwischen acht und zehn Wochen entspannt auf der ganzen Welt meinen Urlaub verbringen kann, ohne arbeiten zu müssen, kann ich mir nur gönnen, weil ich *im alltäglichen Geschäft die unwichtigste Person* bin.
- ☐ Denke in Systemen, Maschinen und Abläufen! Ja, ich weiß, das mag für kreative Menschen sehr schwierig sein. Doch vielleicht haben gerade die kreativen Menschen hier die Chance, stabile Systeme zu kreieren, die wie eine Maschine 24 Stunden, sieben Tage die Woche funktionierende Abläufe fehlerfrei sicherstellen. Die Kunst hierbei ist nicht, dass du hyperkomplexe Systeme entwickelst, die nachher keiner braucht oder instabil sind. Die Komplexität liegt in der Einfachheit. Was glaubst du, warum Amazon das Dienstleistungsangebot mit Amazon Pay erweitert hat? Die Zahlungsabwicklung im Amazon-Webshop ist etabliert, Millionen von Kunden besitzen ein Konto, haben ihre individuellen Zahlungsdaten hinterlegt und vertrauen darauf. Jeder kleine Händler oder Dienstleister, der Verkäufe über die Onlinewelt realisieren möchte, hat nun die Möglichkeit, seine „*Onlinekasse*“ selbst zu entwickeln oder auf ein bewährtes System mit einem bewährten Ablauf zu setzen.

Natürlich gibt es noch andere Anbieter – die viel wichtigere Frage ist: Worin bist du ein Profi? Wie könntest du deine Kompetenz *„automatisiert"*, also ohne deine Person anderen als Mehrwert zur Verfügung stellen?

☐ Wenn du jetzt sagst: *„Ich bin viel zu klein"* oder *„Ich habe keine Chance am großen Markt"*, dann sieh die Chance in der Nische. Wenn du jetzt nicht gerade Jeff Bezos, Jack Ma oder Bill Gates heißt, dann sei dir sicher, dass es genügend Möglichkeiten am Rande der Gaußkurve gibt. Kennst du Roland Arnold aus der 270-Seelengemeinde Pfronstetten-Aichelau auf der Schwäbischen Alb? Ich bin mir sicher, dass 95 Prozent der Leser ihn nicht kennen. Er ist seit 2009 mit seinem Unternehmen Paravan Weltmarktführer für individuell angepasste Behindertenfahrzeuge. Er hat für Millionen von Menschen ein Problem gelöst, dessen Lösung für diese ein echtes Bedürfnis war *und* hat es nicht von seiner Person abhängig gemacht.

Meine Lernfragen an dich:

- ☐ Was passiert in deinem Unternehmen, wenn du ausfällst, bzw. welche Auswirkungen hat dies auf die Unternehmensexistenz und deine finanzielle Situation (Liquidität, Einnahmen, Abschlüsse, Kundenbeziehungen, Verträge …)?
- ☐ Welche Probleme treten in deinem Unternehmen auf, wenn eine Schlüsselperson ausfällt?
- ☐ Welche Abläufe solltest du standardisieren, automatisieren, abschaffen oder delegieren, da sie immer wieder zu Problemen, Engpässen oder Ressourcenbindung führen?
- ☐ In welchen Bereichen ist deine „*Maschine*" viel zu komplex und störanfällig (gemäß dem Motto: Komplex kann jeder, einfach nur Genies)?
- ☐ Welche Probleme könntest du mit deiner Kompetenz lösen, deren Lösung viele Millionen Menschen als Bedürfnis empfinden würden?

27.
LERNE, DASS EIN PLAN WICHTIG IST UND ES IMMER ANDERS KOMMT ALS GEPLANT

Zu welcher Art Persönlichkeit gehörst du? Bist du jemand, der alles bis ins letzte Detail durchplant? Oder marschierst du komplett ohne Plan los? Nun mögen dies zwei Extreme sein (und John Lennon hat in seinem Song „*Beautiful Boy*" geschrieben: „*Life is what happens to you while you're busy making other plans.*"), doch wenn du dich auf eine Bergwanderung begibst, dann wirst du ziemlich sicher nicht einfach nur losmarschieren, sondern (abhängig davon, ob es der Hügel nach dem Ortsschild deines Wohnorts oder der Mount Everest ist) eine gewisse Planung an den Tag legen *müssen* – sonst kommst du niemals an! Planen gehört bestimmt nicht zu meinen Stärken, doch auch für so ein Buchprojekt ist neben dem tatsächlichen Schreiben die Planung einer der wichtigen Bausteine, damit dieses Projekt auch erfolgreich abgewickelt werden kann. Es ist egal, welches Projekt du abwickeln oder welches Ziel du erreichen willst – sobald du das Ergebnis klar und schriftlich definiert hast, braucht es einen Plan mit Meilensteinen bzw. Etappenzielen. Wenn du dann diese einzelnen Meilensteine definiert hast – wobei manche noch voneinander abhängig sein können bzw. häufig sind –, machst du dich ans Definieren der einzelnen Maßnahmen und Handlungsschritte, um den ersten Meilenstein zu erreichen. Wie du weißt, muss für einen Hausbau nach der Planung mit dem Fundament begonnen werden. Auch wenn du selbst gerne sofort in die Dachwohnung einziehen willst und dich der Rest nicht interessiert: Ohne Keller, Erdgeschoss, erstem Obergeschoss etc. wirst du nie zu deiner genialen Dachwohnung gelangen.

Alles, was du jetzt hier zum Thema Planung gelesen hast, wird ziemlich sicher nichts Neues für dich sein – du hast es schon mal gehört, und du wendest es vielleicht sogar schon konsequent an. Wenn dem so ist: Ganz herzlichen Glückwunsch! Warum ich diesem Punkt jedoch ein eigenes Kapitel gewidmet habe, liegt einfach daran, dass du dir bewusst werden solltest, dass es trotz eines sehr gut überlegten und ausgeklügelten Planes immer wieder anders kommt als ursprünglich geplant. Es gibt einfach so unzählig viele Ereignisse, Stellgrößen und Einflussfaktoren, die du nicht planen kannst. Du kannst dich auch nicht die gesamte Zeit mit der Planung beschäftigen, ohne loszumarschieren bzw. in die Umsetzung zu kommen. Was du allerdings ganz bewusst in deine Planung integrieren solltest, sind folgende Punkte:

- ☐ Was ist mein Risiko zu welchem Zeitpunkt bzw. wie kann ich dieses Risiko zum jeweiligen Zeitpunkt mit der möglichen Eintrittswahrscheinlichkeit minimieren?
- ☐ Wann ist der *Point of no Return* bzw. wann könnte ich noch die Sicherheitsreißleine ziehen?

- ☐ Wie hat sich die aktuelle Gesamtsituation zur damaligen Planung geändert?
- ☐ Wie sieht das Exit-Szenario aus?
- ☐ Bin ich in der aktuellen Situation flexibel genug, um auch über Umwege mein Ziel zu erreichen?
- ☐ Welche Wege und Alternativen werde ich gehen, wenn mein Plan nicht aufgeht – bin ich jemand, der aufgeben wird, oder jemand, der dann erst recht die Lösung finden wird?

Das mag jetzt ein bisschen abstrakt klingen, doch ich möchte es dir an meinem persönlichen Beispiel erläutern: In meiner ersten beruflichen Laufbahn als Ingenieur, Marketingmanager und Consultant in der Automobilbranche habe ich im Jahr 2002 den Entschluss gefasst, etwas zu verändern. Wenn du mit Anfang dreißig jedoch bereits einen Porsche 911 als Firmenwagen und ein sechsstelliges Grundgehalt + Bonus hast sowie eine Stufe unter der Geschäftsleitung angesiedelt bist, dann steht schon das eine oder andere auf dem Spiel. Aus diesem Grund habe ich den Schritt in die Selbstständigkeit über ein Franchisesystem gewählt. Denn eigentlich sollte ein bewährtes Franchisesystem einige Marktrisiken weitgehend eliminiert haben („*proof of concept*“). Also war mein Plan, das Eis zu testen und die Tätigkeit nebenher zu starten und aufzubauen – auch dafür hatte ich einen Plan. Ist dieser Plan im ersten Jahr aufgegangen? Nein – ganz und gar nicht! Doch ohne den Plan und das anschließende Losmarschieren wäre gar nichts passiert.

Wann hatte ich den *Point of no Return* erreicht? Es war der Zeitpunkt, an dem ich mein angestelltes Arbeitsverhältnis beendet *und* jede Sicherheitsleine gekappt hatte. Ab diesem Zeitpunkt konnte ich nicht einfach wieder umkehren, bei meinem letzten Arbeitgeber anklopfen und darum bitten, wieder einzusteigen. War das einfach? NEIN, natürlich nicht (schaue dir hierzu auch das Kapitel 52 *„Lerne, mutig zu sein"* an). Hatte ich einen Businessplan und diesen mit einem externen Existenzgründungsberater besprochen? Ja. Habe ich genau diese Planung und Zielwerte eingehalten bzw. einhalten können? Nein. Viele sagen jetzt: *„Na du bist ja eine Pfeife, du hast dann wohl schlecht geplant?"* Womöglich hätte man es besser machen können – doch die entscheidende Erkenntnis ist doch folgende: Auch wenn du einen Plan hast, und auch wenn du eine bewährte Systematik für die Ausführung deines Plans hast, eines ist sicher: Es werden Dinge passieren, sich Situationen ändern, neue Rahmenbedingungen hinzukommen, Erwartungen nicht erfüllt werden etc., das heißt, es wird mit hundertprozentiger Sicherheit anders kommen als geplant! Egal ob es die neue Freundschaft, das neue Projekt, der neue Mitarbeiter, der neue Geschäftspartner, das neue Haus, die Weltreise, die neue Geschäftsidee, das neue Fitnessprogramm oder was weiß ich sein wird – plane ein, dass es anders kommen wird als geplant, bleibe flexibel, und adaptiere gemäß deinem übergeordneten Ziel!

Lebensplan – Vermächtnis

Das Thema Lebensplan ist natürlich für jeden unterschiedlich und vor allem abhängig davon, wie weit dein Leben bereits fortgeschritten ist. Auch wenn keiner von uns weiß, wann sein letztes Stündchen geschlagen hat, wird dein Lebensplan mit 25 anders aussehen als mit 55. Ebenso wird sich dieser nicht statisch verhalten, sondern je nach deiner aktuellen Lebenssituation verändern (Studium, Singleleben, Beziehung, Familie, Kinder aus dem Haus …).

Doch egal wie alt du bist – was ist deine Vision, was willst du in deinem Leben als übergeordnetes Ziel und Richtung avisieren? Wenn du richtig groß denken kannst, dann denkst du sogar über deine Existenz, also über deinen Todestag hinaus. Ganz im Sinne dessen, welches Vermächtnis du hinterlassen möchtest. Was soll über dich geschrieben und gesagt werden, wenn du schon lange im Jenseits weilst? Ja, das ist nicht einfach. Und ja, das machst du nicht in 30 Minuten am Schreibtisch. Doch ohne Richtung im Leben wird es für dich viel schwieriger, weil du dich dann eben gerne im Kreis drehst oder nicht richtig vorankommst.

Definiere also sehr klar und so konkret wie möglich, wie dein übergeordnetes Ziel wirklich aussehen soll. Was verbindest du damit – mit all deinen Sinnen und Bedürfnissen? Definiere hierzu auch dein Warum: Was ist dein Antrieb, dass du dieses Vermächtnis auch wirklich realisieren willst? Denn nur wenn dein Warum groß genug ist, wirst du die Hürden, die dir im Leben begegnen werden, auch überwinden (siehe hierzu auch das eigene Kapitel 48 *„Lerne, dein Warum zu finden und dich danach auszurichten“*).

Zehn Jahre, fünf Jahre, ein Jahr – Quartal, Monat, Woche, Tag

Wenn du mit deinem Vermächtnis Herausforderungen hast, dann definiere klar, wo du in zehn Jahren stehen willst, danach in fünf Jahren und zu guter Letzt in einem Jahr. Anschließend brichst du dies auf Quartal, Monat, Woche und Tag herunter. Dieses Vorgehen ist die Theorie, denn in der Praxis wird es definitiv anders kommen.

Ich möchte damit jetzt nicht sagen, dass du nicht planen sollst, doch du kannst selbst bei einem Jahresplan nicht vorhersagen, was alles funktionieren wird, welche unplanbaren Ereignisse geschehen werden und wie sich dies auf deine Planung auswirkt. Doch wenn du nicht täglich an den Aktivitäten arbeitest, die dich in Richtung deines Wochenziels voranschreiten lassen, deine Wochenziele dich nicht zu deinen Monats-

und Quartalszielen geleiten, dann wirst du nie dein Jahres-, Fünf-Jahres- oder Zehn-Jahresziel erreichen.

Nun gibt es Menschen, die sehr gerne Pläne schmieden, jedoch einen entscheidenden Punkt vergessen: Sie messen nicht regelmäßig und führen keine regelmäßigen Reviews durch. Wenn du im Vertrieb arbeitest, dann weißt du genau, wovon ich rede. Und wie sieht dies nun für deine Finanzen und deine Projekte aus, die du für deinen Weg zum Reichtum umsetzen willst? Sei täglich oder mindestens wöchentlich für einen fest definierten Zeitraum ehrlich zu dir selbst, und lasse Revue passieren, wo dein Fokus und deine Aktivitäten gelegen haben. Finde für dich den Spagat zwischen *„If you fail to plan, you plan to fail"* und *„Ein Plan ist weniger wichtig, als kontinuierlich immer wieder neu zu planen"*.

Meine Lernfragen an dich:

- ☐ Warum solltest du schriftlich planen und nicht nur im Kopf?
- ☐ Wie urteilst du über dich, wenn dein Ergebnis vom ursprünglichen Plan abweicht?
- ☐ Warum solltest du dir immer wieder die Maßnahmen anschauen und messen, die du zu Beginn deiner Planung gemacht hast?

28.
LERNE, ANZUFANGEN UND DURCHZUHALTEN

In den Kapiteln „*Lerne, dass Perfektionismus nicht immer förderlich ist*" und „*Lerne, dass ein Plan wichtig ist UND es immer anders kommt als geplant*" habe ich bereits erwähnt, wie wichtig das Thema Losmarschieren bzw. „*nicht kopflos losmarschieren*" ist. Sehr viele Menschen machen es sich mit den erläuterten Punkten in diesen Kapiteln extra schwer.

Wenn dies nicht der Fall ist, dann kommen gerne Statements wie: „*Ist ja klar, dass er es so weit gebracht hat, er hat eben Talent in der Sache, die er macht. Ich bin hier viel zu untalentiert.*" In 90 Prozent der Fälle sind diese Statements nichts anderes als Ausreden! Natürlich ist es Fakt, dass manche Menschen talentierter sind als andere. Natürlich ist es Fakt, dass manche Menschen genetische oder anatomische Vorteile haben. Doch schau dir dann bitte auch einen Nick Vujicic an, der ohne Arme und ohne Beine geboren wurde. Studiere die Lebensgeschichte von Helen Keller, die im Alter von 19 Monaten als Kleinkind durch eine Hirnhautentzündung ihr Seh- und Hörvermögen verlor und später mehrere Fremdsprachen lernte sowie einen Abschluss mit Doktortitel erreichte und von der Harvard-Universität mit einem Ehrendoktortitel ausgezeichnet wurde. Befasse dich mit der Lebensgeschichte von Boris Grundl (Europas bester Führungskräftetrainer) oder Christopher Reeve (*Superman*-Schauspieler) – beide standen voll im Leben und sind durch tragische Unfälle von einer Sekunde auf die andere aus ihrem bisherigen Lebensrhythmus gerissen worden.

Oder Oprah Winfrey, die laut Wirtschaftsmagazin Forbes 2019 als Multimilliardärin zu den zehn reichsten Selfmadewomen Amerikas gehört. Allerdings ist den wenigsten bewusst, dass sie als uneheliches Kind minderjähriger Eltern geboren, als Kind sexuell missbraucht, im Alter von 14 Jahren selbst Mutter wurde und dieses Kind kurz nach der Geburt starb! Und weißt du, mit wie vielen Absagen der Gründer von Alibaba Jack Ma umgehen musste, bevor er die weltweit zweitgrößte Onlinehandelsplattform nach Amazon aufgebaut hat? Jack Canfield hat 147 Verlage angefragt, ob sie sein Buch „*Hühnersuppe für die Seele*" drucken würden. Er gilt heute als einer der besten Sachbuchautoren, seine Serie wurde in 43 Sprachen übersetzt, in über 100 Ländern veröffentlicht und über 500 Millionen Mal verkauft! Wir könnten die Liste jetzt noch über viele Seiten weiterführen, und zum Schluss kannst du dir sicher sein, dass Disziplin und Beharrlichkeit weit wichtiger sind als Talent.

Dies gilt nicht nur in der Geschäftswelt, sondern genauso bei sportlichen Aktivitäten oder körperlicher Gesundheit. Wenn es dein Ziel ist, reich an Energie, körperlicher Vitalität oder einem von dir erstrebenswerten Schönheitsideal zu sein, dann führt an Disziplin und Konsistenz kein Weg vorbei. Es hat nichts damit zu tun, dass wir nicht wissen, wie man mehr Muskeln aufbaut oder mehr Fett verbrennt. Die Formel ist mehr als einfach: Um abzunehmen, brauchst du generell ein Kaloriendefizit deiner Makronäherstoffe (also weniger Energie aufnehmen, als du durch den Grundumsatz und deine körperliche Aktivität verbrennst), intensives Krafttraining (zwei- bis viermal Woche für je 60 Minuten) und ein wenig Ausdaueraktivität (zum Beispiel Intervalltraining bis max. 20 Minuten). Das sind drei Dinge, die sich jeder merken kann und die nicht besonders komplex sind. Natürlich ist es von Vorteil, wenn du dich detailliert mit der Materie sowie den Auswirkungen deiner Ernährung auf deinen Blutzuckerspiegel auskennst, doch seien wir ehrlich: Schwierig ist das nicht wirklich. Was schwierig ist, ist anzufangen *und diszipliniert durchzuhalten.* Und natürlich darfst du auch *„sündigen"* und mal ein Eis oder eine Schokolade essen. Du darfst sogar auch mal einen gesamten Tag über die Stränge schlagen und einen *„Cheat day"* einbauen. Ich verspreche dir, wenn du die oben genannten drei Punkte für *mindestens ein Jahr konsequent und diszipliniert umsetzt*, wirst du immense Fortschritte machen! Woher ich das weiß? Nun, a) habe ich es selbst ausprobiert, b) beobachte ich mein Umfeld und sehe, dass diese sich eben genau NICHT an diese drei Grundregeln halten und c) habe ich mir persönliche Trainingspläne von Profis wie Lazar Angelov, Patrick Heizmann, Jeff Cavaliere oder Sadik Hadzovic zusammenstellen lassen. Und sobald die Fortschritte nachlassen, hat es in 90 Prozent der Fälle damit zu tun, dass man nicht mehr diszipliniert an der Sache dran war.

Natürlich muss man sich Pausen und Erholungen gönnen. Natürlich gibt es Plateauphasen – doch unterm Strich heißt es, dass du dranbleiben musst! Fortschritt ist eben sehr häufig ein schleichender Prozess, der nicht über Nacht sichtbar wird. Er spiegelt vielmehr das, was du immer und immer wieder *während* der Dunkelheit, *während* der Momente des Aufgeben-Wollens und *während* du nicht der Bühnen- oder Titelstar warst, diszipliniert angewendet hast.

Es ist übrigens genauso beim Gegenteil: Keiner von uns hat über Nacht 20 Kilo zugenommen; bei wohl niemandem ist von heute auf morgen der Umsatz auf null zurückgegangen, wenn du nicht vorher von einem Kunden abhängig warst; keiner hat durch *nur eine* Handlung einen schlechten Ruf etabliert, der ihm das Genick gekostet hat.

Der Weg, um reich zu werden – egal wie du diesen Reichtum für dich definierst –, ist eben eher mit einem Marathon zu vergleichen und weniger mit einem 100- oder 1000-Meter-Lauf. Die Kunst besteht natürlich auch darin, den Unterschied zu erkennen, dass *„aufgeben"* nicht das Gleiche ist wie *„von einem toten Pferd absteigen"*. Wenn es auf einem Wege nicht weitergeht (d. h., das Pferd ist tot), dann macht es nicht wirklich Sinn, diesen Weg auf Teufel komm raus weiter vorzuschreiten – stattdessen ist es ratsam, das Pferd zu wechseln und sich weiter Richtung Ziel zu bewegen. Die meisten steigen allerdings viel zu früh vom Pferd (das übrigens in den seltensten Fällen wirklich tot ist!) ab und sagen dann: *„Ich habe es versucht, doch es hat ja nicht geklappt … es ist doch nichts für mich, es ist zu schwierig … oder, oder, oder."*

Eine Kundin von uns hat es mal mit sehr viel Humor formuliert, als ihr Mann mit dem Rauchen aufhören wollte: *„Mit dem Rauchen aufhören ist total einfach, das hat er schon so oft gemacht!"* – Wenn da nur nicht das Anfangen gewesen wäre …

Meine Lernfragen an dich:

- ☐ In welchen Bereichen auf dem Weg zu deinem Reichtum setzt du bereits Disziplin und Beharrlichkeit konsequent um?
- ☐ Wo würdest du heute stehen, wenn du vor 6, 12, 18 oder 24 Monaten konsequent die drei einfachen Punkte für deine persönliche Vitalität diszipliniert umgesetzt hättest?
- ☐ Was kannst du von den genannten Persönlichkeiten im Kontext *„Anfangen und Durchhalten"* lernen?
- ☐ Wie willst du in Zukunft damit umgehen, wenn der Moment kommt, an dem du aufgeben willst oder an dem du Bequemlichkeit bzw. ein *„Quick high"* der notwendigen Disziplin vorziehst?
- ☐ Welche drei Dinge müsstest du täglich diszipliniert umsetzen, sodass diese zur Routine/Selbstverständlichkeit für dich werden und damit ein Garantiekompass für dein für dich definiertes Reichsein?
- ☐ Wen kennst du in deinem Umfeld, der gerne *„aufgeben"* mit *„vom toten Pferd absteigen"* verwechselt? In welchen Situationen ist dies bei dir schon eingetreten?

29.
LERNE, DEN FOKUS RICHTIG ZU SETZEN

Welche dieser Beispiele sind dir bekannt?

- ☐ Als Kind hast du es bestimmt selbst praktiziert: mit einer Lupe und dem reinen Sonnenlicht ein Blatt Papier zu entzünden.
- ☐ Wenn du einen Bleistift mit der kompletten Länge (also horizontal) aus 50 Zentimetern Höhe auf ein gespanntes Blatt Papier fallen lässt, dann weißt du, dass das Papier danach kaum beeinträchtigt wurde und der Bleistift auf dem Papier liegen bleibt. Lässt du allerdings einen gespitzten Bleistift aus der gleichen Höhe mit der Spitze voraus (also vertikal) auf das gespannte Papier fallen, dann weißt du, dass der Bleistift – je nach Papierstärke – das Papier komplett durchdringen wird, obwohl du keine zusätzliche Kraft oder Energie aufgewendet hast.
- ☐ Du kennst das Pareto-Prinzip, dass du mit 20 Prozent Einsatz 80 Prozent der Ergebnisse generierst.
- ☐ Jeder schlaue Fuchs weiß: Wenn er mehrere Hasen gleichzeitig jagt, wird er nachher hungrig und als Verlierer das Feld verlas-

sen – deshalb jagen Füchse auch immer nur *einen* Hasen (wenn sie schlauer Fuchs genannt werden).

- ☐ Wenn die Tasse Tee voll ist, dann können wir nicht noch mehr draufgießen, um den Durst zu stillen, sondern wir müssen lernen, uns von Unnützem zu trennen und in unserem Geist Platz machen für Neues.
- ☐ Möchtest du dich von einem Arzt operieren lassen, der im OP Multitasking praktiziert, indem er gleichzeitig seine Mails checkt?
- ☐ Und wieder wird eine neue Sau durchs Dorf getrieben.
- ☐ *There is another bright and shiny object – let's jump over there.*
- ☐ Je mehr ich mich auf die schönen Dinge im Leben konzentriere, desto schöner wird mein Leben.
- ☐ *Where focus goes, energy flows* (Energie folgt der Aufmerksamkeit).
- ☐ Fokussiere dich auf die Lösung, nicht auf das Problem!
- ☐ …

Du bist nun bei Kapitel 29 angekommen und denkst dir wahrscheinlich: „*Ja, kenne ich alles.*" Wendest du es auch wirklich schon unbewusst an: den Fokus richtig zu setzen? Zu Beginn habe ich ja geschrieben, dass es in diesem Buch nicht darum geht, was du schon alles kennst, sondern darum, was du wirklich gelernt hast und unbewusst umsetzt („*Umsatz*" kommt ja bekanntlich von „*umsetzen*"). Wenn du ein Spezialist im Fokussieren bist, wenn du ein Profi im Anwenden des Pareto-Prinzips bist, dann melde dich bei mir unter info@guntherverleger.com, und lass uns zusammensitzen, denn ich will von dir lernen. Aber bitte keine Theorie, sondern wirkliche Praxis! Für mich persönlich steckt hier einer der größten Hebel, um Lernfortschritt zu generieren. Auch wenn es nur theoretisch ist, doch wenn du aus den Top 20 Prozent (Aktivitäten, Kunden, Aufträge etc.), die für 80 Prozent des Ergebnisses sorgen, wiederum den Fokus auf die Top 20 Prozent legst, die für 80 Prozent des Ergebnisses aus den vorherigen 80 Prozent sorgen, dann hättest du mit dem Fokus auf die Top 4 Prozent (20 Prozent von 20 Prozent) schon 64 Prozent (80 Prozent von 80 Prozent) des Gesamtergebnisses generiert. Nun fokussierst du dich nochmals auf die Top 20 Prozent der 4 Prozent (damit wären wir bei 0,8 è ~1 Prozent), dann würden dir diese 51 Prozent deines Gesamtergebnisses generiert. In einer Grafik sieht das so aus:

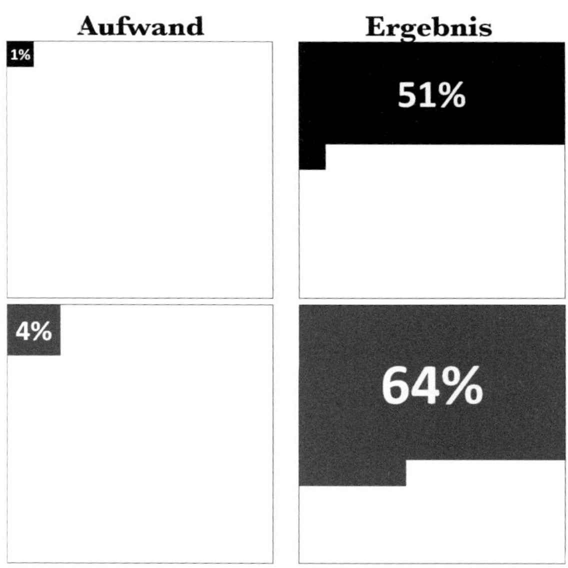

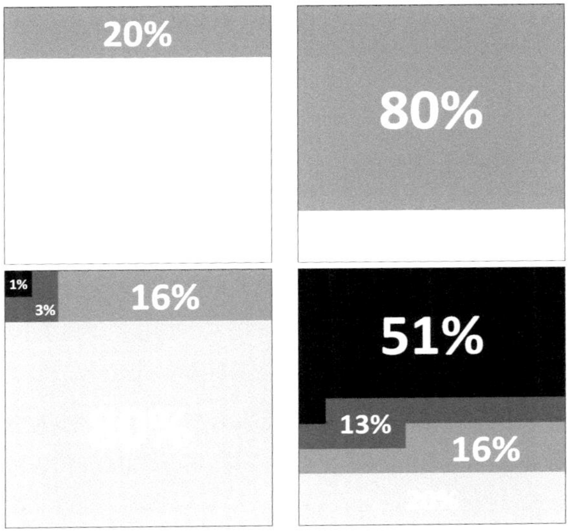

Wenn du nun in der Lage wärst, diesen wichtigen 1-Prozent-Fokus zu 100 Prozent deiner Zeit anzuwenden, dann hättest du dein ursprüngliches Ergebnis um 5.100 Prozent gesteigert. Das ist eine Steigerung um den Faktor 51! Vielleicht verstehst du jetzt, dass man mit gebündelter Energie (Licht, Wasser etc.) sogar Stahl schneiden kann.

Doch sobald die Chance auf Ablenkung besteht, neigt unser Geist dazu – je nachdem, wie gut du darin geschult bist –, dieser Ablenkung Aufmerksamkeit zu schenken. Vielleicht liegt es daran, wofür unser Gehirn und unsere grauen Zellen zwischen den Ohren ursprünglich entwickelt worden sind. Unser Ur-Instinkt und unsere Ur-Motivation beziehen sich darauf, zu überleben. Vor zigtausend Jahren noch mehr als vor Hunderten von Jahren: Wenn du als Ureinwohner in der Wildnis nicht jedes Geräusch, jede Temperaturänderung, jeden Windzug, jede Geruchsänderung, jedes Schattenspiel, jede Veränderung in deinem Umfeld wahrgenommen hast, dann konnte dies im falschen Moment deinen Tod bedeuten – weil du eine Gefahr nicht erkannt hast. Ob nun der Löwe hinter dir stand, du auf die Schlange getreten bist, die Pflanze ungenießbar war oder deine geplante Beute dich sogar gesehen oder einfach nur am Geruch erkannt und deswegen die Flucht ergriffen hat (hier wäre dann Tod durch Verhungern gemeint).

Glücklicherweise hat sich die menschliche Spezies über all die Jahre weiterentwickelt. Glücklicherweise muss die ganz große Mehrheit der Leser dieses Buches keinen täglichen Überlebenskampf mehr führen, da wir in einer Gesellschaft leben, in der quasi jeder ohne wirkliche Gefahren überleben kann. Das heißt, wir haben uns weiterentwickelt, die Hauptaufgabe unseres Gehirns ist allerdings gleich geblieben: Veränderungen wahrnehmen, um Gefahren zu erkennen und überleben zu können.

Doch stimmt das wirklich? Sind wir wirklich keinen Gefahren mehr ausgesetzt? Oder tarnen diese sich nicht einfach in einem anderen Kleid? Ist unsere heutige Gefahr eben nicht genau diese, dass permanent Ablenkungsgefahr besteht? Dass permanent etwas anderes auf einen einprasselt? Wenn du vor einigen Jahrzehnten mit 18 deinen Führerschein gemacht hast und dann das erste Mal allein im Auto am Steuer gesessen bist, da hast du die volle Aufmerksamkeit und deinen ganzen Fokus bei der Sache gehabt. Ob beim seitlichen Einparken oder Anfahren am Berg mit Handbremse, Handschaltung und dann noch um die Kurve lenken. Da war keine Zeit, noch kurz eine Nachricht zu tippen oder nebenher ein Telefonat zu führen. Heutzutage können Fahrzeuge automatisch bzw. per Knopfdruck losfahren, sobald vor einem frei ist – okay, noch werden nicht alle Ampeln, Verkehrszeichen oder Sonderfälle zu 100 Prozent erkannt, doch dass autonomes Fahren kommt, ist so sicher wie die Tatsache, dass morgen die Sonne aufgeht.

Wir können uns tatsächlich immer und jederzeit fokussieren, doch meistens nur automatisch, wenn es wirklich wichtig oder wenn es eben „*lebensnotwendig*“ ist. Doch wann erleben wir heutzutage *lebens-not-wendige* Situationen? Wann haben wir so viel *Not*, dass wir unser *Leben wenden* sollen? So gut wie nie, sofern es uns gut geht oder wir keine Schmerzen in unserer Komfortzone haben – und das ist leider viel zu häufig der Fall.

Ich hätte nie geglaubt, dass ich mal zu einem leidenschaftlichen Golfspieler werde und dass Golf ein wirklich anstrengender Sport ist. Doch Golf fordert einen nicht nur körperlich, sondern auch extrem geistig bzw. in Konzentration und Fokus. Auch wenn du jetzt wahrscheinlich mit Golf nicht dein Geld verdienen musst – viele können, wollen und dürfen das. Ich gehe mal davon aus, dass du schon einmal Minigolf in irgendeiner Anlage oder in den Ferien gespielt hast. Dann liegt die Kugel noch so ca. 80 cm vor dem Loch, und jeder sagt, dass dieser Ball zu 100 Prozent reingehen wird. Wenn es um nichts geht und du konzentriert genug bist, dann ist das motorisch keine besondere Herausforderung. Im Profigolfsport sieht das allerdings ganz anders aus: Profis spielen bei einem Turnier normalerweise an vier Tagen je eine Runde über 18 Löcher (also 18 Bahnen). Eine Runde – je nach Platz – wird bei einem *fehlerfreien* Spiel mit 72 Schlägen gespielt (nennt man dann Par 72). Profis schlagen auch manchmal daneben, doch sehr häufig schaffen sie eine Bahn auch in weniger Schlägen, als hierfür definiert wurde. Also Profis schaffen eine Bahn, für die man normalerweise als guter Golfer Par spielen würde, auch mit einem oder sogar zwei Schlägen unter Par. Demnach spielen Profigolfer bei einem Turnier jede Runde schon gerne mal unter Par, also mit weniger als 72 Schlägen (zum Beispiel 68 oder wenn es mal sehr gut läuft, auch mit 63 oder 62 Schlägen).

Je nach Platz, Wetterbedingungen und Teilnehmern werden diese vier Runden dann in Summe mit 270 oder weniger Schlägen gemeistert. Zwischen dem ersten und den zweiten liegt dann häufig nur ein Schlag Unterschied. Das heißt, auf viermal 18 Loch (72 gespielte Bahnen), entscheidet *ein* Schlag, ob du gewonnen hast oder „*nur*" Zweiter bist. Für viele mag das jetzt nichts Besonderes sein, doch das Besondere liegt im Preisgeld. Der Unterschied im Preisgeld zwischen dem ersten und dem zweiten Platz liegt sehr häufig im sechsstelligen Bereich. Und wenn du jetzt glaubst, dass ein Profi einen 80 cm Putt vor dem Loch niemals vorbeischieben wird, dann täuschst du dich gewaltig! In diesem Moment geht es nur um Fokus, darum, 100 Prozent präsent im Moment zu sein, alle Gedanken zu eliminieren und zu performen.

Meine Lernfragen an dich:

- ☐ Wie viel Geld kostet es dich, dass du deinen Fokus nicht richtig setzt?
- ☐ Wo könntest du in einem Jahr stehen, wenn du dich wirklich fokussieren würdest und zum Beispiel nach dem Pareto-Prinzip handelst?
- ☐ Welche Fragen solltest du dir stellen, wenn eine Ablenkung auf deinem Radar auftaucht?
- ☐ Warum ist es so schwierig, den Fokus auf die richtigen Dinge zu setzen?

30.
LERNE, NICHT ALLES ZU GLAUBEN, WAS DU DENKST

☐ *„Und dann habe ich gedacht, dass… doch es kam ganz anders.“*

Mal Hand aufs Herz: Wie oft denkst du etwas, und hinterher stellt sich raus, dass es doch nicht wahr ist? Wenn du an alles glaubst, was du denkst, dann wäre es sehr sinnvoll, klare Gedanken zu haben. Allerdings ist das in unserer heutigen Welt so gut wie unmöglich – es gibt zu viele Einflussfaktoren, die die Klarheit unserer Gedanken trüben. Seien es die Medien, deine Mitmenschen, deine Gefühle, deine persönlichen Erinnerungen, die Gesellschaft oder was auch immer. Der Autor des Weltbestsellers „*Think and grow rich*“, Napoleon Hill, hat diesen Titel bestimmt ganz bewusst gewählt. Der Titel auf Deutsch heißt allerdings *nicht* „*Denke und werde reich*“, sondern „*Denke nach und werde reich.*“ Warum heißt er nicht „*Denke vor und werde reich*“? Warum heißt er nicht „*Denke mit und werde reich?*“ Oder warum heißt er wie gesagt nicht einfach „*Denke und werde reich?*“ Auch wenn ich jetzt keine Wortklauberei betreiben will, entscheidend ist, dass jeder

Mensch permanent am Denken ist. Auch wenn Männer ihren Frauen auf die Frage: „… *und, was denkst du gerade?*" gerne mit „*Nichts!*" antworten, ist es wissenschaftlich bewiesen, dass wir wohl zwischen 60.000 und 70.000 Gedanken pro Tag denken. Da wir bekanntlich 86.400 Sekunden pro Tag zur Verfügung haben und davon über 20.000 Sekunden mit Schlafen verbringen, ergibt das etwa einen Gedanken pro Sekunde. Es ist also entscheidend, was wir permanent denken (ob aktiv oder passiv). Wobei *Nachdenken* eher eine aktive Handlung ist. Nun sind wir allerdings nicht die ganze Zeit aktiv dabei, unsere Gedanken zu wählen und Dinge zu hinterfragen, sondern wir denken permanent, ohne uns wirklich *Gedanken über unser Denken* zu machen. Es werden also immer wieder Gedanken unterschiedlicher Intensität auf dich zukommen oder zuströmen, die dann einfach zwischen deinen Ohren Platz nehmen – mal länger, mal kürzer. Manchmal wirst du sie förmlich nicht mehr los, und manchmal sind sie sofort wieder verflogen.

Viele Menschen wünschen sich, dass ihre Gedanken auch einfach mal Ruhe geben. Dass dieses innere Geschnatter einfach mal Pause macht. Man nennt es dann „*Abschalten*", „*den Kopf freikriegen*", „*Abstand nehmen*" etc. Viele lösen sich auch davon, indem sie einem Hobby nachgehen – ob künstlerisch kreativ oder sportlicher Natur. Manche finden ihren Ausgleich auch in der Meditation. Doch egal, was du hier anwendest, es gibt fast keine Möglichkeit, *nicht* zu denken. Ja, auch in der Meditation werden dir – speziell zu Beginn – sehr viele Gedanken in den Kopf kommen, ob du willst oder nicht. Wenn du nun allerdings lernst, dass dies nun einfach mal so ist *und* du nicht jedem Gedanken Glauben schenkst, dann bist du schon einen gewaltigen Entwicklungsschritt vorangegangen. Mit „*Glauben schenken*" ist gemeint, dass du das, was du denkst, als wahr, als richtig oder als bewiesen deklarierst. Wenn du also etwas denkst *und* auch glaubst, dass es richtig und korrekt ist, dann manifestiert sich das mehr und mehr – in äußerster Konsequenz auch in deiner Realität. Die Sequenz sieht folgendermaßen aus:

- ☐ Gedanke kommt, oder du denkst aktiv.
- ☐ Du *schenkst* dem Gedanken oder dem, was du denkst, *Glauben* ➔ ein Glaubenssatz entsteht.
- ☐ Dein Glaubenssatz (durch tausendfach wiederholtes Denken spezifischer Gedanken) manifestiert sich und beeinflusst deine Gefühle.
- ☐ Deine Gefühle beeinflussen dein Handeln und Verhalten.
- ☐ Dein Handeln und dein Verhalten führen zu Ergebnissen.
- ☐ Deine Ergebnisse führen wiederum zu Gedanken, sodass der Kreislauf geschlossen ist.
- ☐ Entscheidend ist jetzt jedoch, dass aus deinen Ergebnissen *Gewohnheiten* entstehen.

Wenn die Gewohnheit dazu dient, dass du immer besser vorankommst, dann entwickelt sich alles in die gewünschte Richtung. Wenn deine Gewohnheiten allerdings dazu führen, dass du dich von deinem Reichtum entfernst, dann ist entscheidend, dass du in der oberen Sequenz zwischen *Denken* und *dem Gedanken Glauben schenken* einen radikalen Schnitt platzierst! Manche behaupten jetzt, dass es sogar noch besser ist, erst gar nicht gewisse Gedanken zu haben oder zu denken. Das mag schon sein, doch wer kann schon zu 100 Prozent frei seine Gedanken wählen? Wer lässt sich nicht von äußeren Umständen lenken, beeinflussen oder im schlimmsten Fall sogar manipulieren? Auf der Website www.wissensschaft-im-dialog.de wird auf die Frage „*Woraus bestehen Gedanken*" Folgendes berichtet:

Gedanken sind ein Produkt des Gehirns in der Wechselwirkung mit seiner Umgebung und sich selbst. Sie entstehen beim Hören, Sehen, Schmecken, Riechen und Fühlen genauso wie beim Nachdenken im stillen Kämmerlein und sogar beim Schlafen. … Wie genau Gedanken entstehen und Erinnern funktioniert, muss noch erforscht werden. Aber man weiß bereits, dass Verknüpfungen zwischen Nervenzellen gestärkt, geschwächt, gekappt und neu gebildet werden können.

Meine Lernfragen an dich:

- ☐ Welchen Gedanken solltest du in Zukunft keinen Glauben mehr schenken?
- ☐ Welche Glaubenssätze unterstützen dich auf deinem Weg zum von dir definierten Reichtum?
- ☐ Welche Methodik hilft dir, Klarheit in deiner Gedankenwelt zu etablieren? Welche Routine solltest du für dich etablieren?

Wenn du dich intensiver mit deinem Gedankengut und der damit verbundenen Kraft beschäftigen möchtest, dann empfehle ich dir folgende Quellen:

Name	Produkte	Website	Bemerkung
Andreas Ackermann	Siehe Website	www.aa-training.net	Wohl einer der Pioniere in Europa zum Thema Mentaltraining
Joe Dispenza	Siehe Website	www.drjoedispenza.com	
Deepak Chopra	Siehe Website	www.deepakchopra.com	Hat über 90 Bücher geschrieben. Experte für Meditation, Atmung, Mind & Body
Thorsten Havener	Website	www.thorsten-havener.com	High Performance dank Mind Performance
Alexander Hartmann	Siehe Website	www.alexanderhartmann.de	Hypnose und High Performance

Prüfe unbedingt auch die Sonderkonditionen, die ich für dich als lernbegeisterten Leser speziell verhandelt habe und dir als Zusatzbonus anbieten kann: www.lernenwirddichreichmachen.de/deals

31.
LERNE, NICHT ALLES ZU GLAUBEN, WAS GESAGT, GESCHRIEBEN ODER GEFILMT WURDE

Die meisten lächeln, wenn sie diese Überschrift lesen und sagen sich: *„Ist doch logisch, was ist da schon Besonderes dran?"* Wenn du sehr gut im Analysieren und Bewerten bist, dann werden dieses Kapitel sowie das Kapitel 33 *„Lerne, zu bewerten – vor allem im Kontext"* wohl nur eine Bestätigung oder eine Erinnerung für dich darstellen, und du kannst es auch gerne überspringen. Doch wenn du in der heutigen Zeit der *Fake News* den unterschiedlichsten Äußerungen im Netz oder auch gut gemeinten Ratschlägen Glauben schenken willst, allerdings nicht weißt, wie du dies jeweils einstufen sollst, dann lies bitte weiter.

Außerdem bitte ich dich von Herzen, dass du nicht einfach so alles glaubst, was in diesem Buch geschrieben ist. Vielleicht bist du in einigen Punkten genau meiner Meinung, in manchen vielleicht auch überhaupt nicht. Entscheidend ist, dass du aus jedem Kapitel für dich und deine Situation Erkenntnisse ziehen kannst *und* umsetzt, um in deiner aktuellen Situation einen Fortschritt zu bewirken. Wenn du andere Erfahrungen gemacht hast *und* gut damit fährst, dann ist das auch vollkommen in Ordnung. Doch vielleicht hast du Menschen in deinem Umfeld – Familie, Arbeitskollegen, Freunde, Mitarbeiter etc. –, die sprichwörtlich alles glauben, was gesagt, geschrieben oder gefilmt wurde.

Ich kenne leider zu viele Menschen – speziell jüngere –, die die Haltung haben: „*Steht doch im Internet – dann ist es korrekt.*" Natürlich ist es mühselig, von allem erst einmal die Quellen und die Korrektheit zu überprüfen. Doch folgende Fragen können dir helfen, wenn du unsicher bist, ob das Gesagte, Geschriebene oder Gefilmte auch der Wahrheit bzw. Realität entspricht:

- ☐ *Cui bono* – wem nutzt das?
- ☐ Aus welcher Quelle stammt das?
- ☐ Hast du es selbst erlebt bzw. warst du dabei?
- ☐ Wie direkt beeinflusst mich dieser Fakt/dieses Statement/diese Aussage bzw. welches Risiko trage ich, wenn dies wirklich korrekt/inkorrekt ist?

Es gibt unzählige Beispiele, die du kennst, gehört oder bestimmt noch in Erinnerung hast (je nachdem, wie alt du bist):

- ☐ Seit 1967 gibt es die Aussage: *Jeder kennt jeden über sechs Ecken* (Milgrams Kleine-Welt Experiment). Fakt ist jedoch, nur drei der ursprünglich 60 „*Pakete*" erreichten nach durchschnittlich 5,5 Kontaktpunkten den Zielkontakt. Zwei Jahre später haben von 217 versendeten „*Paketen*" 64 den Empfänger erreicht. Das heißt, bei nur maximal 29 Prozent der Bevölkerung gilt, dass diese über durchschnittlich sechs Ecken jeden erreichen könnten.

- ☐ 1999: Lance Armstrong gewinnt erstmals die Tour de France (drei Jahre nach seiner Krebserkrankung). Jahrelang behauptet er, er sei nicht gedopt. Im Jahr 2013 gestand er in Oprahs Talkshow den Dopingmissbrauch als Radsportler.
- ☐ 2001: Obwohl beide Ratingagenturen Standard & Poor's und Moody's dem größten Energiekonzern der USA – Enron – am 28.11.2001 mit „*Investment-Grade*" (gute bis sehr gute Bonität) geratet haben, musste Enron vier Tage später Insolvenz anmelden!
- ☐ 2003: Der Außenminister der USA – Colin Powell – tritt vor den UN-Sicherheitsrat und verkündet, dass *unterschiedlichste Quellen belegen*, dass der Irak im Besitz von Massenvernichtungswaffen sei. Eine falsche Faktenlage wurde verwendet, um einen Kriegsbeginn zu legitimieren, der über eine Million Menschen das Leben gekostete hat.
- ☐ 2008: Aufdeckung des Bernard-Madoff-Investmentbetrugs. Der hoch angesehene Wertpapierhändler und Vorsitzende der Technologiebörse NASDAQ hat jahrzehntelang ein Ponzi-Schema (eine Art Schneeballsystem) betrieben.
- ☐ 2010: Der ADAC testet unterschiedliche „*clean diesel*"-Modelle und verleiht unter anderem Fahrzeugen aus dem VW-Konzern vier von fünf Sternen in der ECO-Testbewertung (bei Schadstoffen sogar die Note 1,3). Das Fachmagazin „*Auto Motor und*

Sport" bewertet diese Fahrzeuge ebenso mit „*sehr niedriger Emission*". Fünf Jahre später wird öffentlich bekannt, dass VW illegale Motorsteuerungssoftware verwendet hat.

- ☐ 2015: Stinkefingervideo vom griechischen Finanzminister Yanis Varoufakis. War es nun echt oder echt satirisch von Jan Böhmermann in Szene gesetzt?
- ☐ …

Ich gebe zu, die Beispiele sind schon ziemlich extrem. Doch vom Zeitpunkt, zu dem diese in die Öffentlichkeit gelangten, bis hin zur finalen Aufklärung vergehen oftmals Jahre. Wenn du nun zum Beispiel Mitarbeiter bei Enron gewesen wärst oder bei Bernard Madoff investiert hattest, weil er angeblich eine so reine Weste als Philanthrop hatte, dann konnte dich das deine Existenz kosten. Bleibe also immer wachsam, hinterfrage die Dinge, die du nicht verstehst oder dir seltsam vorkommen, sodass du das Restrisiko auf ein Minimum reduzieren kannst. Ja, und eine hundertprozentige Sicherheit wirst du nie bekommen (außer, dass du einmal sterben wirst).

Meine Lernfragen an dich:

- ☐ Wie gut kannst du *Real* von *Fake* unterscheiden?
- ☐ Hast du dich schon mal informiert, wie real Face-to-Face-Realtime-Videosoftware-Manipulation heute schon ist?
- ☐ Bei welcher Gelegenheit warst du in der Vergangenheit bereits sehr naiv, sodass es dich Jahre später finanziell wirklich schmerzhaft getroffen hat?
- ☐ Wie kannst du für dich Kriterien definieren, die dir dabei helfen, zu entscheiden, was du glauben und wem du eher oder nur bedingt Glauben schenken kannst?

32.
LERNE, DAS GROSSE BILD ZU SEHEN

Weißt du, was deine Aufgabe im Leben ist? Hast du schon einmal erlebt, dass du trotz enormer Anstrengungen ein Ziel nicht erreicht hast? Sehr häufig sind wir dann frustriert, enttäuscht, verstehen die Welt nicht mehr. Wir können es einfach nicht fassen.

Doch bekanntlich heilt die Zeit ja alle Wunden, und nach Monaten oder Jahren passiert etwas Wunderbares in deinem Leben. Wenn du jedoch genau hinschaust, dann wirst du feststellen, dass dieses Wunderbare im *Jetzt* nur passieren konnte, weil du in der Vergangenheit die oben genannte andere Erfahrung gemacht hast.

Weil der Hilferuf: *„Lieber Gott, schenk mir Geduld – aber bitte gleich!"*, nicht funktioniert, sind wir nicht in der Lage, das große Bild und die großen Zusammenhänge zu erkennen. Ja, die Welt ist bestimmt viel komplexer geworden, als sie vor 50 oder 100 Jahren noch war. Doch der Mensch braucht sich nicht einzubilden, stärker oder cleverer als die Natur oder die damit verbunden Gesetze zu sein.

Wenn du zu sehr im Detail steckst, verlierst du schnell den Überblick und weißt gar nicht mehr, wo sich dein Leben, deine Firma, deine Finanzen, die Märkte etc. eigentlich hinbewegen. Deshalb solltest du immer wieder mal etwas Abstand nehmen und den Blick in die Ferne schweifen lassen, um ihn dann von der Ferne auf einen spezifischen Sachverhalt zu lenken. Natürlich weiß ich, dass der Teufel bekanntlich im Detail steckt – doch langfristig ist es ebenso wichtig, den Blick fürs Wesentliche aufrechtzuerhalten.

Hermann Hesse hat es in seiner Erzählung „*Siddharta*" aus dem Jahr 1922 mit drei einfachen Aussagen auf den Punkt gebracht: „*Ich kann warten, ich kann denken und ich kann fasten.*" Alle drei Verben (warten, denken, fasten) sind einem großen Teil unserer Gesellschaft leider abhandengekommen. Wir sind im Rad der Geschwindigkeit, des Konsums, der Orientierungslosigkeit, der Hetze, der Gier etc. gefangen. Hierbei geht es nicht um ein „*entweder – oder*" bzw. darum, dass Erfüllung oder wahrer Reichtum ausschließlich in der Askese liegt. Doch könntest du nicht eines dieser drei Verben in deinem Leben bewusster integrieren und einen anderen Blickwinkel dadurch erhalten?

Wie kannst du diese Aussage „*Lerne, das große Bild zu sehen*" nun in der Praxis anwenden? Ich bin der Meinung, dass es sehr viel mit diesen vier Bausteinen

- ☐ Absicht,
- ☐ Wahrnehmung,
- ☐ Energie und
- ☐ Vertrauen

zu tun hat.

Wenn du die Absicht unterschiedlicher Parteien kennst, wenn deine Wahrnehmung weder abgestumpft noch hyperempfindlich ist, wenn du spürst, ob du energetisch auf der Welle surfst oder eher von einer Lawine eingeholt wirst und dann auch noch entsprechend Vertrauen ins Universum oder deine für dich definierte höhere Macht hast, dann wird es dir leichter fallen, das große Bild zu sehen.

Meine Lernfragen an dich:

- ☐ Wo kostet dich der verlorene Blick auf das große Bild viele Ressourcen und raubt dir die Luft, um dich weiterzuentwickeln?
- ☐ Welche der oben genannten vier Bausteine solltest du bewusster einsetzen, um den Blick für das große Bild zu schärfen?

33.

LERNE, ZU BEWERTEN – VOR ALLEM IM KONTEXT

Eigentlich müsste die Überschrift dieses Kapitels lauten „*Lerne, nicht alles sofort zu bewerten*“, denn leider leben wir in einer Gesellschaft, in der fast alles sofort bewertet wird – allerdings weniger in dem Sinne, dass wir eine Meinung zu einem Sachverhalt äußern, sondern dass wir einem Sachverhalt ein Etikett verpassen. Wenn es sehr emotional wird, dann folgt dem Bewerten auch schnell ein Urteil im Sinne von ver-urteilen. Steven Covey erzählt in seinem Buch „*Die sieben Wege zur Effektivität*“ die Geschichte von lauten und störenden Kindern in der Bahn. Er fragt den Vater, der daneben sitzt, warum er denn nichts unternimmt. Der antwortet daraufhin: „*Ja, ich weiß, ich sollte etwas unternehmen. Wir kommen gerade aus dem Krankenhaus, wo die Mutter der Kinder vor einer Stunde verstorben ist, wissen allerdings noch nicht, wo uns der Kopf steht und wie wir mit dieser Situation nun umgehen sollen.*“ Mit dieser Zusatzinformation erhält der ursprüngliche Sachverhalt sofort einen vollkommen neuen Kontext (zumindest in meiner Wahrnehmung).

Vielleicht hast du in den sozialen Medien schon mal ein Bild gesehen, das ungefähr so aussieht:

Bild 1: Gezeichnet von Diethart Verleger

Auf den ersten Eindruck sieht es danach aus, dass von links ein Angreifer mit einem spitzen Gegenstand auf die rechte Person zugeht. Es ist hier erst einmal nicht zu erkennen, in welchem Kontext das Ganze steht. Da dies Bild jedoch nur ein Ausschnitt ist und aus dem Gesamtzusammenhang gerissen wurde, zeigt sich bei genauerer Betrachtungsweise dieses Bild:

Bild 2: Gezeichnet von Diethart Verleger

Plötzlich ändert sich die Betrachtungsweise um 180 Grad! Wenn der Beobachter nun dieses Bild sieht, sieht es danach aus, dass die Person rechts aggressiv mit einem spitzen Gegenstand auf die Person links zurennt. Die Person links auf dem Bild versucht, zu flüchten.

Doch auch dieses Bild könnte noch nicht im Gesamtkontext stehen, da wir nicht wissen, ob links, oben, unten oder rechts gegebenenfalls noch weitere Personen im Spiel sind. Wie würdest du den Sachverhalt bewerten, wenn links neben der Person zwölf weitere Personen stehen würden? Du siehst, dass nur durch eine einzige Momentaufnahme noch lange nichts zu bewerten, noch lange kein *„Urteil"* fällig ist und wir Menschen schnell dazu geneigt sind, Dinge zu interpretieren und Annahmen für bare Münze zu erklären.

Bitte beachte, dass jeder Mensch seine eigenen Geschichten mit sich herumträgt. Seine Erlebnisse, seine Erfahrungen, sein Weltbild, seine Glaubenssätze etc. Und genauso ist es mit dir und deinen Vorstellungen von Reichtum, Geld, Investments, Liquidität, Cashflow, Finanzen, Schulden, Verträgen etc.

Nun könnte es zum Beispiel sein, dass du nur einen Ausschnitt des Gesamtbilds siehst und glaubst: *„Wow, was für ein genialer Deal! Da schlage ich sofort zu."* Allerdings hast du dir keine Gedanken über den größeren Kontext gemacht. Und schwupps, bist du in der Abofalle, hast dich für einen zu langen Zeitraum abhängig von jemandem/etwas gemacht, schaust in die Röhre, wenn es dir wirtschaftlich mal schlechter gehen sollte oder, oder, oder.

Hier ein konkretes Beispiel: Im Jahr 2010 habe ich mich als einer der ersten Mentoren in Stuttgart für die Organisation Big Brother Big Sister (BBBS) ehrenamtlich engagiert. Das Besondere an BBBS ist, dass man Jugendlichen kein Geld, sondern Zeit schenkt. So habe ich mit meinem Schützling regelmäßig Aktivitäten in und um Stuttgart unternommen. Radfahren, Wilhelma besuchen, Reifen flicken, Fernsehturm besuchen etc. Wir haben eine tolle Zeit miteinander verbracht, und bei einem unserer Treffen haben wir dann beschlossen, zusammen einen kleinen Bericht unserer Erlebnisse mit Bild und Text zu schreiben. Mit Internet und Textverarbeitung kannte sich der 14-Jährige ganz gut aus. Er hat fleißig Bilder aus dem Internet kopiert (also rein für den Privatgebrauch!) und zu den einzelnen Aktivitäten Texte geschrieben. Er aktivierte die Rechtschreibprüfung und klickte einfach munter auf „*annehmen*" für den jeweiligen Vorschlag. Stolz zeigte er mir dann seinen Bericht. Nun sind mir bei dieser Aktion zwei Dinge aufgefallen:

1. Bei der Suche im Netz war es ihm vollkommen egal, ob er die Begriffe richtig oder falsch geschrieben hatte. Google hat ihm ja automatisch die Korrekturhilfe angeboten und schon hat er das richtige Bild gefunden, obwohl er „*Fernseturm*" geschrieben hatte:

2. Bei der Rechtschreibkorrektur hat er einfach auf „*Bestätigen*" geklickt, ohne zu überlegen, ob das vorgeschlagene Wort nun den Kontext verändert oder nicht.

Hier ein paar Beispiele, die du vielleicht schon mal gesehen hast:

- Er will sie nicht. – Er will, sie nicht.
- Hier, nimm ein Gummibärchen. – Hier, nimm ein Gummi, Bärchen.
- Donald Trump ist ein ungeheuer toller Politiker. Verurteilt ihn doch bitte nicht, einfach weitermachen lassen. – Donald Trump ist ein Ungeheuer. „*Toller*“ Politiker. Verurteilt ihn doch bitte, nicht einfach weitermachen lassen.

Meine Lernfragen an dich:

- ☐ Wie schnell bildest du dir ein Urteil, bewertest oder verpasst einem Sachverhalt ein Etikett? Wie häufig liegst du in deinen Annahmen richtig?
- ☐ In welchen Bereichen würde es mehr Sinn machen, den Kontext zu betrachten und nicht nur einen einzelnen Ausschnitt?
- ☐ Wie lässt du dich durch halbe oder unvollständige Informationen in eine Richtung lenken, die später für dich zum Nachteil sein könnte (nicht nur finanzieller Natur)?

34.
LERNE, MIT ENTTÄUSCHUNGEN UMZUGEHEN

Der englische Bildhauer Charles Sykes soll die sogenannten elf Lebensregeln, die in der Schule angeblich nicht gelehrt werden, aufgestellt haben. Die erste Lebensregel wird betitelt mit: „*Das Leben ist nicht fair – gewöhne dich daran.*“ Ich glaube, dass *wirklich jeder* Mensch im Leben Situationen erlebt hat, die nicht fair waren oder sind, und leider gibt es sehr viele Menschen, die, ohne etwas dafür zu können, gewisse Privilegien im Leben nicht genießen können oder konnten. Dies wird in einem sehr schönen Video veranschaulicht: http://y2u.be/4K5fbQ1-zps.

Es ist reiner Zufall, in welchem Land und in welcher Familie du geboren wurdest. Und du hattest definitiv mehr Glück, wenn du in einem friedlichen Land geboren wurdest und nicht in einem, in dem Krieg herrscht. In diesem Kontext kann man sehr wohl sagen, dass das Leben nicht fair ist. Ich habe höchsten Respekt vor Menschen, die im Krieg aufgewachsen sind, wirklich Hunger leiden und seelisch, moralisch und körperlich extreme Schmerzen ertragen mussten – doch nicht wenige

Menschen verwechseln nun Fairness mit Enttäuschung (was fair und was nicht fair ist, soll an anderer Stelle erörtert werden):

Da wir alle im Leben bereits Enttäuschungen erlebt haben und immer wieder erleben werden, geht es mir hier vor allem darum, wie dies deinen Fortschritt zum Negativen oder auch zum Positiven beeinflussen kann. Eigentlich solltest du für jede Enttäuschung dankbar sein, denn der Ursprung des Wortes *„enttäuschen"* stammt aus dem Französischen des 18. Jahrhunderts. Das Wort wurde laut Duden aus den Wörtern *„desabusiren"* und *„detrompiren"* gebildet und bedeutet wörtlich *„aus einer Täuschung herausreißen"*. Du kannst also froh sein, dass die Täuschung aufgeflogen ist und du nun damit umgehen kannst!

In unserer heutigen Zeit hat die Enttäuschung jedoch sehr viel mit Erwartungen zu tun, die dann nicht erfüllt wurden. Doch kann man von einer Enttäuschung sprechen, wenn eine Erwartung gar nicht ausgesprochen wurde? Wenn deine Frau von dir enttäuscht ist, weil du sie nicht sofort, nachdem du auf dem Flughafen gelandet bist, angerufen hast, dann sprechen wir hier bestimmt nicht von einer Enttäuschung im Sinne, dass du deine Frau *„täuschen"* wolltest. Hier sprechen wir von einer nicht erfüllten Erwartung, die bei deiner Frau eine Enttäuschung ausgelöst hat, da sie sich Sorgen um dich gemacht hat und sie selbstverständlich an deiner Stelle sofort nach einer geglückten Landung angerufen hätte.

Wenn du deiner Frau jedoch dein Wort für deine Treue (*„Treue"* sei hier definiert mit: kein Sex mit einem anderen Partner) bis ans Lebensende gegeben hast, dann jedoch mit deiner Arbeitskollegin ins Bett steigst und dies herauskommt, dann ist hier wohl klar von einer Enttäuschung die Rede. Denn du hast deine Frau mit deinem Wort der Treue ja getäuscht. Natürlich sagt dir deine Frau dann nicht mehr, dass sie nur enttäuscht ist, sondern sie fühlt sich betrogen, da es eine *bewusste* Täuschung (Betrug) war. Doch auch hier versucht der eine oder andere, sich dann damit rauszureden im Sinne „*… ich wusste in diesem Moment ja nicht, was ich getan habe …*".

Aus diesem Grunde ist es ratsam, dass du *vor* dem Eingehen einer Partnerschaft (sei es privater oder geschäftlicher Natur) deine Erwartungen ganz klar ausgesprochen oder sogar schriftlich definiert hast. Solltest du das aus welchem Grunde auch immer (Nachlässigkeit, Gutgläubigkeit, keine Lust, keine Zeit etc.) nicht tun, dann brauchst du hinterher auch nicht enttäuscht zu sein. Schaue dir hierzu bitte auch das Kapitel 51 „*Lerne, dass alles im Leben für dich und nicht dir passiert*" an!

Nun gehen wir mal davon aus, dass du deine Erwartungen schon ziemlich gut geklärt hast, in Zukunft jedoch trotzdem enttäuscht bzw. getäuscht wirst. Diese Situation kann bestimmt sehr schmerzhaft sein – was die Situation jedoch noch schmerzhafter macht, ist, wie du mit dir und der Situation umgehst: „*Shit happens – get over it!*" – sorry für die Sprache, doch das ist nun mal Fakt. Wenn dich jemand täuscht, dann sagt dies viel mehr über den Charakter der anderen Person aus. Wenn du aus einer Täuschung keine konsequente Handlung ableitest, dann sagt dies sehr viel über deinen Charakter aus.

Hier ein Beispiel: Arnold Schwarzenegger hat seine Frau Maria Shriver bekanntlich mit seiner Haushälterin betrogen (mit der er sogar ein Kind zeugte). Diese Täuschung sagt sehr viel über Arnold Schwarzeneggers Charakter aus. Nachdem Schwarzenegger die Vaterschaft zugegeben hatte, zog Maria Shriver aus und reichte die Scheidung ein. Dieses Verhalten sagt sehr viel über den Charakter von Maria Shriver aus.

Meine Lernfragen an dich:

- ☐ Wenn du das Maximum erwartest, welches Minimum tolerierst du dann?
- ☐ Zu welchem Zeitpunkt möchtest du zukünftig aus einer Täuschung herausgerissen werden – eher früher, eher später oder am liebsten gar nicht?
- ☐ Welche Enttäuschungen in deinem Leben hindern dich zurzeit, auf deinem Weg zu deinem Reichtum voranzuschreiten?

35.
LERNE, ZU VERTRAUEN, VERTRAUEN ZU SCHENKEN UND EINE VERTRAUENSWÜRDIGE PERSÖNLICHKEIT ZU SEIN

Eigentlich heißt es doch: „*Vertrauen ist gut, Kontrolle ist besser*", wie soll ich dann lernen, anderen zu vertrauen und Vertrauen zu schenken – speziell wenn es um harte Zahlen, Daten und Fakten geht?

Wenn du das Kapitel 5 „*Lerne, die vier Grundrechenarten sowie die Zehnerpotenzen bis 10^{12} im Kopf zu beherrschen*" bereits verinnerlicht hast, dann wirst du dieses Kapitel leicht verstehen. Denn bevor du anderen vertraust, solltest du natürlich einen Sachverhalt plausibilisieren, gegebenenfalls verifizieren und, wenn wirklich notwendig, auch validieren.

In der Unternehmerwelt ist es manchmal schon recht lustig … so sind in den letzten 20 Jahren schon viele Menschen auf mich zugekommen und haben mir mitgeteilt: „*Ich bräuchte unbedingt dies und das, denn dann würde mein Unternehmen noch besser laufen.*" Generell bin ich ja sehr offen dafür – sofern es stimmt. Zuerst schaue ich dann immer auf die eigenen Ergebnisse meines Gesprächspartners – leider ist in 80 bis 90 Prozent der Fälle das Gespräch dann sehr schnell beendet.

Ein konkretes Beispiel: Unser Unternehmen ist im Marketing und Vertrieb angesiedelt, und natürlich brauche ich immer wieder neue Impulse, um hier jedes Jahr den sich permanent ändernden Marktverhältnissen besser gerecht zu werden. Entsprechend haben mich dann schon Menschen angesprochen: „*Sie bräuchten diese Art von Marketing, diese Art von Vertrieb etc.*" Danach habe ich sie gefragt, welche eigenen Ergebnisse sie mit ihren „*Ratschlägen*" bereits nachhaltig, messbar und mit entsprechenden Ergebnissen belegen können. Sehr häufig kommt dann diese Art von Antwort: „*Ja also, ich brauche das für meine Art Dienstleistung nicht, ich lebe nur von Empfehlungen und Kontakten, das ist immer noch die beste Methode.*" Und entsprechend antworte ich: „*Ah, das ist ja gut. Wissen Sie, wer wir sind und was unsere Kernkompetenz ist? Wir sind Weltmarktführer in strategischem Empfehlungsmarketing. Warum sollte ich jetzt nochmals Ihre Methode ausprobieren, wenn Sie diese selbst gar nicht anwenden?*" Danach herrscht Schweigen im Walde, und mir blickt ein Gesicht entgegen, das hin und wieder den Eingang zur Luftröhre zeigt …

Sei also nicht naiv, doch wenn der Kontext, das Gefühl und die Faktenlage passen, dann öffne dich auch deinem Gegenüber – ob Mitarbeiter, Chef, Arbeitskollege, Dienstleister oder Kunde –, und gehe in eine vertrauensfördernde Haltung. Wenn du deinem Umfeld nicht vertrauen kannst, dann beginnt es sehr häufig bei dir selbst. Kannst du dir selbst denn vertrauen? Vielleicht wird dir jetzt klarer, wo der Begriff „*Selbstvertrauen*" herkommt. Wenn du in einer Liebesbeziehung bist, dann hast du früher oder später nur die Möglichkeit, zu vertrauen und Vertrauen zu schenken. Wenn du das nicht praktizierst, dann wird sich das mit Sicherheit auf die Qualität deiner Beziehung auswirken. Und natürlich wirst du auch da immer wieder Momente erleben, in denen du verletzt wirst, du wirst Situationen der Enttäuschung erleben, doch eine Beziehung im Kontrollmodus ist bestimmt nicht erstrebenswert (zumindest nicht in meiner Definition einer erfüllten Beziehung).

Sollst du nun etwa blind vertrauen? Das hängt ganz vom Kontext ab und lässt sich nicht pauschal beantworten. Im Geschäftsleben ist blindes Vertrauen bestimmt sehr rar und kann nur über jahrelangen Beziehungsaufbau erfolgen. Und was hat Vertrauen nun mit reich werden oder einer *„Aufwand/Ertrags"*-Betrachtung zu tun? Jede Menge! Steven M. R. Covey, der Sohn des verstorbenen Dr. Stephen R. Covey, hat es in seinem Buch *„Schnelligkeit durch Vertrauen"* auf den Punkt gebracht: *„Je größer das Vertrauen, desto geringer die Kosten und schneller sind die Abläufe. Sinkt jedoch das Vertrauen, steigen dadurch automatisch die Kosten, und Abläufe verlangsamen sich."* Er beschreibt Vertrauen wie einen Welleneffekt, der vergleichbar damit ist, einen Stein ins Wasser fallen zu lassen. Beim Eintauchen entsteht die erste Welle, gefolgt von einer zweiten, dritten, vierten und fünften Welle.

In der ersten Welle geht es um Selbstvertrauen und das Prinzip der Glaubwürdigkeit. In der zweiten Welle um Beziehungsvertrauen durch das Prinzip des Verhaltens. Hierzu hat er 13 Verhaltensregeln aufgestellt, die zu verinnerlichen ich jedem wärmstens ans Herz lege.

Ich habe gelernt, wenn ich Menschen Vertrauen schenke, werden diese dann Aufgaben natürlich anders angehen oder erledigen als ich selbst, doch solange das Ergebnis stimmt und die Ressourcen entsprechend schonend eingesetzt wurden, passt das für mich. Da wir alle unsere

Höhen und Tiefen haben, bessere und schlechtere Tage und jeder von uns permanent Veränderungen ausgesetzt ist, habe ich es mir zur Gewohnheit gemacht, hin und wieder Stichproben zu machen oder gemeinsam Details zu verifizieren. Oftmals konnte ich dazulernen bzw. anderen weiterhelfen, Dinge zu verbessern oder Zusammenhänge besser zu erläutern.

Wie vertrauenswürdig bist du?

Im ersten Block in diesem Kapitel ging es darum, in welchem Vertrauensverhältnis du auf andere zugehst und mit anderen umgehst. In diesem Kontext war das Wort *„Vertrauen"* ein Verb – also ein Tunwort.

Was für deinen persönlichen Lernprozess allerdings bestimmt genauso wichtig ist: Wie *vertrauenswürdig* bist du anderen gegenüber? In diesem Kontext ist es ein Adjektiv – also ein Eigenschaftswort (wie ist jemand, wie bin ich). In dem Wort steckt schon sehr viel Bedeutung: Bist du es *würdig*, dass man dir *vertrauen* kann? Das hat nichts mit dem 1. Absatz im Grundgesetz zu tun: *„Die Würde des Menschen ist unantastbar"*. Es hat damit zu tun, ob Menschen deinem Wort, deinen Handlungen, deinen Aussagen, deinen Ergebnissen Glauben schenken oder nicht.

Ich bin der Überzeugung, dass jeder Mensch schon mal geflunkert oder auch mal übertrieben hat. Wenn du es genau nehmen willst, lügt jeder Mensch (siehe auch Kapitel 13 *„Lerne, dass Menschen ehrlich sein wollen bzw. sind – und zugleich lügen"*). Doch schätzt man dich als jemanden ein, der mal flunkert oder dem man einfach nicht vertrauen kann/sollte, weil dein Körper eine andere Sprache spricht als die Worte, die deinen Mund verlassen? Oder weil deine Handlungen/Ergebnisse nicht im Einklang mit deinen Worten stehen? Die Formel ist ganz einfach:

Je vertrauenswürdiger du bist, desto einfacher und schneller kommst du voran.

$$Vertrauenswürdigkeit_{(Zeitraum\ i)} = \left(\frac{Ergebnisse\ bzw. Taten}{Worte}\right)_{(Zeitraum\ i)}$$

Was heißt das in der Praxis?

- ☐ Wenn du einen Kredit brauchst, dann wirst du diesen nur bekommen, wenn der Kreditgeber dir *vertrauen* kann, dass du diesen Kredit zurückzahlst oder das Ausfallrisiko so gering wie möglich ist. Sollte deine *Vertrauenswürdigkeit* in Form von Bonität nicht ausreichend sein, wünscht sich ein Kreditgeber weitere Sicherheiten.
- ☐ Wenn du einen Kunden gewinnen willst, wirst du das nur schaffen, wenn er genügend *Vertrauen* zu dir hat, dass er durch den Kauf deines Produkts oder die Beauftragung deiner Dienstleistung den ausreichenden Nutzen erhält, den er zur Erfüllung seines aktuellen Bedürfnisses wünscht.
- ☐ Wenn du eine neue Stelle antreten willst, dann wird dies nur erfolgen, wenn dein neuer Arbeitgeber dir ausreichend *Vertrauen* schenkt, dass du genau der Richtige bist, um die Aufgaben für diese Stelle zu den genannten Rahmenbedingungen zu erfüllen.
- ☐ Wenn du einen Investor suchst, der bei dir *sein* Geld investieren soll, dann wirst du das nur schaffen, wenn er dir und deiner Idee genügend *Vertrauen* schenkt, damit sein *Return on Investment* (ROI) seiner Vorstellung entspricht.

☐ Wenn du, dein Team und dein Unternehmen sehr vertrauenswürdig seid, dann hast du unter anderem folgende nicht nur kostenrelevanten Vorteile:

- o Du wirst schneller weiterempfohlen.
- o Du wirst gerne um Rat gefragt.
- o Deine Aussage/Meinung hat mehr Gewicht.
- o Du musst weniger häufig verhandeln bzw. hast bei Verhandlungen eine andere Position und Stärke.
- o Du wirst eventuell bessere Einkaufs- oder Zahlungsbedingungen erhalten.
- o Du wirst schneller mit anderen Entscheidern in Kontakt gebracht.
- o Du kannst manches auch ohne großen Papierkram anstoßen, erledigen oder zum gewünschten Ergebnis bringen.
- o Wenn es mal eng werden sollte, dann wird dir mehr Spielraum/Toleranz entgegengebracht.
- o Manche Informationen, die häufig einen unbezahlbaren Wert haben, wirst du nur aus diesem Grund erhalten – oder früher als andere.
- o …

Warum habe ich oben genannte Formel auf den *„Zeitraum i"* eingeschränkt? Vertrauen funktioniert leider nicht wie ein Bankkonto, auf das du über einen längeren Zeitraum Geld einzahlst und immer mal wieder Abhebungen in Form von Misstrauen machen kannst. Selbst wenn du über viele Jahre vertrauenswürdig warst, kann dies durch ungeschickte/dumme Taten oder große Worte an der falschen Stelle zu einem falschen Personenkreis an deinem Fundament rütteln und im schlimmsten Fall alles zum Einsturz bringen.

Auch wenn Bruchrechnen jetzt nicht deine Leidenschaft ist, hast du bestimmt schnell erkannt, dass mit großen Taten oder tollen Ergebnissen und wenig Worten die Vertrauenswürdigkeit weit größer ist, als wenn Taten und Ergebnisse sehr klein und die Worte sehr groß sind.

Meine Lernfragen an dich:

- ☐ Wenn du Vertrauen als Währung betrachten würdest, wie stark wäre diese Währung für dich selbst (Selbstvertrauen), und wie stark wäre diese Währung zu deinem Umfeld (Beziehungsvertrauen und Gesellschaftsvertrauen)?
- ☐ Wie hoch wäre die aktuelle Inflationsrate dieser Vertrauenswährung (extrem steigend ➔ das Vertrauen wird immer weniger wert)?
- ☐ In welchen Bereichen in deinem Leben wäre es sinnvoll, mehr Vertrauen zu schenken, und in welchen solltest du besser *gemeinsam* genauer und detaillierter hinschauen?
- ☐ Wenn du *„Vertrauen"* als Verb betrachtest, was könntest du selbst tun, damit du anderen mehr vertrauen kannst?
- ☐ Welche Eigenschaften müsstest du ausbauen oder auch verringern, um deine Vertrauenswürdigkeit auszubauen? Denke dabei unbedingt an das, was im Nenner und was im Zähler der oben genannten Formel steht!

Name	Produkte	Website	Bemerkung
Steven M. R. Covey	Schnelligkeit durch Vertrauen	www.speedoftrust.com	Ansprechpartner in Deutschland ist www.franklincovey.de

36.
LERNE, RISIKEN BESSER ZU BEWERTEN

An der Börse wird dir jeder Profi mitteilen, dass es weniger darauf ankommt, die großen Gewinne zu machen, sondern es viel wichtiger ist, die Verluste so gering wie möglich zu halten. Wahrscheinlich kennst du die beiden Regeln des weltberühmten Investors Warren Buffett, der ein Gesamtvermögen von 85 Milliarden US-Dollar besitzt.

- Regel Nr. 1: Verliere niemals Geld!
- Regel Nr. 2: Vergiss niemals Regel Nr. 1!

Wenn du diese beiden Regeln beherzigst, wirst du es bestimmt viel einfacher haben. Natürlich wirst du niemals ein Investment mit 0 Prozent Verlustrisiko tätigen können, da ein Restrisiko immer besteht. Doch auf der anderen Seite ist es wichtig, zu lernen, potenzielle Risiken *vor* einer entscheidenden Handlung noch besser zu bewerten. Risiken besser zu bewerten, ist nicht nur bei finanziellen Investments wichtig, sondern auch bei anderen Entscheidungen, die erst in zweiter oder dritter Folge eine Auswirkung auf deine finanzielle Situation haben können.

Wenn du einen Mitarbeiter einstellst, dann wirst du diesen bestimmt nicht ohne ein Vorstellungsgespräch, Referenzen oder Probearbeiten einstellen (außer du hast den gleichen Fehler gemacht wie ich – siehe die Story im Kapitel 11 *„Lerne, dich nicht zu wichtig zu nehmen, bzw. lass dein Ego ruhig mal zu Hause“*). Wenn du eine Wohnung vermietest, dann solltest du diese nicht unbedingt gutgläubig ohne Gehaltsnachweis oder weitere Prüfungen an einen neuen Mieter übergeben. Wenn du eine neue Geschäftsidee in die Tat umsetzt, dann solltest du nicht unbedingt alles auf eine Karte setzen, wenn du dadurch deine gesamte bisher erarbeitete Existenz aufs Spiel setzt (außer du hast das Poker-Gen in dir). Wenn du in ein fremdes Land reist, dann solltest du dich vorher über die aktuelle Situation (Krankheiten, Kultur, politische Lage etc.) informieren. (Ein Beispiel: In Singapur ist Kaugummikauen verboten, und wer seinen Müll auf die Straße wirft, kann mit einer Strafe von bis 1.000 Euro rechnen.)

Wenn Banken oder Versicherungen ihren Kunden ein Darlehn geben, dann erfolgt dies nur nach ausreichender Prüfung durch die sogenannte Marktfolgeabteilung. In dieser Abteilung arbeiten Menschen, die sich nicht durch potenzielle persönliche Beziehungseinflüsse leiten lassen, sondern die den potenziellen Zahlungsausfall eines Kreditnehmers aufgrund der nüchternen Zahlen-Daten-Fakten-Lage bewerten und entsprechend zustimmen oder nicht.

Nun kannst du für dich als Person oder für dein Unternehmen nicht unbedingt eine komplette Marktfolgeabteilung auf die Beine stellen, doch du kannst für dich ein gewisses Regelwerk aufstellen *und* dieses konsequent anwenden. Hier ein paar Anregungen:

- ☐ Wann müssen deine Kunden deine Rechnungen bezahlen? Nach erfolgter Dienstleistung mit Zahlungsziel von mehreren Wochen oder vor Beauftragung? Oder mit Anzahlung?
- ☐ Was erfolgt bei Zahlungsverzug? Welche Hebel hast du als Produkt- oder Dienstleistungslieferant?
- ☐ Wäre es notwendig, die Bonität deiner Kunden im Vorfeld zu prüfen (hängt natürlich von Frequenz und Auftragsvolumen ab)?
- ☐ Wann sprichst du die Zahlungsbedingungen im Verkaufsprozess an?
- ☐ Wann musst du deine Lieferanten bezahlen? Was passiert bei Lieferverzug oder Qualitätsproblemen?
- ☐ Was ist bezüglich Zahlungskonditionen in deinen Geschäftsbedingungen definiert, und sind diese überhaupt vor Gericht haltbar (nur weil etwas in den AGBs steht, heißt das noch nicht, dass es rechtens ist!)
- ☐ Welche Verträge hast du unterzeichnet, die dich im schlimmsten Fall nachts nicht mehr in Ruhe schlafen lassen (siehe hierzu bitte auch das Kapitel 6 *„Lerne, Verträge zu lesen und nach dem Warum zu fragen“*)?

Warum Risiken meistens falsch eingeschätzt und damit schlecht bewertet werden, liegt häufig daran, dass Menschen nur auf die sogenannte erste Folge bzw. Konsequenz schauen (wenn überhaupt). Die meisten machen sich vor einer Entscheidung einfach zu wenig Gedanken um die zweite und dritte Folge einer Entscheidung. Einfacher ausgedrückt: Gibt es überhaupt einen Exit bzw. wie sieht dein Exit aus, wenn du das

Risiko falsch eingeschätzt hast und dich zu einem späteren Zeitpunkt entscheiden musst oder gezwungen wirst, eine Sache zu beenden?

.Vor Gericht gibt es den schönen Satz: „*Unwissenheit schützt vor Strafe nicht.*“ Beispiel Diesel-Skandal: Selbst wenn die Software-Entwickler nicht wussten, welche finalen Konsequenzen die Umsetzung der manipulierten Abgassoftware haben könnte, haben sie sich wohl zu wenig Gedanken über einen möglichen Exit gemacht. Die Software entsprechend umzuprogrammieren, als Exit zu sehen, wäre ziemlich naiv gewesen. Den Job zu verlieren, schon realistischer – doch dafür in den Knast zu gehen, könnte als Exit-Strategie nicht die beste gewesen zu sein.

Exit-Strategien die dahin gehend aufgebaut sind, dass man sagt: „*Im schlimmsten Fall gehe ich halt vor Gericht*“, sind häufig nicht nur finanziell sehr belastend, sondern mental, emotional und auch zeitlich meistens ein Albtraum.

Vielleicht hilft dir der Ansatz aus dem Militär. Ein General überlegt sich, *bevor* er ein unbekanntes Gebiet betritt, wie er seine Mannschaft im schlimmsten Fall *unversehrt* wieder rausbekommt.

Meine Lernfragen an dich:

- ☐ Welches Regelwerk kannst du für dich aufstellen, um Risiken besser zu bewerten?
- ☐ Wo warst du in Bezug auf die Risikoabschätzung in der Vergangenheit zu naiv, und was hast du daraus gelernt? Wie würdest du mit deinem heutigen Wissen handeln?
- ☐ Bist du eine Persönlichkeit, die das Risiko liebt – es förmlich als „*Kick*“ braucht –, oder glaubst du, dass du langfristig besser fährst, wenn du Risiken im Vorfeld besser bewertest?
- ☐ Wenn es um Risiken im fünf-, sechs- oder siebenstelligen Eurobereich geht, macht es Sinn, diese *vorher schriftlich* zu notieren. Wie konsequent setzt du dies momentan um?
- ☐ Wenn du das Beispiel aus dem Militär betrachtest, kennst du bei deinen bekannten und unbekannten Gebieten den Ausgang/Exit? Wie kostspielig ist dieser, wenn du ihn nutzen müsstest?

37.
LERNE, WIE WICHTIG DEINE GESUNDHEIT IST

Für wie gesund hältst du dich? Oder wie wichtig ist dir deine Gesundheit überhaupt? Was ist dein Benchmark? Mit wem oder was vergleichst du dich? Reicht es dir aus, wenn du morgens aufwachst (egal welcher Zustand)?

Für mich ist das Thema Gesundheit immer wieder hochinteressant, spannend und schockierend zugleich – wenn ich sehe, wie häufig dies vernachlässigt wird.

Welche dieser Aussagen sind dir geläufig:

- ☐ Nur in einem gesunden Körper wohnt ein gesunder Geist.
- ☐ Gesundheit ist nicht alles, aber ohne Gesundheit ist alles nichts.
- ☐ Wer sich in jungen Jahren keine Zeit für seine Gesundheit nimmt, muss sich im Alter Zeit für Krankheiten nehmen.
- ☐ Wir alle haben nur einen Körper – warum behandelst du ihn dann, als ob er jederzeit auswechselbar ist?

- ☐ *My body is my temple – so I treat him accordingly with respect.*
- ☐ Du bist, was du isst.
- ☐ In der ersten Lebenshälfte opfern wir unsere Gesundheit für die Arbeit, um Geld zu verdienen, damit wir dann in der zweiten Lebenshälfte mit diesem Geld unsere Gesundheit wieder zurückerarbeiten können.
- ☐ Wer abnehmen will, muss mehr essen – vor allem von den richtigen Zutaten.
- ☐ …

Wir kennen ihn alle – *den* Vorzeigesportler, der alles im Leben erreicht hat: Ruhm, Titel, Erfolge, finanzielle Freiheit, eine tolle Familie, Beliebtheit und vieles mehr. Ich meine Michael Schumacher. Ein Mensch, der bewiesen hat, was mit Disziplin und Fokus möglich ist. Ein Mensch, der jahrzehntelang gewiss lebensgefährlichen Situationen ausgesetzt war und nun seit 2013 von einer Sekunde auf die andere ein komplett anderes Leben führt. Während ich diese Zeilen schreibe, ist sein Gesundheitszustand weiterhin geheim. Im Jahr 2021 wurde die Dokumentation über die Formel-1-Legende veröffentlicht. Ich wünsche ihm von Herzen, dass er wieder vollkommen gesund wird. Ebenso wünsche ich niemandem, durch so einen Unfall förmlich aus dem Leben gerissen zu werden. Auch wenn das ein extremes Beispiel ist und wirklich als Schicksal bezeichnet werden kann – es ist eine Ausnahme, und es gehört in die Kategorie *„Krank durch Unfall"*.

Keine Ausnahme ist es allerdings, dass Menschen übergewichtig oder sogar fettleibig sind. Dass Menschen im normalen Berufsleben unter Bluthochdruck leiden oder aufgrund ihrer Ernährungsgewohnheiten zuckerkrank geworden sind. Es ist ebenso keine Ausnahme, dass Menschen ihr Körpergefühl vollkommen verloren haben und Impulse und Rückmeldungen, die ihnen der Körper als Signal sendet, nicht erkennen oder nicht erkennen wollen.

Deshalb ist die richtige Frage: Wie wichtig ist dir deine Gesundheit wirklich? Was bist du dir wert? Was ist dir dein Körper wert? Warum lässt du dich hängen? Oder das andere Extrem: Warum geißelst du dich und lebst in einer Art Askese?

Je älter du wirst, umso weniger kannst du das Thema Gesundheit außer Acht lassen – es sei denn, du hast die Wahrnehmung dafür bereits komplett verloren. Schön ist, wenn du mit dem Satz *„The disease is the cure – Die Krankheit ist die Heilung“* noch etwas anfangen kannst. Natürlich wird es hierzu auch Ausnahmen geben, doch in der großen Mehrheit will die Krankheit dem Menschen etwas mitteilen und eine Heilung von innen heraus herbeiführen. Beginnen wir mit dem simplen Thema Schnupfen: Wovon habe ich denn *„die Nase voll“*? Rückenschmerzen: Was lastet auf dir so sehr, dass dein Rücken es nicht mehr tragen kann? Schlafstörungen: Was raubt dir den Schlaf bzw. was lässt dich nicht in Ruhe? Bluthochdruck: Was übt Druck auf dich aus bzw. warum braucht dein Blutkreislauf mehr Druck, um ausreichend Sauerstoff (Luft zum Atmen) zu den Zellen zu transportieren?

Es gibt zigtausend Bücher über Ernährung, Gesundheit, Bewegung etc. Natürlich hängt es immer davon ab, was du willst und was dir wichtig ist. Doch bevor du zu Medikamenten oder zum Skalpell greifst, reichen schon diese sieben Basics:

- ☐ Wie bewusst atmest du bzw. wie viele Stunden frische Luft gönnst du dir am Tag/in der Woche?

- ☐ Dein Körper besteht zu 70 Prozent aus Wasser. Besteht deine Nahrungsaufnahme auch zu 70 Prozent aus Wasser bzw. wasserreichen Nahrungsmitteln? Und hiermit ist nicht gemeint, dass du zehn Bier trinkst, die zu 100 Prozent Flüssigkeit sind. Mit Wasser ist Wasser gemeint – Punkt. Ein Freund von mir hat einmal geantwortet, als ich ihn fragte, ob er auch gerne ein Glas Wein trinken möchte: *„Nein, danke, ich habe morgen einen wichtigen Tag. Und ich habe es mir zur Gewohnheit gemacht, vor einem wichtigen Tag nichts Alkoholisches zu trinken."* Natürlich war ich neugierig und wollte wissen, was morgen denn anstehen würde. Er antwortet mit einem Lächeln: *„Für mich ist jeder Tag ein wichtiger Tag."*

- ☐ Wie viel Schlaf brauchst du bzw. gönnst du dir? Auch wenn es hier die unterschiedlichsten Studien gibt, es gibt nur sehr wenige Menschen, die über einen längeren Zeitraum mit drei bis fünf Stunden Schlaf pro Nacht auskommen *und* topfit sind. Solltest du allerdings unausstehlich für dein Umfeld sein, wenn du nicht mindestens neun Stunden Schlaf bekommen hast, dann könnte das auch andere Gründe haben.

- ☐ Wie groß ist der Anteil an *wirklichen* Lebensmitteln, die deinen Rachen passieren? Mit *wirklichen* Lebensmitteln sei gemeint: Alles, was nicht verarbeitet wurde und/oder ohne Verpackung generell käuflich ist.

- ☐ Wie sehr kannst du Genussartikel reduzieren? Hierzu gehören alle Artikel, die Drogen, Alkohol, Tabak oder Zucker enthalten. Ja, du hast richtig gelesen: Zucker! Wenn du dich mit der

Materie ein bisschen intensiver beschäftigst, dann wirst du sehr schnell feststellen, wie legitimiert Zucker in unserer Gesellschaft und gleichzeitig mit eine Hauptursache für schlechte Gesundheit ist. Wenn du mir nicht glaubst, dann probiere es doch einfach einmal aus: Ernähre dich 30 Tage lang ohne Produkte, die Zucker enthalten, und schaue, wie dein Körper reagiert!

- ☐ Wie sieht es mit deinem Bewegungspensum pro Woche aus? Natürlich hängt das davon ab, welcher Tätigkeit du im Berufsleben nachgehst, doch wenn du einen klassischen Bürojob hast, dann ist es eben wichtig, dass du *mehrere* Bewegungseinheiten *jede* Woche umsetzt. Profis bewegen sich täglich, Amateure mindestens einmal pro Woche, der Rest einmal im Monat oder weniger.
- ☐ Wie häufig gönnst du deinem Körper eine wohltuende Behandlung, die deine Erholung und Wohlempfinden fördert? Sei es eine Massage, ein Bad, ein Saunabesuch, Pedi- oder Maniküre, Gesichts- oder Hautpflege oder andere Einheiten, die dir guttun.

Sich gesund zu ernähren, ist nicht wirklich schwierig. Schwierig für die Menschen ist, dem *Ungesunden* und damit der *Versuchung* zu *widerstehen*.

Wenn du

- ☐ an einer Tankstelle nur tanken könntest oder
- ☐ in einem Lebensmittelgeschäft ausschließlich Lebensmittel kaufen könntest (deshalb lieben gesunde Menschen es übrigens, auf dem Markt einzukaufen – weil es dort vorwiegend Waren zu kaufen gibt, die tatsächlich noch Leben enthalten. Ein „*Supermarkt*“ müsste eigentlich „*Totermarkt*“ heißen – weil 90 Prozent der Ware tot ist) oder

- ☐ im Restaurant frisch zubereitete Gerichte in entsprechenden Portionsgrößen mit jahreszeitgerechten Zutaten bestellen könntest oder
- ☐ du vor deinem Umfeld dich nicht rechtfertigen müsstest, warum du wann welche Entscheidung für welches Essen triffst,

dann wäre es bestimmt für viele Menschen einfacher in der Umsetzung. Natürlich musst du dich noch mit weiteren Details beschäftigen, doch diejenigen, die glauben, dass „… *nach 18:00 Uhr keine Kohlenhydrate mehr essen* …“ eine sinnvolle und nachhaltige Idee ist, der hat noch nicht viel gelernt, wie ein Körper funktioniert.

Es kommt auf die sinnvolle Kombination und *korrekte Gesamtmenge* deiner Makronährstoffe (Protein, Kohlenhydrate, Fett) durch *unverarbeitete* Lebensmittel, ausreichende Wasserzufuhr an und darauf, dass du Insulinspitzen, so gut es geht, vermeidest. Wenn du diese drei Bausteine nachhaltig berücksichtigst, dann hast du mindestens 90 bis 95 Prozent deiner Ernährung im Griff.

Wenn du gemäß Pareto deine Ernährung im Griff hast, musst du nur noch ein ausgeglichenes, verletzungsfreies Bewegungspensum unterschiedlicher Art etablieren: Generell sind Kraft-, Ausdauer- und Mobilisationsübungen die Grundbausteine. Mit nur einer dieser drei Grundbausteine verliert dein Körper leider die notwendige Balance. *Ausschließlich* Hanteln zu stemmen, wird deine Muskeln zu sehr verkürzen und früher oder später deine Beweglichkeit einschränken bzw. deine Gelenke und Sehnen zu sehr strapazieren. Dich *ausschließlich* auf Ausdauerübungen zu fokussieren, wird früher oder später Raubbau an deiner Muskulatur darstellen. Da Muskeln der wichtigste Energieverwerter in der Ruhephase sind (ja, Menschen mit mehr Muskeln verbrennen im Schlaf mehr Energie als Menschen mit dem gleichen Körpergewicht, aber viel weniger Muskelmasse), musst du dann stärker auf deine Ernährung achten. Dich *ausschließlich* auf Mobilisationsübungen zu konzentrieren, wird für Nachteile für deine Herzkreislaufbelastung sorgen und ebenso dem natürlichen Muskelabbau mit zunehmendem Alter (ab 35 Jahren) nicht entgegenwirken. Warum Sportarten wie Yoga nun so beliebt und auch gesund sind, liegt einfach daran, dass sie bei korrekter, regelmäßiger und intensiver Anwendung alle drei der Grundbausteine berücksichtigen.

Ja, selbst mit dem eigenen Körpergewicht kannst du Krafttraining betreiben (schau dir hierzu Athleten wie Frank Medrano oder Mark Lauren (*Be your own gym / Fit ohne Geräte*) an. Je nachdem, wo du aktuell mit deinem Bewegungspensum stehst und in welche Richtung dein gesundheitliches Ziel gerichtet ist, können zum Beispiel fürs Abnehmen ein konzentriertes Krafttraining und ein guter Ernährungsplan die bessere Alternative zu Yoga oder Laufen sein. Wenn du allerdings schon eine sehr gut Grundfitness hast, könnte es eventuell effektiver sein, dich auf anspruchsvolle Yogaeinheiten zu konzentrieren.

Eines ist auf alle Fälle sicher: Wenn du vorankommen willst, dann wird früher oder später dein Energielevel darüber entscheiden, ob du dies körperlich überhaupt noch leisten kannst, bevor dir dein Organismus – meistens ohne Vorankündigung – einen Strich durch die Rechnung macht.

Meine Lernfragen an dich:

- ☐ Wenn du dich gesundheitlich auf einer Skala von 0 bis 10 nicht mindestens auf 7 oder 8 befindest, was glaubst du, wie wirkungsvoll könntest du sein, wenn du ein Energielevel von 8+ hättest?
- ☐ Was wäre ein Grund, wenn du (wie deinem Auto) deinem Körper ebenso den richtigen Kraftstoff zuführen und dich deshalb mit Ernährung bewusster und detaillierter beschäftigen würdest?
- ☐ Wozu solltest du in Bezug auf deine Gesundheit mehr *Ja* und wozu solltest du mehr *Nein* sagen. Und jetzt komm mir bitte nicht mit der Aussage, du wüsstest es nicht. Jeder weiß es ganz genau – sei einfach ehrlich zu dir selbst (und deinem inneren Schweinehund)!
- ☐ Bist du ein Mensch, der in Diätplänen denkt, oder glaubst du, es würde *nachhaltig* mehr Sinn machen, *Gewohnheiten* entsprechend für *immer umzustellen* (keine Angst, du darfst als gesunder Mensch trotzdem noch Schokolade essen)?
- ☐ Wie wäre es um deinen persönlich von dir definierten Reichtum bestellt, wenn du heute vom Arzt eine der typischen selbstverursachten Gesellschaftskrankheiten diagnostiziert bekommen würdest?

Wenn dir deine Gesundheit wirklich wichtig ist und du mit minimalem Aufwand hier etwas verbessern möchtest, dann empfehle ich dir folgende Quellen:

Name	Produkte	Website	Bemerkung
Patric Heizmann	Siehe Website	www.patric-heizmann.de	
Mark Lauren	Fit ohne Geräte	www.marklauren.com	Hält den Rekord mit 133 Meter schwimmen unter Wasser mit einem Atemzug
Bar Brothers		www.barbrothers.com	
Frank Medrano		www.frankmedrano.com	Körpergewichtstraining
Urban Sports	Siehe Website	www.urbansportsclub.com	Multi-Sportangebot-Plattform
Sadia		www.pickuplimes.com	Super Kochrezepte auf rein pflanzlicher Basis
Wim Hof	Siehe Website	www.wimhofmethod.com	Atmung, Kältetraining, Commitment
Bryan oder Jonny Kest		www.poweryoga.com www.centerforyoga.com	

Prüfe unbedingt auch die Sonderkonditionen, die ich für dich als lernbegeisterten Leser speziell verhandelt habe und dir als Zusatzbonus anbieten kann: www.lernenwirddichreichmachen.de/deals

38.
LERNE DIE KRAFT DER LIEBE KENNEN

Was hat das Thema „*Lernen wird dich reich machen*" mit der Liebe zu tun? Ich bin der Überzeugung, dass Liebe *der* fundamentale Klebstoff, Schlüssel bzw. Mosaikstein in diesem Kontext ist.

Mach doch einfach mal ein Gedankenspiel: Was wäre Reichtum ohne Liebe bzw. wäre Reichtum ohne Liebe überhaupt möglich?

- ☐ Wenn du keine Liebe zu deiner Berufung empfinden würdest, was wäre dein Antrieb? Wäre es Hass oder Neid, damit du jemandem etwas beweisen kannst?
- ☐ Wenn Menschen keine Liebe zu Details hätten, könnten wir dann überhaupt so fortschrittlich leben?
- ☐ Wenn wir für unsere Handlungen nicht geliebt oder geschätzt werden würden, welche Bedeutung würde es dann für dich überhaupt geben?
- ☐ Wenn Sportler, Künstler oder Musiker keine Liebe und Leidenschaft für ihr Talent zum Ausdruck bringen würden, könnten sie dann überhaupt Weltstars sein?

- ☐ Wenn du keine Liebe empfinden würdest, was würde dir die Kraft geben, durchzuhalten, wenn es mal eng wird oder du schwierige Lebenssituationen überwinden müsstest?
- ☐ Wer wird langfristig mehr Energie und Ressourcen für sein Ziel mobilisieren können: jemand, der von Herzen und mit Liebe dabei ist, oder jemand, der dieses Gefühl überhaupt nicht damit verbindet?

Für mich und in meiner Welt ist die Antwort glasklar: Liebe *muss* der Antrieb für alles sein, was du erschaffen willst. Sollte diese Emotion bei deinem Wirken fehlen, wirst du selbst als Multi-Milliardär der ärmste Mensch auf dem Planeten sein.

Doch Achtung, es gibt einige Aussagen, die in diesem Zusammenhang immer wieder verwirrend sind und die ich keineswegs teilen kann:

- Tue, was du liebst, und Wohlstand wird folgen.
- Liebe, was du tust, und dir werden entsprechende Türen geöffnet.
- Folge deinem Herzen, und du wirst reich und glücklich.
- …

Bestimmt kennst du noch viele weitere Aussagen. Doch die oben genannten Aussagen *allein* werden dir relativ wenig bringen, wenn du die vielen anderen Puzzleteilchen, die zusätzlich notwendig sind, nicht miteinander verknüpfst.

Natürlich ist es sinnvoller, sich auf seine Stärken zu konzentrieren, auf die Dinge, die man liebt. Doch wenn du Schokolade liebst, dich darauf konzentrierst und in Unmengen zu dir nimmst, dann könnte das ein

Problem werden. Wenn du es liebst, Texte oder Romane zu schreiben, das Geschriebene aber nicht verkaufen oder dich nicht gut vermarkten kannst, dann bringt dir das recht wenig (vielleicht heißt es deshalb auch *„brotlose Kunst“*). Wenn du von Herzen gerne Länder bereist, dann ist das heutzutage für die meisten mit einem sehr geringen Budget tatsächlich möglich. Doch wenn du vorhast, daraus ein Geschäftsmodell beispielsweise als Reisejournalist oder -blogger zu etablieren, aber nicht weißt, wie es richtig geht (stell dir vor, du wirst krank oder kannst aus irgendwelchen anderen Gründen nicht arbeiten), dann wirst du diesem Weg nicht besonders lange folgen können …

So wie eine Medaille zwei Seiten hat, wirst du mit der Liebes-Seite *allein* keine großen Sprünge machen können. Und genauso wirst du *ohne* die Seite der Liebe für all deinen Fortschritt, deine Erfolge und deinen Reichtum wohl kein besonders gutes und nachhaltiges Gefühl der Erfüllung spüren.

Ich bin weder Esoteriker noch bin ich Physiker. In der Natur gibt es bekanntlich Gesetze und Kräfte. Die meisten von ihnen haben wir akzeptiert, weil sie von schlauen Köpfen wissenschaftlich bewiesen worden sind. Bei vielen wissen wir, dass sie existieren, obwohl wir sie nicht tatsächlich sehen können. Wir können nur die *Auswirkungen* sehen oder spüren. Wind ist nicht sichtbar – aber wir können ihn spüren oder sehen, wenn sich Bäume biegen. Elektrischer Strom ist nicht sichtbar, doch wir können ihn *„sehen“*, wenn eine Lampe eingeschalten wird, und spüren, wenn wir an den elektrisch geladenen Weidezaun pinkeln würden (mancher Leser spürt dies allein jetzt schon beim Lesen dieser Zeilen). Die Erdanziehungskraft kannst du nicht sehen, doch du spürst sie, wenn du an einem Abgrund einen Schritt zu weit gehst. Vertrauen kannst du nicht sehen bzw. nur bedingt messen – doch der Wert dieser Währung ist heutzutage kostbarer als viele finanzielle Investments.

Wie ist das mit der Kraft der Liebe? Kannst du sie sehen? Kannst du sie messen? Meines Wissens gibt es hierfür noch kein Messinstrument wie einen Geigerzähler, der Radioaktivität misst. Kannst du Liebe hören, schmecken oder riechen? Kannst du Liebe spüren? Selbst wenn du persönlich nicht besonders offen oder sensibel dafür bist, Liebe kann jeder Mensch spüren – manche intensiver als andere, doch keiner kann sie wirklich sehen (jetzt mal ausgenommen von sogenannten spirituellen Auralesern). Doch nur weil du etwas nicht sehen kannst, heißt das noch lange nicht, dass es keine Kraft- oder Energiequelle ist, die nicht existiert.

Das Geheimnisvolle an der Liebe ist: Wir alle haben sie in uns, wir alle brauchen sie wie die Luft zum Atmen. Wir alle spüren sie, wenn sie uns von Herzen gegeben/geschenkt wird. Die meisten spüren es genauso, wenn sie nur vorgetäuscht wird. Die Liebe ist eine der wenigen Kräfte, die sich vermehrt, wenn wir sie teilen. Und trotzdem haben so viele Menschen Angst, sie zum Ausdruck zu bringen. Trotzdem halten so viele Menschen diese Urenergie zurück.

Die Gründe hierfür können unterschiedlichster Art sein: Die meisten haben mit Angst vor Verletzung zu tun. In der Geschäftswelt, in der es um harte Zahlen, Daten und Fakten geht, hat Liebe selten Raum oder Platz. Doch stell dir vor, wenn in 100 oder 1.000 Jahren eine Möglichkeit entwickelt worden wäre, um Liebe messbar oder sichtbar zu machen? Was würden diese Menschen dann über uns heute denken? Hätten sie Mitleid mit uns – so wie die meisten von uns Mitleid mit den

Sklaven haben, die vor Tausenden von Jahren als einzige Lebensaufgabe hatten, beim Bau einer Pyramide mitzuwirken?

Die Persönlichkeiten und Unternehmen, die sich die Kraft der Liebe bewusst gemacht und als einen wichtigen Bestandteil ihres Handelns verinnerlicht haben, werden immer gesünder und nachhaltiger dastehen als diejenigen, die sich dieser Kraft verweigern – auch wenn die Bilanz sowie Gewinn-und-Verlust-Rechnung noch kein Buchungskonto für Liebe ausweisen.

Ob du Angestellter, Selbstständiger oder Unternehmer von einem Großkonzern bist – die Kraft der Liebe wird dich in allen Bereichen zum Star (und bei Abwesenheit zum Verlierer) machen können. Die Liebe, Menschen zu führen und sich entwickeln zu lassen, die Liebe für Zahlen oder Buchhaltung, die Liebe, zu verkaufen, die Liebe für Design, die Liebe fürs Detail, die Liebe für Innovation, die Liebe, etwas Positives zu bewirken, die Liebe für Prozesse, die Liebe für Ordnung, die Liebe, Komplexes einfach darzustellen etc.

Auch wenn wir im Jahr 2022 die Liebe selbst noch nicht wirklich sehen können, die Auswirkungen der Kraft der Liebe sind schon seit Jahrtausenden sichtbar.

Meine Lernfragen an dich:

- ☐ Ist deine *„Reichtumsmedaille"* ausgeglichen, das heißt, bewegst du dich auf der nicht sichtbaren Seite der Liebe für … *und* auf der Seite, was dir und deinen Liebsten den Kühlschrank füllt?
- ☐ Wenn du keine Angst vor Verletzung hättest, welche Kraft der Liebe schlummert in dir und braucht die Welt?
- ☐ In welchen Bereichen wurdest du durch *„nicht authentische Liebe"* geblendet? Was kostet dich dies wirklich (emotional, mental und spirituell)?

Schau dir auch gerne dieses Video hierzu an:

http://y2u.be/bUMFZM5WBrI

39.

LERNE, DASS DEINE ZEIT BEGRENZT IST

Kennst du Menschen, die immer mal wieder diese Art von Aussagen sich selbst oder ihrem Umfeld gegenüber tätigen?

- Ich würde gerne auf Reisen gehen.
- Ich würde gerne die Welt sehen.
- Ich hätte gerne eine eigene Firma.
- Ich würde gerne weniger arbeiten.
- Ich möchte ein Buch schreiben.
- Ich möchte auf der Bühne stehen und Menschen begeistern.
- Ich würde gerne einmal zwei Monate Auszeit nehmen.
- Ich würde gerne Mal in einem Formel-1-Auto mitfahren.
- ...

Man nennt diese auch gerne die sogenannte *Bucket List* – oder Dinge, die man gerne tun würde, bevor man diesen Planeten verlassen muss. Ich persönlich kenne sehr viele Menschen, die entweder die Liste im

Kopf oder die Punkte schon mal aufgeschrieben haben – doch nur ein ganz kleiner Anteil davon kommt wirklich zur Umsetzung.

Natürlich kannst du nicht alles gleichzeitig und sofort haben. Doch eines kann ich dir mit hundertprozentiger Sicherheit sagen: Je älter du wirst, desto weniger Zeit wirst du haben, um diese Dinge wirklich zu leben! Was hält dich ab, jetzt die Dinge anzugehen, für die es später vielleicht keine Zeit mehr gibt? Deine Arbeit? Deine Familie? Deine Angst: „*Was sollen denn dann die anderen denken?*"

Unsere größte Limitierung findet bei uns im Kopf statt – sonst nirgends. Natürlich gibt es Hürden, Herausforderungen und Probleme, die zuerst oder auf dem Weg dahin zu lösen sind. Doch lass dich in keinem Alter davon täuschen, dass du noch genügend Zeit hast. Woher weißt du das? Vielleicht hast du Glück, und darfst noch gesund und vital 10, 20 oder sogar über 30 Jahre leben. Doch wer gibt dir die Sicherheit? Schau dir die folgenden Zitate und Aussagen bewusst an. Welche berühren dich am tiefsten?

- ☐ Es ist nicht wenig Zeit, die wir haben, sondern es ist viel Zeit, die wir nicht nützen. (Lucius Seneca)
- ☐ Als junger Mensch sagt man sich gerne: „*Das kann ich immer noch machen, wenn ich mal alt bin.*" Als älterer Mensch sagt man sich gerne: „*Wenn ich nochmals jung sein könnte, dann würde ich dies oder das in Angriff nehmen.*" (Der Schritt von „*Ich bin noch zu jung.*" zu „*Jetzt bin ich zu alt*" passiert übrigens über Nacht.)
- ☐ Man bereut weniger, was man getan hat, sondern immer mehr, was man *nicht* getan hat. (Marc Aurel)
- ☐ Hätte ich mehr Mut gehabt, wäre ich früher andere Wege gegangen.

- ☐ Wenn ich die Zeit nochmals zurückdrehen könnte, dann würde ich einiges anders machen.
- ☐ Was glaubst du, geht Menschen durch den Kopf, die durch eine Krankheitsdiagnose von ihrem Arzt nur noch ein paar Monate Lebenszeit prognostiziert bekommen?
- ☐ Was würdest du tun, wenn du zu 100 Prozent nicht scheitern könntest, du niemandem Rechenschaft ablegen müsstest, dir es wirklich egal wäre, was dein Umfeld über deine Entscheidung denkt?

Dass deine Zeit begrenzt ist, bedeutet übrigens nicht nur, dass deine Zeit für *dich* begrenzt ist, sondern die Zeit *mit* den Menschen, die dir wichtig sind. Die meisten von uns haben schon einmal einen geliebten Menschen verloren. Ob durch einen natürlichen Tod, eine Krankheit, einen Unfall etc. Wenn die letzten Monate, Wochen, Tage, Stunden dieses jenen verbleibenden Lebens *planbar* wären, dann würdest du mit dieser Zeit komplett anders umgehen. Du würdest bestimmt andere Prioritäten setzen und dankbar für jedes Lächeln, jeden Moment der Freude, der Nähe, der Kommunikation und der Liebe, die du in diesen Momenten fühlst, sein.

Darum warte nicht, bis dieser Countdown wirklich tickt oder das Schicksal dir keine Möglichkeit mehr für die letzten Sekunden gibt.

Meine Lernfragen an dich:

- ☐ Was würdest du unbedingt angehen, wenn du heute die Diagnose auf maximal sechs weitere Lebensmonate erhalten würdest?
- ☐ Was müsstest du tun, damit du deine *Bucket List* mit mehr *Erleben* füllen könntest, anstatt nur aufzufüllen oder aufzuschieben?
- ☐ Was bereust du bereits heute, dass du es nicht getan hast (und was nun vielleicht nicht mehr möglich ist) – was kannst du daraus lernen?
- ☐ Was würdest du heute einem Menschen mitgeben, der eine oder zwei Generationen jünger ist als du? Was würdest du gerne von einem Menschen lernen, der eine Generation weiter ist als du?

Schau dir hierzu auch gerne diese Filme an:

In time https://www.imdb.com/title/tt1637688/

Der geilste Tag: https://www.imdb.com/title/tt5154896/

40.
LERNE, DASS ZEIT EIN KOSTBARES GUT IST

Das ist bestimmt kalter Kaffee für dich, und natürlich kennst du die Marketingweisheit „*Zeit ist Geld*“. Doch ich komme gerne zum Beginn des Buches zurück: Hast du wirklich etwas gelernt, und wendest du dieses Wissen auch tatsächlich an? Wofür vergeudest oder verbrennst du deine Zeit? Wie viel Zeit verbringst du mit Dingen und Themen, die dich förmlich nur Zeit *kosten* oder Energie *rauben* und dich dadurch unproduktiver machen? In diesem Moment, während ich diese Zeilen schreibe, befinde ich mich in Botswana in Afrika auf einer Terrasse mit einem unendlich schönen Ausblick in die Weite.

Ich habe hier Schatten, Strom und kein Internet (nur von 18 Uhr abends bis sechs Uhr morgens – und frag nicht nach der Geschwindigkeit!). Es tut so gut, im Urlaub auch einfach mal den Standort zu genießen und diesen Zustand kreativ für dieses Buch zu nutzen. Und glaube mir, wenn ich wie an vielen anderen Standorten Internetzugriff hätte, könnte ich auch locker in den Modus des *Zappens* verfallen … Und genau das ist das Thema.

Einer schreit jetzt entsetzt: *„Was, im Urlaub auch noch zu arbeiten, das würde ich niemals tun!“* Ein anderer meint: *„Ja, es ist auch mal okay, ein bisschen das Internet leerzusurfen.“* Doch was ist denn tatsächlich entscheidend? Du brauchst nicht ein Elon Musk sein, der angeblich seit Jahren eine 80-Stunden-Woche mit seinen x Firmen bewerkstelligt und dadurch definitiv einen Wettbewerbsvorteil hat. Die Hauptfrage ist, ob du in der Balance zwischen nichts tun/chillen und produktiven und kreativen Phasen bist. Und Achtung: Balance heißt nicht 50:50. Mit Balance meine ich ein Gefühl der Ausgeglichenheit, Gelassenheit und Erfüllung. Ich bin dankbar, welche Freiheiten meine Frau Rabea und ich uns gemeinsam seit 2003 aufgebaut haben. Dass wir seit vielen Jahren regelmäßig Fernreisen mit einer Dauer von vier bis fünf Wochen tätigen können, *ohne* in dieser Zeit E-Mails bearbeiten und lesen zu müssen. Darum ist das Schreiben dieser Zeilen für mich auch keine Arbeit im klassischen Sinn, sondern das Geschenk eines kreativen Entstehungsprozesses. Die Zeit auf Reisen ist so wertvoll und bereichert mich in so unglaublichem Ausmaß, dass ich es nicht mehr missen möchte (erinnere dich an das Kapitel 46 *„Lerne von anderen Kulturen – Reisen bildet“*). Trotzdem heißt das nicht, dass ich nicht auch mal nichts tue oder zu Neudeutsch *„rumchille“*. Doch frage dich wirklich, was dir wichtiger ist: Ein sogenannter Zeit-Millionär zu sein oder mehrere Millionen auf dem Konto und keine Zeit mehr zu haben, weil du nur noch fremdgesteuert bist? Unterm Strich ist allerdings die Frage falsch, denn am besten wäre es wohl, Zeit *und* Geld zu haben.

Das Schöne an der Zeit ist ja, dass jeder Mensch auf diesem Planeten jeden Tag die gleiche Anzahl Sekunden zur Verfügung gestellt bekommt (okay nicht ganz korrekt: am Geburts- und Todestag gibt es Abweichungen) – egal welcher Hautfarbe, welcher Glaubensrichtung, welcher Herkunft, welcher Nationalität, ob dünn oder dick, ob alt oder jung, ob arm oder reich, ob intelligent oder unfähig. Und beachte, dass bei allem materiellen Reichtum, den du dir im Leben aufbaust, immer ein Risiko besteht, alles wieder zu verlieren. Wenn du dann aus diesen Erfahrungen lernst, kannst du dir materiellen Reichtum wieder aufbauen.

Beim Thema Zeit sieht das schon etwas anders aus. Zeit, die du einmal verloren hast, kannst du nicht wiedergutmachen. Du kannst Zeit nicht sparen, du kannst die Zeit nicht anhalten, du kannst Zeit nicht vermehren, du kannst dir Zeit auch nicht auszahlen lassen, du kannst Zeit nicht verzinsen, sondern du entscheidest immer und in jedem Augenblick, wie du dieses kostbare Gut und diesen nie wiederkehrenden Moment erleben willst. Hierzu gibt es ein schönes Zitat: „*Das Leben wird nicht in der Anzahl genommener Atemzüge gemessen, sondern in der Anzahl der Momente, in denen es dir den Atem genommen hat (life is not measured in the breath you take, but in the moments life took your breath away).*“

Wenn du dich also entscheidest, jeden Tag eine Stunde zur Arbeit hin- und eine Stunde im Berufsverkehr nach Hause zurückzufahren, dann ist es dir das wohl wert. Bei 220 Arbeitstagen pro Jahr und ca. 45 Berufsjahren sind das 19.800 Stunden deines Lebens. Das entspricht ca. 2,3 Jahren. Wenn du diese Zeit sinnvoll mit Hörbüchern nutzt, dann wäre das, als ob du 500 Wochen lang 40 Stunden pro Woche in deine Persönlichkeitsentwicklung investierst. Wenn du diese Zeit mit einem klassischen Studium mit je acht Semestern Vorlesungszeit von je 16 Wochen pro Semester vergleichst, könntest du im Berufsverkehr quasi vier volle Berufe nebenbei erlernen!

Bitte verstehe mich nicht falsch – ich möchte hier weder werten noch urteilen, doch sei dir bitte bewusst, dass Aussagen wie *„Ich habe keine Zeit"* absolut irrelevant sind, da Zeit nur ein Gedankenkonstrukt und unterm Strich eine *Illusion* ist. Wir können nur immer *jetzt* leben, weder gestern noch morgen. Doch *jetzt* können wir entscheiden, was es uns wert ist. *Jetzt* können wir entscheiden, wofür wir uns die sogenannte Zeit nehmen wollen.

Meine Lernfragen an dich:

- ☐ Womit möchtest du in Zukunft mehr Zeit verbringen, wo würdest du gerne mehr Zeit investieren, weil dir im Moment oder in Zukunft ein wertvollerer *Return on Investment* in Aussicht steht? Dies könnte sein: Zeit für Beziehungen mit Freunden, Partnern, Familie, Zeit für dich, Zeit für Persönlichkeitsentwicklung, Zeit für besondere Erlebnisse.
- ☐ Womit möchtest du in Zukunft weniger Zeit verbringen, was kostet dich wirklich Zeit im Sinne einer Ausgabe? Wie sieht deine *„Not-to-do-Liste"* aus?
- ☐ Wie kannst du deine Zeit sinn- und wertvoller investieren? Würde sich bei deiner Anzahl von Stunden, die du am Steuer verbringst, vielleicht schon ein Fahrer lohnen, damit du die Zeit im Auto mit wertvolleren Tätigkeiten nutzen kannst?
- ☐ Was könntest du delegieren oder outsourcen? Achtung: Im Lernprozess gibt es wenig Abkürzungen. Themen wie Gesundheit, Verantwortung und strategische Maßnahmen können nicht delegiert werden.
- ☐ Was würdest du gerne unternehmen, wenn du Zeit im Überfluss hättest? Wäre es wirklich, im Internet zu surfen, Gossip-Talk-Gespräche führen oder stundenlang sinnlose TV-Shows zu konsumieren?
- ☐ Was würdest du heute noch anders machen, wenn du wüsstest, dass es für dich kein Erwachen am nächsten Tag geben würde oder morgen der Tag wäre, an dem du zum letzten Mal 86.400 Sekunden geschenkt bekommen würdest? Dieser Moment wird für uns alle kommen – für die meisten von uns *ohne* Ansage!

41. LERNE DIE KRAFT UND MACHT DER KONDITIONIERUNG

Es gibt unterschiedliche Möglichkeiten, Konditionierung als kraftvolles Werkzeug zu deinem Vorteil zu nutzen. Wie bei allem im Leben gibt es jedoch auch eine Kehrseite der Medaille: Konditionierung kann auch zu deinem Nachteil sein – bewusster oder unbewusster Natur.

Schauen wir uns zunächst einmal an, was Konditionierung laut Duden bzw. Wikipedia eigentlich bedeutet: Das Wort leitet sich her vom lateinischen *„conditio"*, was so viel bedeutet wie *„Bedingung, Beschaffenheit"*. In der Psychologie bedeutet Konditionieren: *„Bewirken, dass eine Reaktion auch dann eintritt, wenn an die Stelle des ursprünglichen auslösenden Reizes ein anderer tritt."* Das bekannteste Beispiel ist das Experiment des russischen Forschers Iwan Petrowitsch Pawlow und seine Erkenntnis, dass ein Hund bereits beim Ertönen einer Glocke Speichelfluss produziert, obwohl gar kein Futter in Sicht- oder Geruchsnähe war, sofern *vorher* bei der Futteranreichung die Glocke *ausreichend häufig* damit in Verbindung gebracht wurde. Das heißt, von einem Reiz (Hören der Glocke), der ursprünglich nichts mit dem Futter zu tun hat, konnte eine Reaktion (Speichelfluss) getriggert werden.

Was heißt das jetzt für dich in deinem alltäglichen Leben? Es gibt zwei entscheidende Quellen, die tagein, tagaus einen Einfluss in Form einer „*passiven Konditionierung*" auf uns ausüben:

1. unser Umfeld (Menschen, Medien, Gesellschaft);
2. unsere innere Stimme/unser innerer Dialog (gerne auch das Geschnatter zwischen den Ohren gemeint).

Beginnen wir mit der zweiten Quelle: unserer *inneren Stimme*. Du behauptest, du führst keine Selbstgespräche? Oh doch, wir alle tun das! Den lieben langen Tag. Doch nimmst du auch bewusst wahr, wie diese Stimme tagtäglich zu dir spricht? Sieht diese Stimme die Dinge eher kritisch oder eher durch die rosarote Brille? Hier geht es nicht um gut oder schlecht, sondern darum, ob dich dein inneres Geschwätz nach vorne bringt oder eher hinderlich ist. Wer permanent Fehler sucht oder Selbstzweifel hat, wird definitiv anders durch die Welt gehen als jemand, der in Lösungen denkt und ein gesundes Selbstbewusstsein verkörpert. Darum unterschätze niemals, was zwischen deinen Ohren abgeht!

Die erste Quelle: Ihr *Umfeld* (Menschen, Medien, Gesellschaft) empfinden die meisten gar nicht als mögliche passive Konditionierung. Und das ist sie auch nicht im klassischen Sinne, doch wenn dir dein Umfeld immer und immer wieder die gleiche Message auf unterschiedlichsten Kanälen kommuniziert, dann hat das einen Einfluss auf dein Verhalten und deine Entwicklung. Der Boxer Mike Tyson – der wohl durch das Abbeißen des Ohres seines Gegners Evander Holyfield weltberühmt wurde (okay, berühmt war er vor dieser Aktion auch schon) – hatte auf seinem Weg nach oben sogar angeblich mehrere persönliche Assistenten beauftragt, die hinter ihm hergelaufen sind und ihm permanent soufflierten, dass er der größte Boxer aller Zeiten sei. Die Medien lassen dich gerne glauben, dass du immer wieder das neuste Auto, Handy etc. unbedingt haben musst (obwohl das alte noch in bestem Zustand ist). Die Gesellschaft in Europa lässt dich glauben, dass gebräunte Haut ein anzustrebendes Schönheitsideal ist und wer käseweiß daherkommt, nicht attraktiv sei. Versuch, das mal einem Model in Asien zu vermitteln – dort ist es genau umgekehrt (helle Haut ist ein Indikator für Reiche und Schöne, je dunkler die Haut, desto mehr wirst du in die Schublade der sogenannten Feldarbeiter gesteckt). Was nun korrekt ist, was nun besser oder schlechter ist, sei mal dahingestellt. Entscheidend ist, dass dein Umfeld dich unbewusst entsprechend beeinflusst und damit konditioniert.

Im ersten Schritt wollte ich dir nur bewusst machen, dass du diese beiden Quellen erkennst und lernst, damit umzugehen. Die wirkliche Kraft und Macht für dich liegt allerdings in der *aktiven Konditionierung*. Das heißt in deinen Ritualen und Gewohnheiten, die du immer und immer wieder zu deinen Gunsten aktiv in die Tat umsetzt. Die Kampfsportlegende Bruce Lee hatte am meisten Respekt vor den Personen, die *einen* Kick, Schlag oder Block zehntausendmal und mehr bis zur Perfektion wiederholt haben. Er hatte keine Angst vor den Gegnern, die 10.000 *unterschiedliche* Kicks oder Schläge geübt hatten. Wenn du dein Gehirn und deinen Körper so konditioniert hast, dass man dich nachts um drei Uhr aus dem Tiefschlaf reißen kann und du dann das gewünschte Verhalten wie eine Maschine ablieferst, dann bist du ein wahrer Meister der Konditionierung.

Welche Formen der aktiven Konditionierung gibt es bzw. wie und wo kannst du diese am wirkungsvollsten praktizieren?

- ☐ Verwende unterschiedliche Sinnes- und Kommunikationselemente: Worte, Sprache, Lautstärke, Intensität, Abwechslung, deinen gesamten Körper von Kopf bis Fuß, Gestik und Bewegung.
- ☐ Verbinde mit deiner aktiven Übung so viele Emotionen wie möglich, sodass du allein durch die Übung dein Wunschergebnis mit einem Gefühl verankerst und assoziierst.
- ☐ Welche Musik bzw. welche Songs können dieses Gefühl noch aktiv verstärken, untermauern oder tiefer verinnerlichen?
- ☐ Der entscheidende Faktor bei der Konditionierung liegt in der Anzahl der Wiederholungen. Wir sprechen hier nicht von 10 oder 100 Wiederholungen, sondern von *stetigen* Wiederholungen über einen Zeitraum von vielen Wochen, Monaten oder Jahren (oder glaubst du wirklich, wenn du einmal 20 Minuten durch den Wald gelaufen bist und dabei laut geschrien hast *„Ich bin der Größte, und mich kann nichts stoppen!“*, dass dies ausreicht, wenn du in der darauffolgenden Woche einen entscheidenden Verkaufsabschluss tätigen musst).
- ☐ Wie sieht dein Ritual unmittelbar vor dem Schlafengehen und direkt nach dem Aufwachen aus? Diese beiden Phasen am Tag sind besonders wirkungsvoll, weil dein Geist in diesem Zeitraum mit einer anderen Wellenlänge in Resonanz ist.
- ☐ Welche geistige Nahrung konsumierst du aktiv – das heißt, bereichert dich das, was du liest, und regt es dich zum Nachdenken an, oder lässt du dich von *„Nachrichten“* lenken?

Meine Lernfragen an dich:

- ☐ Nachdem du dieses Kapitel gelesen hast, welche unbewussten Konditionierungsquellen sind dir bewusst geworden?
- ☐ Welche aktive Konditionierung möchtest du gerne für die nächsten 90 Tage in deinen Alltag integrieren?
- ☐ Wenn du deinen Lieblingssong zum Beispiel im Radio hörst, welches Gefühl löst das in diesem Moment bei dir aus?

Wenn du deine Kompetenz zum Thema Konditionierung weiter ausbauen willst, dann empfehle ich dir folgende Quellen:

Name	Produkte	Website	Bemerkung
Josef Murphy	Mehrfacher Bestseller Autor	Keine	Wohl eines der Urgesteine im Kontext von Mentaltraining
Bruce Lipton	Siehe Website	www.brucelipton.com	
Tony Robbins	Siehe Website	www.tonyrobbins.com	Industrieleader in der Weiterbildungs-branche. Coacht Weltstars, Politiker und Celebrities – bringt Konditionierung auf ein komplett neues Level
Napoleon Hill	Weltbestseller „Denke nach und werde reich“	Keine	

Prüfe unbedingt auch die Sonderkonditionen, die ich für dich als lernbegeisterten Leser speziell verhandelt habe und dir als Zusatzbonus anbieten kann: www.lernenwirddichreichmachen.de/deals

42.
LERNE, DASS DU NICHT DEINE GEDANKEN BIST

Du kennst die Aussage *„Du bist, was du isst"*, was so viel bedeuten soll wie, dass die Nahrung (Menge, Art, Qualität, Rhythmus etc.) sehr stark deinen Organismus und damit deinen Körper beeinflusst. Auf der anderen Seite gibt es auch Aussagen, dass *„du bist, was du denkst"*. Auch wenn deine Gedanken eine wahnsinnige Macht haben und das, was du permanent denkst, eine entscheidende Auswirkung auf deine Lebensentwicklung hat, solltest du dir das Thema mit den Gedanken genauer anschauen (lese hierzu auch gerne nochmals das Kapitel 31 *„Lerne, nicht alles zu glauben, was gesagt, geschrieben oder gefilmt wurde"*):

Hierfür empfehle ich dir, folgende Rahmenkriterien nochmals präziser zu betrachten:

- ☐ Jeder Mensch hat täglich Zehntausende Gedanken – ob bewusst oder unbewusst.
- ☐ Die Gedanken werden sehr stark vom Außen beeinflusst, also durch alles, was du über deine fünf Sinneskanäle aufnimmst

(Sehen, Hören, Fühlen, Riechen, Schmecken). Wenn du also das, was du siehst, hörst, fühlst, riechst und schmeckst, änderst, wird das Einfluss auf dein Gedankengeschnatter haben.

- ☐ Neben dem Einfluss durch deine Umwelt (was in deiner direkten und indirekten geografischen Umgebung passiert) und dein Umfeld (mit welchen Personen und Gruppierungen – ob real oder surreal – du dich umgibst/beschäftigst), beeinflussen deine vergangenen Erlebnisse und Ereignisse die Art deiner Gedanken (durch dein existierendes Glaubensmuster).
- ☐ Gedanken kommen und gehen auf oben genannter Basis.
- ☐ *Du selbst jedoch bist nicht der Gedanke, sondern nur der Beobachter der Gedanken.* (Lies dir diesen Satz bitte nochmals genau durch! Zur besseren Vorstellung solltest du hierzu versuchen, die Perspektive/den Blickwinkel auf den Gedanken zu ändern).
- ☐ Du selbst als Beobachter bist das Bewusstsein und *wählst,* was du mit dem Gedanken machst.
- ☐ Sobald du dem Gedanken bewusst oder unbewusst die Aufmerksamkeit geschenkt hast, trittst du mit dieser Schwingung in Resonanz (dann ist er quasi in deinem Kopf). Das heißt, eigentlich sind Gedanken wie permanente Radiowellen, die im Universum existieren. Du als Beobachter wählst, ob du diese empfängst und länger oder kürzer mit ihnen in Resonanz gehst oder nicht. Erst dadurch werden sie ein Teil von dir.

Daniele Ganser hat es in etwa so beschrieben. Stell dir ein riesiges Buffet vor. Auf dem Buffet gibt es jede Menge Köstlichkeiten. Die Gesamtmenge dieser Köstlichkeiten, die auf dem Buffet liegt, ist die Gesamtmenge aller Gedanken, die permanent als Schwingung im Universum

„*herumliegen*". Die Köstlichkeiten, die auf dem Buffet liegen, machen mit deinem Körper erst mal gar nichts – genauso ist es mit den Gedanken, die im Universum kursieren. Die machen auch erst mal gar nichts mit dir (solange du nicht in Resonanz mit ihnen gehst). Sobald du allerdings etwas vom Buffet gewählt *und* es deine Lippen passiert hat, findet die erste Interaktion mit deinem Körper statt.

Genauso ist es mit deinen Gedanken. Sobald diese deinen Geist passiert haben, das heißt, zwischen deinen Nervenzellen/Synapsen ein (egal wie kleiner) Impuls erfolgte, ab diesem Zeitpunkt beginnt dieser Gedanke, ein Teil von dir zu werden (welche Auswirkungen das hat, sei mal dahingestellt). Das passiert, wenn du dir ein Bild anschaust, du einen Text liest (zum Beispiel diesen), Musik hörst etc. So wie im oben genannten Beispiel das Buffet der Köstlichkeiten schon existiert, so ist es auch mit den Gedanken. Sie existieren bereits, bevor du dir dessen bewusst wirst und bevor du sie als deine Gedanken deklarierst. Entscheidend ist eben nur, welche Gedanken du passieren lässt.

Für die meisten mag das jetzt sehr spirituell oder esoterisch klingen. Doch lass dich einfach mal auf das Experiment ein, und beobachte genau, was wann und wo bei dir passiert:

- ☐ Such dir einen Platz, an dem so wenig wie möglich Ablenkung hast (ruhig und frei von Störungen auf deine Sinne).
- ☐ Schließe deine Augen, und atme ruhig für ein paar Minuten.
- ☐ Beobachte, was deine Gedanken jetzt machen – aber wirklich. Denke nicht an deine Gedanken, sondern *beobachte* sie.
- ☐ Was ändert sich in dir, wenn du die Perspektive des Beobachters einnimmst?

Wenn du nun die gleiche Übung machen solltest, während du im alltäglichen Leben unterwegs bist, bin ich mir sicher, dass es fast unmöglich sein wird, in den Modus des Beobachters zu gelangen – weil du im alltäglichen Leben eben eine andere Perspektive hast, lässt du dich von deinen Gedanken leiten (obwohl du diese ja gar nicht selbst bist).

Wenn du dir dieses Mechanismus bewusst wirst und regelmäßig praktizierst, dann wird sich deine Wahrnehmung und Achtsamkeit für das, was dich reich und erfüllt macht, komplett ändern.

Meine Lernfragen an dich:

- ☐ An einem Buffet voller Köstlichkeiten wählst du mal mehr und mal weniger bewusst aus, was deine Lippen passieren soll. Wie sieht es mit deinem Gedankenbuffet aus – wie bewusst wählst du hier, was förderlich und was hinderlich für deinen Geist ist?
- ☐ Ob wir tatsächlich einen freien Willen haben oder uns eine Kraft im Universum diesen freien Willen annehmen lässt, sei mal dahingestellt. Nur mal angenommen, wir alle haben den freien Willen, zu wählen was wir an Gedankengut an uns ranlassen – was würdest du wählen?
- ☐ Wenn alle Gedanken immer und überall verfügbar sind, wie sollten sich deine Empfangsantennen ändern, damit du mit den gewünschten Gedanken in Resonanz treten kannst? Für welche Gedanken würde es Sinn machen, eine Abschirmung aufzubauen?

43.
LERNE, MEISTER DEINER EMOTIONEN ZU WERDEN

Schauen wir uns doch zu Beginn an, was Wikipedia bzw. der Duden über das Wort *„Emotion"* schreiben: *„Das Fremdwort Emotion benennt ein Gefühl, eine Gemütsbewegung und seelische Erregung. Das deutsche Wort ist dem gleichbedeutenden französischen émotion entlehnt, das zu émouvoir (dt. bewegen, erregen) gehört. Dieses Wort entstammt dem lateinischen ‚emovere' (dt. herausbewegen, emporwühlen), das auch im Wort Lokomotive enthalten ist."*

Na, wenn das nicht mal eine großartige Definition ist! Im Wort Emotion steckt also Bewegung/Erregung. Das heißt also anders ausgedrückt, dass deine Emotionen dich in Bewegung oder Erregung bringen. Jeder Emotion ist natürlich wiederum ein Gedanke vorgeschaltet, doch unterm Strich sind es nicht die Gedanken, die einen in Bewegung setzen, sondern die Emotionen, die wir damit assoziieren, bzw. die Bedeutung, die wir den Gedanken geben, die dann die entsprechenden Emotionen in uns auslösen.

Da nun im Wort Lokomotive ebenso der Ursprung *„emovere"* steckt, ist es doch ein schönes Bild, dass deine Emotionen quasi deine Lokomotive sind, um dich von deinem aktuellen Ort in Bewegung zu setzen. Wie sieht dies in der Praxis aus?

Nehmen wir das geliebte Thema „*Diät/gesunde Ernährung*". Ich glaube, das Thema ist wirklich nicht so wahnsinnig komplex. Wir wissen alle, was gesund und was weniger gesund ist. Wir sagen uns zwar, dass wir dies und das nicht essen oder trinken *sollten,* und wir *wissen* es auch. Doch sobald wir vor dem „*Sündenregal*" im Supermarkt oder an der Tankstelle stehen, schwupps, reden wir uns ein, dass wir es doch nicht so genau nehmen sollen und wir es uns doch verdient haben, uns den Schokoriegel, das Eis etc. zu gönnen. Ich frage dich jetzt: Wer ist für diese Handlungs*änderung* verantwortlich, und was hat sie tatsächlich getriggert? Ich hoffe, dass du für den ersten Teil der Antwort nur einen einzigen Verantwortlichen gefunden hast: Ja genau, du selbst! Es war nicht der Tankwart, der Azubi, der die Regale aufgefüllt hat, oder sogar die böse Werbung. Verantwortlich warst nur du, sonst niemand. Doch was hat diese Gedankenänderung getriggert? Wenn du es genau beobachtest, dann war es die Emotion, die du empfunden hast, *bevor* du deinen inneren Dialog geführt hast. Es kann das Gefühl von Hunger, Gelüsten, Appetit oder Ähnlichem gewesen sein. Vielleicht war es auch nur das Gefühl des Geschmacks, den du auf der Zunge verspürt hast. Wenn du mir nicht glaubst, dann frage ich dich, warum solche spontanen Willensänderungen bei dir nicht auftreten, wenn du statt vor Schokoriegeln oder Eis vor einer Auswahl frittierter Skorpione oder frisch gegrilltem Meerschweinchen stehst? (Beides sind übrigens in anderen Ländern der Welt Delikatessen.)

Für dich ist die Antwort logisch. Weil du *kein* gutes *Gefühl*, keine positive *Emotion* mit frittierten Skorpionen oder gegrilltem Meerschweinchen in Verbindung bringst (ich gehe für 99,9 Prozent der Leser dieses Buches einfach mal davon aus, dass ich damit richtig liege). Nur deshalb würdest du nicht in Bewegung kommen und zu dieser Delikatesse greifen.

Das Thema mit dem Essen ist nur ein Beispiel gewesen. Dass deine Emotionen dein *tatsächlich wahrer Antrieb* (deine Lokomotive) sind, kannst du in allen anderen Lebensbereichen ebenso überprüfen. Hier ein paar alternative Szenarien:

- ☐ Du willst weniger Geld ausgeben, doch das *schöne Gefühl* für nur noch *ein* neues paar Schuhe überwiegt. Schwupps, kommt es zur spontanen Kaufentscheidung (obwohl du genau weißt, dass du eigentlich ausreichend Schuhe hast, oder?).
- ☐ Du weißt, dass du den Vertrag nicht unterschreiben solltest, weil du nicht alles verstanden hast und manches keinen Sinn macht, doch dein Angstgefühl, dumm vor anderen dazustehen, zaubert die Unterschrift wie von Geisterhand auf das entscheidende Dokument.
- ☐ Du weißt, dass es eigentlich falsch ist, die fremde Person zu küssen, doch dein Sehnsuchtsgefühl nach Abenteuer und Abwechslung führt eure Lippen wie ein Magnet zusammen.
- ☐ Du weißt, dass du deine Wissenskompetenz in einem spezifischen Fachgebiet ausbauen und hierfür weiter lernen solltest, doch der Anruf von deinen Freunden, doch noch um die Häuser zu ziehen, ist zu verlockend, und du willst auch keine Spaßbremse oder Streber sein. Entsprechend bleibt das Kapitel oder die Lektion unbearbeitet.
- ☐ Du weißt, dass dein Kollege dich mit seinem Statement nur provozieren will, doch dein Ego gibt dir das Gefühl, dass du so eine Aussage nicht vor allen unkommentiert lassen kannst. Er

hat quasi einen Gefühlsknopf bei dir gedrückt. Du rastest vollkommen aus und wirst sogar handgreiflich (du erinnerst dich an den Kopfstoß des mehrfach ausgezeichneten Weltfußballers Zinédine Zidane im WM-Endspiel 2006?).

Nicht umsonst hat Bruce Lee das Zitat geprägt: *„Emotion can be the enemy, if you give into your emotion, you lose yourself. You must be at one with your emotions, because the body always follows the mind.“* Doch hier liegt die Betonung auf *„can be“*. Ebenso können Emotionen auch dein Booster, deine Lokomotive sein, wenn du *mit ihnen* bist, wenn du Meister deiner Emotionen bist und nicht deine Emotionen dein Meister sind.

Da die Werbung sehr gut verstanden hat, Einfluss auf unsere Emotionen und unsere Gefühlswelt zu nehmen, verstehst du jetzt wohl auch besser, warum in den meisten Supermärkten am Eingang die gesunden Sachen und die eher ungesunden Sachen am Ende aufzufinden sind. Wenn du wirklicher Meister deiner Emotionen werden willst, dann befasse dich intensiver mit dem Kapitel 41 *„Lerne die Kraft und Macht der Konditionierung“*.

Meine Lernfragen an dich:

- ☐ Beobachte für die nächsten sieben Tage, aufgrund welcher Basis du kleinere oder größere Entscheidungen triffst. Welche Emotionen begleiten dich im Moment der Entscheidung?
- ☐ Du willst andere Menschen in Bewegung bringen – wie kannst du das entsprechend authentisch – nicht manipulativ – emotional beeinflussen?
- ☐ Wenn du heute eine signifikante emotionale Reaktion aus der Vergangenheit mit gewissem Abstand reflektierst, wie könnte eine alternative emotionale Reaktion aussehen?
- ☐ Welche signifikante Entscheidung hast du rein emotional getroffen, die sich langfristig sehr positiv ausgewirkt hat? Was war das ursprüngliche Gefühl in diesem Moment?

44.
LERNE, DASS PERFEKTIONISMUS NICHT IMMER FÖRDERLICH IST

Wer sehnt sich nicht nach dem perfekten Business, dem perfekten Partner, der perfekten Figur, dem perfekten Urlaub, den perfekten Freunden, dem perfekten Dinner – kurz: nach der perfekten Welt? Was auf der einen Seite ein Ansporn sein kann, nie locker zu lassen und die Dinge immer weiter zu verbessern, kann auf der anderen Seite auch ganz klar paralysierend wirken.

Wo kommt das Wort *„Perfektionismus"* überhaupt her? Es wird abgeleitet vom lateinischen *„perfectio"*, was so viel bedeutet wie *„Vollendung"* oder *„Vollkommenheit"*. Laut Wikipedia ist hier wiederum der Sinn von Makellosigkeit gemeint – dies kommt vom lateinischen *„integritas"*, das *„Reinheit"* und *„Unversehrtheit"* bedeutet. Und hier ist nun die Frage, auf welche kosmische Ebene man *Reinheit* oder *Unversehrtheit* nun herunterbrechen möchte: Da dies eine sehr lange und philosophische Diskussion beinhalten würde, wird dir, glaube ich, sehr schnell klar, dass es nie einen wirklich perfekten Zustand auf alle Zeit geben kann, solange wir uns in einem Evolutionsprozess befinden. Da dieser für den Homo sapiens seit über 300.000 Jahren bereits im Gange ist und wohl die nächsten Jahrtausende auch nicht zur Vollendung kommen wird, habe ich für mich definiert, dass *„perfekt"* maximal ein aktueller Zustand sein kann und genau dann gilt, und da sich Zustände im Moment eines Augenblinzelns ändern können, wird es einen kontinuierlich anhaltenden perfekten Zustand meines Erachtens niemals geben.

Auch wenn dir diese Definition wohl wenig gefallen wird, lass uns doch dieses Gedankenspiel mal durchgehen: Gehen wir mal davon aus, es würde einen anhaltenden perfekten Zustand tagein, tagaus tatsächlich geben. Alles um dich herum wäre perfekt: Dein Tag, den du erlebt hast, wäre perfekt, du würdest mit Glücksgefühlen wie nach einem Dauerorgasmus zu Bett gehen. Am nächsten Tag wachst du auf, und das gleiche Spiel geht von vorne los: Alles um dich herum ist perfekt, dein Tag, den du erlebst, ist perfekt, und wieder gehst du mit entsprechenden Glücksgefühlen zu Bett. Am nächsten Tag wieder und am darauffolgenden wieder. Was glaubst du, wie lange würdest du es aushalten, bis du feststellst, dass du zu Tode gelangweilt wärst? Fünf Tage, zehn Tage, 30 Tage? Egal wie lange – der Tag würde kommen. Es mag sinnvoll sein, nach Perfektion zu streben, doch dann solltest du dir auch bewusst sein, dass dieser Tag niemals kommen kann! Wir Menschen haben das Bedürfnis nach Abwechslung und selbst wenn du die Abwechslung in deinen Perfektionismus einbauen würdest, wäre ein Dauerzustand nicht erstrebenswert.

Wer mich kennt, der weiß, dass ich ein Freund von Zahlen, Daten und Fakten bin. Ich liebe es, Auswertungen zu optimieren, zu vereinfachen und zu automatisieren, wo ich nur kann (okay, die Grenze ist bei mir manchmal recht schnell erreicht, ich kann in diesem Fachbereich maximal Hobby- bis Amateurkompetenz verzeichnen, da ich kein gelernter Programmierer bin. Doch ich bin recht zufrieden, wie ich vorangekommen bin). Für Kennzahlen suche ich die *„Eier legende Wollmilchsau"*: Und immer, wenn ich glaubte, dass es so, wie es nun war, perfekt war, kam ich auf eine weitere Idee, es noch besser zu machen, oder wurde von jemanden auf eine Idee gebracht, dieses oder jenes noch einzubauen. Irgendwann kam der Zeitpunkt, an dem ich total frustriert war, da meine Auswertungen einfach nie perfekt waren, und ich kam zu der Erkenntnis, dass ich niemals ein perfektes Endprodukt haben werde, sondern den *Weg dorthin, so perfekt es geht, genießen und mit Spaß erleben* sollte. Allein diese Erkenntnis hat mich bereichert und mit nicht materiellem Reichtum gesegnet, sodass ich den Weg als *perfekt* betrachten kann. Ja, selbst wenn ich nicht weiterkomme, gehört das zum Entwicklungsprozess dazu.

Was allerdings viel häufiger in unserer Gesellschaft der Fall ist, ist die Tatsache, dass Menschen vor lauter perfektionistischen Gedanken und Vorstellungen gar nicht in die Handlung kommen. Sie sehen nur ihre Vorbilder, Idole und Stars. Sie sehen nur, wie vermeintlich perfekt sie sind, was für ein perfektes Leben, für einen perfekten Job, für perfektes Umfeld etc. sie haben. Ganz egal in welcher Branche oder auf welchem Gebiet, ob Musik, Film, Business, Prozesse, Freunde, Familie, Gesundheit, Immobilien, Finanzen etc. – was die meisten hier eben nicht sehen, ist, dass ihre Vorbilder auch mal genauso wie du und ich gewesen und gestartet sind. Ja genau – *gestartet*! Wenn du aus lauter Perfektionismus nicht startest, deinen persönlichen Reichtum in die Hand zu nehmen – vielleicht weil du Angst hast vor Fehlern, Verlusten oder Versagen –, dann wirst du der *perfekte Nicht-Starter* sein. Und auch das ist vollkommen in Ordnung. Wichtig ist nur, dass du dich dann nicht darüber beschwerst, dass andere weiter sind, dass es anderen möglicherweise besser geht oder eventuell mehr Reichtum in ihrem Leben erleben als du. Beginne doch einfach mit der inneren Haltung, dass du so, wie du heute bist, perfekt bist.

Meine Lernfragen an dich:

- ☐ Ist Perfektionismus für dich Antrieb, der dich andauernd hungrig im Evolutionsprozess hält? Oder ist er für dich Handbremse und Fessel, die dich zurückhalten?
- ☐ In welchen Bereichen ist es an der Zeit, die Perfektionshandbremse zu lösen?
- ☐ In welchen Bereichen, solltest du deinen Anspruch des permanenten Besserwerdens weiterhin aufrechterhalten oder neu fokussieren?

45.
LERNE, IM JETZT ZU LEBEN

In diesem Moment, wenn du diese Zeilen liest, wo bist du da? Ich meine nicht geografisch, sondern wo bist du mit deiner Präsenz, mit deiner Aufmerksamkeit, mit deiner Wahrnehmung? Vielleicht bist du jetzt genau bei den Buchstaben, Worten, Zeilen und bei diesem Kapitel. Manche sind allerdings auch in der Lage, vollkommen woanders zu sein.

Wir beschäftigen uns mit Themen, obwohl wir überhaupt nicht beim Thema sind. Wir hören angeblich zu, obwohl wir überhaupt nicht hören, was vermittelt wird. Unser Kopf und unsere Gedanken schwirren umher und sind nicht im Moment und nicht im Jetzt. Das Wort *„Präsent“* steht bekanntlich auch für Geschenk. Vielleicht ist es deshalb ein wirkliches Geschenk, wenn du im Präsens (also in der Gegenwart, im Jetzt) sein kannst. Vielleicht spricht man auch deshalb davon, dass jemand eine tolle Ausstrahlungskraft (Präsenz) hat, weil er absolut hier und im Jetzt ist. Menschen mit Präsenz haben das Präsent, im Präsens zu leben (Menschen mit Ausstrahlungskraft haben das Geschenk, in der Gegenwart, im Hier und Jetzt zu leben).

Wenn du allerdings auf jegliche Art von Gruppierung schaust – ob eine Gruppe beim Essen im Restaurant, Menschen im öffentlichen Verkehr, in Besprechungen etc., dann wirst du sehr häufig feststellen, dass die wenigsten völlig hier und im Jetzt sind. Offensichtlich ist es, wenn diese Menschen ihr Ablenkungsgadget Nummer eins – das Smartphone – permanent präsent haben. Deren Moment spielt sich nur noch im Scrollen, Kommentieren, Wischen und Liken ab – sie sind in einer ganz anderen Welt präsent. Ob das gesund ist oder nicht, muss jeder selbst für sich entscheiden. Ob es diese Menschen wirklich bereichert, mag ich bezweifeln.

Doch was bedeutet es eigentlich, im Jetzt zu leben, sodass es unser Leben bereichert? Auf der einen Seite gibt es im Leben immer nur ein Jetzt. Es gibt keine Vergangenheit und keine Zukunft. Dies sind nur Konstrukte, damit wir uns unsere Welt vorstellen und Dinge in Zusammenhang bringen können. Du kannst zwar gestern wohl in einem Restaurant beim Essen gewesen sein und morgen einen Termin beim Zahnarzt haben, doch reell gibt es diese beiden Momente nicht. Es gibt nur diesen einen Moment, an dem du dir das gerade vorgestellt hast. Doch lassen wir diese philosophische Betrachtung, darum geht es mir hier weniger.

Wenn du den aktuellen Moment wirklich erleben, genießen und in vollen Zügen wahrnehmen kannst, dann bist du im Jetzt. Mir fällt das häufig auf unseren Reisen durch die Welt auf. Vor einigen Jahren hatten wir erstmals südamerikanischen Boden betreten und haben einen Ausflug zu den wohl spektakulärsten Wasserfällen der Welt gemacht: Iguazú. Zahlenmäßig sind sie weder von der Höhe noch vom Wasservolumen die größten. Doch mit einer Ausdehnung über ca. 2.700 Meter Länge stehen sie definitiv auf Platz 1. (Der höchste Wasserfall befindet sich mit knapp 1.000 Metern übrigens auch in Südamerika: Salto Angel, Venezuela.) Ich habe zwar schon die Niagarafälle gesehen und durfte im Jahr 2019 im Devils Pool der Victoriafälle in Sambia eine unbeschreibliche Erfahrung machen, doch als wir in Südamerika die Iguazú-Fälle von argentinischer und brasilianischer Seite erkundeten, war das so ein Moment in meinem Leben, an dem ich gesagt habe: *„JETZT musst du es genießen.“* Wir hatten zudem noch wahnsinniges Glück mit dem Wetter, weil die Fälle ordentliche Wassermassen vorzuzeigen hatten und außer der Gischt des Wassers kein Wölkchen am Himmel zu erblicken war. Natürlich gibt es an solchen Hotspots der Welt auch jede Menge Attraktionen und Adventuretrips zu buchen – wie zum Beispiel einen Helikopterrundflug. Sind diese Konditionen günstig? Meistens nein. Doch eins war klar: *This is a once in a lifetime chance!* Also haben wir den nicht geplanten Trip gebucht und waren vollkommen von den Socken.

Ich bin gewiss kein Typ, der überall und immer jeden Trip bucht, doch ich bin umso dankbarer, wenn ich den Mut habe, im jeweiligen Moment die Entscheidung dafür zu treffen, *und* es mich finanziell nicht in den Bankrott treibt bzw. es in meinen Möglichkeiten liegt. Hier ein Auszug meiner spektakulärsten Erlebnisse:

- Helikopterrundflug über die Iguazú-Wasserfälle
- Driften auf zugefrorenen Seen bei der Kaltlanderprobung in Nordschweden
- Ausflug zum Devils Pool in Sambia
- Selbst in einem *„Single-Seater Formel 3000“*-Rennwagen meine Runden auf einer Rennstrecke zu ziehen

- Private Quad-Tour von mehreren Stunden durch die schönsten Ecken von Garden Route oder durch die Wüste von Swakopmund
- Privattour auf den Ichen bzw. Mount Bromo in Indonesien

Dem einen oder anderen würden diese Erlebnisse nichts bedeuten, und du gehörst vielleicht zu denjenigen, die sagen: *„Da habe ich aber schon viel Besseres erlebt."* Das ist auch vollkommen okay. Hier geht es nicht um: noch mehr, noch schneller, noch toller, noch aufregender. Mir geht es darum, wenn *DU FÜR DICH DEN MOMENT* gefunden hast, an dem du gerne noch eins oben draufsetzen willst, dann tue es in diesem Moment. Denn wenn du es nicht tust, dann wirst du es bestimmt früher oder später bereuen.

Ich habe im Jahr 1996 in zwei Wochen fast alle Canyons im Mittleren Westen der USA abgeklappert. Es waren, glaube ich, 4.000 Meilen Gesamtfahrstrecke, um Grand Canyon, Bryce Canyon, Zion Canyon, Antelope Canyon, Monument Valley, Nine Mile Canyon, Canyon de Chelly und Glen Canyon zu besichtigen. Leider haben wir uns aus Kosten- und Zeitgründen damals keine Wanderung zum Fluss des Grand Canyon gegönnt. Wäre es vielleicht wertvoller oder bereichernder gewesen, lieber einen der Canyons auszulassen und dafür das Massiv des Grand Canyons am eigenen Leibe zu erfahren? Nachdem ich den zweitgrößten Canyon der Welt – Fischriver Canyon in Namibia – 20 Jahre später besuchen durfte und mir diesmal diese Chance nicht entgehen ließ, weiß ich heute mit Sicherheit, dass ich zum damaligen Besuch des Grand Canyon alles andere als im Jetzt gelebt habe.

Meine Lernfragen an dich:

- ☐ Wie sehr lebst du wirklich im JETZT – wie sehr bist du in der Vergangenheit oder in der Zukunft?
- ☐ Gibt es Momente, in denen du das JETZT ganz besonders wahrgenommen hast? Wenn ja, was hat es ausgemacht, was war in diesem Moment anders für dich? Welche Gefühle hat dieser Moment in dir ausgelöst?
- ☐ Wie möchtest du ab jetzt dein JETZT so leben, dass es dich jetzt bereichert? Welche Gedanken fallen dir JETZT dazu ein? Schreibe sie jetzt auf.

46.
LERNE VON ANDEREN KULTUREN – REISEN BILDET

Die Mehrheit der Leser dieses Buches wird aus deutschsprachigen Ländern in Europa stammen – der eine oder andere liest dieses Buch vielleicht im Urlaub in einem anderen Land oder lebt sogar auf einem anderen Kontinent. Für viele junge Menschen ist es heutzutage selbstverständlich, nach der Schule oder nach dem Studium erst einmal ins Ausland zu gehen oder sogar mit Rucksack, Fahrrad, Motorrad, Lkw oder durch Couch-Surfing die Welt zu bereisen. Manche Menschen machen das im Rahmen eines sogenannten Sabbaticals, indem sie sich längere Zeit auf diesen Abschnitt vorbereiten und entweder ein Arrangement mit ihrem Arbeitgeber finden oder den Job komplett kündigen. Manche haben auch einen Job oder eine Berufung, der bzw. die es ihnen erlaubt, von überall in der Welt aus zu arbeiten, *und* sie praktizieren dies auch erfolgreich (dieser Anteil ist allerdings extrem klein).

Zu welcher Art von Persönlichkeit du auch gehören magst, ist vollkommen egal. Fakt ist, bereise die Welt, und lerne andere Kulturen kennen, denn es wird dein Leben zum Positiven verändern und definitiv bereichern. Ich kann von mir persönlich behaupten, dass ich der

Typ „*Schaffer*“ bin, das heißt, ich arbeite gerne und auch recht viel. Selbst zu meiner Angestelltenzeit habe ich so gut wie nie drei Wochen am Stück Urlaub gemacht oder sogar weit entfernte Urlaubsdestinationen angesteuert. Für mich war Radfahren in den Alpen schon ein wunderbares Erlebnis (und ist es heute noch). Als ich in den USA gelebt habe, hatte ich insgesamt 15 Tage Jahresurlaub. (Das sind immerhin 50 Prozent mehr als die des klassischen US-Arbeitnehmers.) Auch diese kurze Zeit habe ich genutzt, um viele Staaten und herausragende Orte in diesem Land kennenzulernen. In meinen drei Jahren USA habe ich bestimmt mehr Staaten bereist, als 95 Prozent der US-Bürger in ihrem ganzen Leben jemals zu Gesicht bekommen werden.

Doch ein Land – egal wie groß es ist – hat noch nichts mit der Art Reisen zu tun, das ich seit dem Jahr 2008 durch meine Frau entdecken durfte. Die ersten fünf Jahre unseres Unternehmensaufbaus waren nicht von Reichtum oder großen finanziellen Möglichkeiten geprägt. Nach einigen Jahren des Verzichts und gewissen Einschränkungen haben wir uns 2008 einen dreiwöchigen Urlaub in Südafrika gegönnt. Mit einem Mietwagen der kleinsten Klasse haben wir die schönsten Ecken der Kap-Region und Garden Route erkundet. Auch wenn ich nach drei Tagen bereits gefragt habe, ob ich wieder ins Büro kommen könne, war meine Aussage nach drei Wochen: „*Okay, so langsam habe ich mich daran gewöhnt, eigentlich könnten wir noch eine Woche dranhängen.*“ Im Jahr 2008 war das Reisen zwar auch schon relativ einfach, doch noch lange nicht so wie heute. Es gab kein WLAN an jedem Eck, es gab keine Bewertungsportale wie Tripadvisor etc., und die Landkarte auf Google Maps im Smartphone wurde nur angezeigt, solange die App noch geöffnet und der Kartenausschnitt im Arbeitsspeicher geladen war. Hatte man das vergessen, hatte man zwar den blauen Punkt gesehen, doch das war nicht wirklich die beste Orientierung in einem Land wie Südafrika.

Seitdem ist das Reisen natürlich um ein Zigfaches einfacher geworden. Da ich schon fast 40 Länder auf fünf Kontinenten bereist habe, kann ich das auch ganz gut beurteilen. Wir haben natürlich viele Highlights erleben dürfen und sind glücklicherweise von größeren Gefahren oder signifikant schmerzhaften Erfahrungen verschont geblieben – das heißt nicht, dass es keine gefährlichen Situationen gegeben hat. Nach jeder Reise sind wir dankbar, wieder gesund daheim anzukommen. Und nach jeder Reise durften wir eine Bereicherung erleben, die in Geld, Gold oder Aktien nicht aufzuwiegen ist. Meine wertvollsten Erkenntnisse, die mein Leben durch das Bereisen der Welt bereichert haben, sind:

- ☐ Um ein erfülltes Leben zu führen, brauchst du nicht viel. Auf Reisen wird dir bewusst, dass die Erlebnisse am schönsten mit wenig Gepäck sind. Wenn wir vier Wochen am Stück unterwegs sind, haben wir jeweils nur einen kleinen Rollkoffer-Rucksack mit 10 bis 12 kg dabei. Du brauchst keine fünf Paar Hosen und zehn T-Shirts. Und ja, Unterwäsche kann man für kleines Geld überall auf der Welt waschen lassen.
- ☐ Erkunde das Land mit den regionalen Fortbewegungsmitteln. Wenn du in Asien unterwegs sein solltest, miete dir einen Roller – wenn du dich nicht traust, miete dir einen Roller mit Chauffeur. So kannst du den Puls der Kultur am eigenen Leibe spüren. Ich dachte immer, wir hätten in Stuttgart viel Verkehr. Das ist nichts im Vergleich zu Hanoi oder Saigon!

- ☐ Wenn die Sonne scheint und das Wetter nach deinen Vorstellungen ist, dann sind selbst die heruntergekommensten Ecken dieser Welt wunderschön.
- ☐ Wohne in den kleinstmöglichen Unterkünften, sodass du mit den Menschen, die dort leben, ins Gespräch kommst. Auch wenn du kein Couch-Surfing-Freak sein solltest, es gibt herrliche Unterkünfte jenseits der Fünf-Sterne-Hotelketten, die ebenso auf Fünf-Sterne-Niveau mitspielen können. 99 Prozent unserer Übernachtungserfahrungen waren positiv – und ich werde wahrscheinlich bald die vierstellige Anzahl Übernachtungen in meinem Erfahrungsschatz abgespeichert haben. Diejenigen, die in Erinnerung geblieben sind, waren vorwiegend die kleinen, besonderen, in denen wir mit den Eigentümern oder dem Personal wunderbare Gespräch über deren Land und Kultur führen konnten.
- ☐ Wir leben in Deutschland bestimmt in einem wunderbaren und modernen Land. Doch wer glaubt, dass wir auch überall wirklich fortschrittlich sind, der hat die Welt noch nicht gesehen. Wir waren in Ländern unterwegs, die Deutschland in Sachen Elektromobilität, Digitalisierung, Ressourcenschonung (Wasserverbrauch, Nutzung von Sonnenenergie etc.) oder simple und einfache Abläufe um Jahre voraus sind.
- ☐ In fast allen Ländern haben wir Menschen getroffen, die Fremden (also uns) mit einer herzlichen Offenheit entgegengekommen sind. Genauso haben wir auch *vereinzelt* das Gegenteil erlebt. Entscheidend ist jedoch, dass es keine Verallgemeinerung für irgendein Land oder irgendeine Kultur gibt.

Wenn du dich mehr für das Thema Reisen interessierst, weil es dich und dein Leben bereichert, dann schau dir gerne die detaillierten Berichte auf dem Blog „*Reisewelten*" von meiner Frau an (www.rabeaverleger.de). Natürlich ist es hilfreich, wenn du mehr als eine Sprache sprechen kannst, um die Welt zu bereisen. Und du brauchst auch nicht gleich mit einem Land zu beginnen, in dem du selbst mit der Schrift nichts anfangen kannst (Japan, Korea, Israel). Sprachen lernst du so oder so am besten, wenn du im jeweiligen Land bist und gezwungen bist, diese zu sprechen.

Selbst wenn jeder Mensch anders reist – nur wer reist, erlebt das Leben anders. Ein Boot ist im Hafen bekanntlich am sichersten, doch dafür wurde es nicht erschaffen. Genauso ist es mit unserem Leben. Im heimatlichen Hafen ist es wohl am sichersten, doch dafür wurden wir nicht erschaffen.

Meine Lernfragen an dich:

- ☐ Wenn du all den finanziellen Reichtum, den du dir erwünschst, bereits heute hättest, würdest du dann nicht die Welt bereisen wollen?
- ☐ Wenn du gerne mehr von der Welt sehen willst, dir aber die finanziellen Mittel fehlen, welchen kleinen Schritt könntest du heute angehen, um in den nächsten sechs bis zwölf Monaten eine neue Kultur kennenzulernen?
- ☐ Wenn du von anderen Kulturen etwas lernen könntest, was wäre es? Was hält dich davon ab, dich näher mit dieser Kultur zu beschäftigen?
- ☐ Es wird der Zeitpunkt in deinem Leben kommen, an dem es dir schwerer fallen wird, die Welt zu bereisen (weil Reisen auch anstrengend für Geist und Körper sein kann). Auf welches Landes- bzw. Kulturerlebnis möchtest du dann mit größter Dankbarkeit zurückblicken können?

47.
LERNE, DASS DAS LEBEN DIE TATSÄCHLICHE SCHULE IST

Wer hat sich nicht irgendwann einmal die Frage gestellt: „*Warum existiert die Welt?*“ oder „*Was ist der Zweck meines Daseins?*“ – sehr philosophische Fragen, und wir werden wohl nie eine klare Antwort darauf erhalten. Auch ich stelle mir diese Fragen immer wieder. Gerade in Zeiten der Krise oder in Zeiten emotionaler und mentaler Schwäche können diese Frage schmerzlich und schwierig sein. In diesem Zusammenhang solltest du dich intensiver mit dem Kapitel 51 „*Lerne, dass alles im Leben für dich und nicht dir passiert*“ befassen, denn ich bin felsenfest davon überzeugt, dass eine unserer Hauptexistenzberechtigungen ist, dass wir die Schule des Lebens besuchen dürfen. Wir werden alle den gleichen Abschluss erreichen – und dieser hat das Datum deiner Beerdigung und den Titel: „*Erfolgreich gestorben*“. Das mag sich jetzt vielleicht etwas makaber anhören, doch das ist nun mal der Stand der Dinge und (zumindest heutzutage) für uns alle gleich. Doch genau wie in der klassischen Schulzeit – ob du die Schulausbildung abgebrochen oder neun, zehn, dreizehn oder mehr Jahre dort verbracht hast, ganz egal: Entscheidend ist, was du daraus machst. Wir sind in die Schule gegangen, weil wir hier in Deutschland eine Schulpflicht haben. Ob und wie gut uns diese Schulausbildung für das wahre Leben vorbereitet hat, sei mal dahingestellt. Nun, denke ich, ist diese Schulausbildung für die meisten der Leser Vergangenheit. Und genau jetzt geht es weiter. Oder genauer gesagt: Jetzt fängt es erst richtig an! Das Leben wurde uns geschenkt, um zu lernen, um zu wachsen, um uns zu entwickeln, um hinzufallen und wieder aufzustehen. (Wer übrigens glaubt, dass man einmal mehr aufstehen als hinfallen muss, der misst entweder Details keine Bedeutung zu oder kann nicht rechnen: Denn wenn ich einmal hingefallen bin, dann muss ich einmal aufstehen, um weiter voranzukommen. Also steht es momentan 1:1 – einmal hingefallen/einmal aufgestanden. Ich muss also nicht zweimal aufstehen, wenn ich einmal hingefallen bin. Ich muss auch nicht fünfunddreißigmal aufstehen, wenn ich vierunddreißigmal hingefallen bin. Es reicht schon, genauso oft aufzustehen wie hinzufallen.)

Okay, manche sagen jetzt natürlich, dass ich erst einmal aufstehen muss, um hinzufallen. Doch willst du das erste Aufstehen wirklich dazuzählen? Denn wer erst gar nicht aufgestanden ist, kann bekanntlich auch nicht hinfallen. Doch lassen wir diesen Spaß beiseite.

Wenn der Begriff *„Schulzeit"* bei dir negative Assoziationen auslöst, dann könnte ein *Reframing* (dem Begriff *„Schule"* eine neue Bedeutung zuzuordnen) möglicherweise ein erster Lösungsansatz sein. Wenn ich immer mal wieder höre: *„90 Prozent von dem, was ich in der Schule gelernt habe, bringt mir nichts im wahren Leben"*, lasse ich das einfach mal wertfrei und unkommentiert stehen. Doch was hast du jetzt nach der Schulzeit, in deiner *Schule des Lebens* gelernt? Wenn du Menschen kennst, die behaupten, dass sie in ihrer Schulzeit nicht gelernt haben, wie sie reich werden, dann frage diese Menschen, was sie dann aus genau dieser

Erkenntnis gelernt haben: Haben sie daraus gelernt, ein Leben lang die Opferrolle zu übernehmen? Oder haben sie daraus gelernt, sich ihr Imperium aufzubauen?

Ich möchte damit überhaupt nicht sagen, dass unser Schulbildungssystem noch „*state of the art*“ und wirklich zeitgemäß ist. Auch ich bin überzeugt davon, dass der Wandel viel zu langsam voranschreitet und dieser Sektor eine disruptive Veränderung erfahren wird. Doch egal, wie diese aussehen wird, in 100 Jahren werden wir wohl wieder vor dem gleichen Problem stehen, wenn wir nicht erkennen, dass wir nur durch unser Leben lernen können, sollen – und in schmerzlichen Situationen sogar müssen.

Ich selbst bin in einer Lehrerfamilie groß geworden. Alle in meiner Familie waren oder sind Pädagogen. Mein Vater, meine Mutter, meine Tante, mein Onkel, meine Großeltern – sie alle waren Lehrer von Beruf. Ich habe zwei größere Geschwister (einen Bruder und eine Schwester), und ich weiß heute noch – obwohl es bereits fast vier Jahrzehnte her ist –, dass wir uns als Kinder geschworen haben, dass wir diesen Bann brechen werden. Mein Bruder ist Kunstlehrer geworden und meine Schwester Sozialpädagogin. Natürlich braucht die Gesellschaft diese Menschen und diese Berufe. Doch wenn wir uns als Kinder dies geschworen haben, dann muss dazu wohl ein gewisser Grund bestanden haben. Leider sind meine grauen Zellen nach so vielen Jahren nicht mehr so präzise, um zu 100 Prozent den Grund zu reflektieren. Doch es hatte bestimmt mit einer Art Schmerz zu tun oder mit der Aussage, die du von dir oder anderen Menschen bestimmt kennst: „*… ich will nie so wie meine Eltern werden …*“

Bei uns war das Geld eher knapp und unsere Möglichkeiten daher begrenzt, deshalb kann ich definitiv von mir behaupten, dass ich durch die Schule des Lebens gelernt habe. Natürlich gibt es auch genau das Gegenteil. Menschen wachsen in einem sehr wohlhabenden Umfeld auf, entwickeln sich genau zum Gegenteil ihrer Eltern und wollen definitiv nichts mit deren Art und Definition von Wohlstand und Reichtum zu tun haben. Das ist für mich ebenso okay, sofern sie sich und niemand anderem Schaden oder Leid zufügen. Ihre Schule des Lebens sieht eben anders aus. Dürfen oder müssen sie in ihrem Leben allerdings ebenso etwas lernen? Meine Antwort lautet zu 100 Prozent: Ja!

Vielleicht kennst du sogenannte Aussteigerpersönlichkeiten – Menschen, die aus ganz unterschiedlichen Motiven heraus für ein, mehrere oder die restlichen Lebensjahre ihrem bisherigen Trott den Rücken zugekehrt haben: Sie bereisen die Welt, sie leben in speziellen Kommunen, sie entziehen sich jeglichem Konsum etc. Hierzu gibt unzählige Dokumentationen, und auch ich habe einige mit Begeisterung verfolgt. Nun ist es allerdings vollkommen irrelevant, welchen Weg du selbst gehst oder diese Menschen gehen oder gegangen sind. Fakt ist, auch diese Menschen werden jeden Tag die Schule des Lebens erfahren und damit umgehen lernen.

Meine Lernfragen an dich:

- ☐ Hast du die Schule des Lebens bereits als deinen „*Lehrer*“ akzeptiert, oder kämpfst und weigerst du dich dagegen – wenn ja, warum?
- ☐ Was glaubst du, wie die Gesellschaft, die Welt, deine Umgebung, dein „*Modell*“ der Welt aussehen könnte, wenn mehr Menschen dies anerkennen würden?

48.
LERNE, DEIN WARUM ZU FINDEN UND DICH DANACH AUSZURICHTEN

Warum hast du dich für dieses Buch entschieden? Wenn du es von Beginn an gelesen hast, warum bist du bei diesem Kapitel immer noch dabei? Warum interessierst du dich überhaupt für Bücher? Warum für das Thema *„reich werden“*? Was treibt dich an, dass du dich für Persönlichkeitsentwicklung interessierst? Wieso liest du jetzt kein Buch übers Stricken oder Angeln?

Die Antwort kannst nur du selbst finden. Doch hier geht es nicht um das Warum für dieses Buch. Hier geht es um dein WARUM im Leben bzw. WARUM du reich werden willst. Um dein WARUM du die einen Dinge tust und die anderen Dinge sein lässt. Wenn du die Urquelle deines Warums gefunden hast, dann bist du vielen Menschen einen riesigen Schritt voraus. Wenn du dein Warum noch nicht gefunden hast, dann könnte die Antwort auf diese Frage mit die wichtigste in deinem Leben sein. Momentan bist du dir dessen vielleicht noch nicht so bewusst, doch dein Warum steuert dich immer – ob bewusst oder unbewusst. Wir könnten hier in die Tiefenpsychologie einsteigen, doch das ist bestimmt nicht meine Absicht. Allerdings solltest du dir auch bewusst die Frage beantworten, ob dein Antrieb aus deinem Inneren kommt, oder ob dein Antrieb eher fremdbestimmt ist. Handelst du für dich, oder handelst du, weil du von äußeren Umständen (Gesellschaft, Familie, Beruf, Möglichkeiten etc.) bewusst oder unbewusst dazu gezwungen wirst?

Leider gibt es zu viele Menschen auf diesem Planeten, die weder ihr Warum gefunden haben noch danach leben, sondern tagein, tagaus in einem Trott verbringen, der eigentlich gar nicht ihrer Persönlichkeit entspricht. Wenn man diese Menschen dann danach fragt, warum sie dies und das so und so angehen, dann kommen Antworten wie: *„… machen doch alle so“*, *„… haben wir schon immer so gemacht“*, *„… ich kann nicht, weil mein Boss, meine Eltern, meine Kinder …“*. Die Antworten mögen generell einmal korrekt sein, doch dafür sind wir nicht auf die Welt gekommen. Das Leben auf diesem Planeten ist viel zu kurz, um solche Antworten stehen zu lassen (schau dir dazu bitte auch nochmals das Kapitel 39 *„Lerne, dass deine Zeit begrenzt ist“* an)! Auch Antworten wie *„Dafür ist es jetzt zu spät!“* oder *„Dafür bin ich zu alt!“* solltest du nicht stehen lassen. Auch wenn ich kein Fan der Romanautorin Rosamunde Pilcher bin, doch die Frau gehört zu den erfolgreichsten Autorinnen, deren Romane über hundertmal verfilmt worden sind, wobei sie den kommerziellen Durchbruch erst im Alter von 63 Jahren geschafft hat. Ray Kroc kaufte im Alter von 59 Jahren den McDonald's-Brüdern das damalige nicht florierende Franchisegeschäft für 2,7 Millionen US-Dollar ab und expandierte bis zu seinem Tode im Jahr 1984. Er hat den Grundstein für die internationale Expansion gesetzt und die Weichen entsprechend gestellt, dass McDonald's zum Marktführer in der Systemgastronomie wird – und das noch über drei Jahrzehnte nach seinem Tod!

Alle Persönlichkeiten – ob im Business, in der Musik, in der Kunst, im Sport oder sonst wo – kennen ihr WARUM und haben sich danach ausgerichtet. Denn dein Warum wirst du nicht in der Blütezeit deiner Reise am dringendsten benötigen, sondern an Tagen der Dunkelheit, in Momenten des Schmerzes und des Leids, in Augenblicken des Verlusts und des Misserfolges. Alle kennen diese Situationen. Alle haben sie erlebt und werden diese Momente auch in Zukunft erleben. Einer meiner Mentoren hat das Zitat geprägt: „*Gründe kommen zuerst, Antworten folgen.*“ Wenn dein Warum stark genug ist, dann wirst du auch immer einen Weg finden. Dein Warum wird dich stark machen, wenn Dinge nicht so laufen wie gewollt oder geplant. Dein Warum gibt dir die Kraft, mehr zu geben, länger und härter zu arbeiten, intelligenter zu investieren, diszipliniert den Weg weiterzugehen, obwohl kein Licht am Ende des Tunnels zu sehen ist.

Nun ist es leider nicht so, dass man sich mal für zwei Stunden an einem Samstagnachmittag auf den Balkon setzt und sein Warum aus den Fingern saugt. Dein Warum zu finden, ist mehr ein Prozess über einige Tage, Wochen oder sogar Monate. Wichtig ist, dass du während dieser Zeit vollkommen ehrlich und offen zu dir und deiner inneren Stimme bist. Ebenso ist es wichtig, dass du diesen Prozess schriftlich und nicht nur in deinem Kopf durchgehst. Wenn du dein Warum kennst, findest du auch deine Berufung bzw. deinen Purpose.

Meine Lernfragen an dich:

- ☐ Hast du dein Warum für dich bereits schriftlich definiert, und ist es stark genug, um dich auch durch dunkle Tage zu begleiten?
- ☐ Wie sehr sind deine alltäglichen Handlungen bereits an deinem Warum ausgerichtet? Oder wirst du innerlich oder auch von außen immer wieder zu sehr abgelenkt, um deinem Warum treu zu bleiben?
- ☐ Wie viel Kraft könntest du aus deinem Warum schöpfen, dass du das Gefühl hast, im Flow zu sein, die Zeit quasi stillsteht und du anziehend wie ein Magnet wirkst?

Wenn du dich näher mit dem Thema „*Warum*" beschäftigen willst, dann empfehle ich dir folgende Quellen:

Name	Produkte	Website	Bemerkung
Tony Robbins	Siehe Website	www.tonyrobbins.com	Industrieleader in der Weiterbildungsbranche. Coacht Weltstars, Politiker und Celebrities – bringt Konditionierung auf ein komplett neues Level
Simon Sinek	Siehe Website	www.simonsinek.com	Find Your Why
Jack Canfield	Siehe Website	www.jackcanfield.com	Hat über 500 Mio. Bücher verkauft!

Prüfe unbedingt auch die Sonderkonditionen, die ich für dich als lernbegeisterten Leser speziell verhandelt habe und dir als Zusatzbonus anbieten kann: www.lernenwirddichreichmachen.de/deals

49.
LERNE, HERAUSZUFINDEN, WAS DIR IM LEBEN WIRKLICH WICHTIG UND WERTVOLL IST, UND RICHTE DEINE AUFMERKSAMKEIT DARAUF

Falls du mit dem vorigen Kapitel gewisse Herausforderungen in der Umsetzung haben solltest, dann könnte dir dieses Kapitel hierzu einen Weg zeigen. Wenn du dein Warum, deine Berufung bzw. deinen Purpose gefunden hast, dann wird es dir weit klarer sein, was dir wirklich wichtig und wertvoll im Leben ist.

Für kreative, neugierige und Entdecker-Menschen wie mich ist es manchmal sehr schwierig, die wirklich wichtigen Dinge im Leben konsequent zu verfolgen – denn es gibt ja so viel zu entdecken. Doch genau hierin besteht die Gefahr. Ich will mich permanent weiterentwickeln, neue Dinge ausprobieren und ja keine Möglichkeit auslassen, doch das ist leider nicht umsetzbar. Um herauszufinden, was dir wirklich wichtig ist im Leben, muss du dich leider auf einige wenige Dinge reduzieren.

Für die meisten sind es fünf bis sieben größere Themenkomplexe. Ich persönlich habe sie so untergliedert:

- Finanzieller Überfluss
- Herausragende Freundschaften
- Geistige und seelische Entwicklung
- Lebensspaß und Freude
- Soziales Engagement
- Körperliche Gesundheit & Ernährung
- Persönliche Beziehung und intime Leidenschaft

Ob und wie du diese Themenkomplexe nennst, bleibt vollkommen dir überlassen. Vielleicht sind es auch keine sieben Hauptthemenkomplexe, sondern *„nur"* vier oder fünf. Doch für alle Menschen geht es im Grunde genommen um dasselbe Prinzip: Wenn du dich zu sehr auf einen Big-Block konzentrierst und dabei ein andere vernachlässigst, dann ist es nur eine Frage der Zeit, bis du in Schieflage bzw. aus der Balance gerätst.

Ein Beispiel: Dein Fokus liegt voll auf deiner Firma und dem Ausbau deiner finanziellen Möglichkeiten. Es ist das Wichtigste für dich, und entsprechend blendest du die anderen Themen mehr oder minder aus. Solche Phasen braucht es wohl bei den meisten, doch du darfst nicht blind dafür sein, welchen Preis du dafür eventuell bezahlen musst. Wenn du deshalb deine Freunde verlierst, sagst du vielleicht: *„Dann waren es auch nicht meine wirklichen Freunde."* Wenn du deinen Lebensspaß und deine Freude verlierst, dann solltest du dir die Frage nach dem Warum eventuell erneut stellen. Wenn du allerdings deine Gesundheit oder deine persönliche Beziehung (Familie) aufs Spiel setzt, dann sollten die Alarmglocken auf Sturm läuten.

Andersrum ist es genauso. Wenn dein voller Fokus auf deiner Familie liegt und deshalb deine persönliche Entwicklung leidet oder du finanziell auf keinen grünen Zweig kommst, dann wäre wohl auch erneut die Frage nach deinem Warum zu stellen. Und jetzt verstehe mich bitte nicht falsch: Für viele Menschen ist Familie das Wichtigste – brauchen wir nicht zu diskutieren. Doch wenn ich dich frage: *„Was ist dir wichtiger: dein linkes Bein oder dein rechter Arm?"*, was antwortest du dann darauf? Ich hoffe, deine Antwort lautet: beides gleich wichtig. Deshalb sollten dir deine fünf bis sieben Themenkomplexe auch alle gleich wichtig sein, sodass du diese in Balance bringen kannst.

Wenn du für dich deine Themen definiert hast, dann nimm dir bitte regelmäßig Zeit, um diese immer und immer wieder erneut zu bewerten. *Einmal im Jahr reicht hierfür nicht aus!* Monatlich ist vielleicht zu häufig, doch einmal im Quartal solltest du dir für zwei bis drei Stunden die Zeit nehmen, dich zu fragen, ob du mit den Themen, die dir wichtig sind, auf Kurs bist. Nur so kannst du für das nächste Quartal entsprechende Korrekturen einleiten. Wirst du bei allen Themen immer auf dem Spitzenwert landen und genau auf Kurs sein? Nein, natürlich nicht. Doch das ist das Leben. Sieh dein Leben einfach wie die Reise eines Jumbojets. Der ist zu 95 Prozent nicht auf Kurs. Weil der Pilot (bzw. Autopilot) allerdings permanent Kurskorrekturen einleitet, kommt der Flieger auch zu 99 Prozent an seinem Ziel an.

Weiter vorne im Buch ging es um das Kapitel 29 *„Lerne, den Fokus richtig zu setzen"*. Wenn du dies für deine wirklich wichtigen und wertvollen Themen im Leben kontinuierlich in die Praxis umsetzt, dann bist du oder wirst du definitiv eine der reichsten Persönlichkeiten in deinem für dich definierten Kontext werden. Und nun schau in die Praxis: Liegt in deinen Handlungen dein Fokus täglich auf diesen Themen, oder driftest du? Weil du dich ablenken lässt und du glaubst, dass Social-Media-Scrolling, E-Mails beantworten, Netflix-Serien und andere TV-Shows, exzessiver Alkohol/Partykonsum, Aufräumeritis, ziel-, sinn- oder endlose Besprechungen und Dienstreisen wichtiger für dich sind?

Wenn du wirklich ein reiches, erfülltes und wertvolles Leben haben willst, dann sind dieses und das vorherige Kapitel Teil deiner DNA. Ein Scheitern ist dann quasi ausgeschlossen.

Meine Lernfragen an dich:

- ☐ Wie lauten deine fünf bis sieben Hauptthemen in deinem Leben, die dir wirklich wichtig und wertvoll sind, damit du dich *„reich“* fühlst?
- ☐ Wie sehr hast du diese in deinem Unterbewusstsein verankert?
- ☐ Wenn du nicht allein lebst, wie sehr wissen deine Familie darüber Bescheid bzw. wie sehr involvierst du sie aktiv darin?
- ☐ Warum macht es Sinn, min. einmal im Quartal Revue passieren zu lassen?
- ☐ Was bräuchtest du für das nächste Quartal und die kommenden zwölf Monate, um gemäß Pareto deinen Fokus auf deine wichtigen Themen zu lenken?

50.
LERNE, EINE AUFGABE ZU HABEN UND GEBRAUCHT ZU SEIN

Stell dir vor, du bist kerngesund und brauchst dir keine Gedanken zu machen, wie deine Rechnungen bezahlt werden. Das Universum übernimmt lebenslang diese Verantwortung. Du bezahlst quasi mit deinem guten Namen. Egal ob für dein Haus, dein Auto, deine Einkäufe, deine Urlaube etc. Wie würdest du dich fühlen? Was würdest du tun? Wie würde dein Tag aussehen?

Glaubst du, dass es solche Menschen gibt, die sich wirklich keine Gedanken mehr um ihre Finanzen machen müssen? Die quasi so viel *„Asche"* haben, dass sie damit heizen könnten? Ich bin mir sicher, dass es diese Menschen gibt. Die große Frage ist: Was kommt dann? Du kannst nicht nur Urlaub machen oder endlose Wellnesstage hintereinander abhalten. Irgendwann wird auch das langweilig werden.

Für die meisten von uns ist dies unvorstellbar, doch wichtig ist, dass du dir *jetzt* schon darüber Gedanken machst und nicht eines Tages aufwachst und eine sehr traurige Erkenntnis haben wirst.

Neben all dem Reichtum, nach dem wir streben, ist eine der wichtigsten Erfüllungen, die das Leben dir schenken kann, eine *Aufgabe* zu haben und *gebraucht* zu werden. Warst du schon mal in einem Seniorenheim, oder hast du schon mal einen Menschen in deiner Familie begleitet, der innerlich mit dem Leben abgeschlossen hat? Weißt du, wie es einem Menschen geht, der morgens aufwacht und immer wieder vor der Feststellung steht: *„Ich weiß gar nicht, was ich heute tun soll?"* Menschen können das für einen begrenzten Zeitraum aushalten, doch irgendwann werden sie trotz allen anderen Reichtums vollkommen leer sein.

Neben *einer Aufgabe zu haben*, spielt in unserer heutigen Gesellschaft wohl mehr als jemals zuvor das Thema *„gebraucht zu sein"* eine entscheidende Rolle. Wir sind nun mal soziale Wesen und brauchen den Kontakt zu anderen. Doch wenn wir in Kontakt mit anderen Menschen sind und diese einem nicht das Gefühl vermitteln, dass sie einen wirklich brauchen, dann ist man zwar in Gesellschaft, fühlt sich aber trotzdem vollkommen allein. Ich habe hierzu im Kapitel 4 *„Lerne, dich mit den richtigen Menschen zu umgeben"* bereits einiges erläutert.

Und nun ist meine Frage an dich: Warum kombinierst du nicht beides auf deinem Weg dahin? Was willst du zu deiner Lebensaufgabe machen, dass du quasi auch an dem Tag, an dem du morgens das letzte Mal aufwachen wirst (zum Glück wissen wir das alle nicht vorher) mit Freude und Begeisterung in den Tag gehst, als ob das Leben endlos wäre? Welchen Menschen willst du dienen, und von wem willst du das Gefühl vermittelt bekommen, dass du in deren Leben einen Unterschied bewirkt hast und sie dich brauchen?

Bitte lege dieses Kapitel jetzt nicht falsch aus in dem Sinne, dass du Macht, Druck und Abhängigkeit auf andere Menschen ausübst. Dies wäre ein Missbrauch von *„gebraucht zu werden"*.

Menschen, die wirklich reich und erfüllt sind, haben genau dies im Leben gefunden. Wahrscheinlich gehen sie sogar noch einen Schritt weiter. Sie haben es sich als Aufgabe gesetzt, einer Sache zu dienen, die weit größer ist, als sie selbst jemals zu Lebzeiten erfahren werden.

- ☐ Martin Luther King hat sich wohl freudig im Grab umgedreht und *„Halleluja!"* gerufen, als Barack Obama 2004 als erster Farbiger zum US-Präsidenten gewählt wurde.
- ☐ Charles Lindbergh hätte 1927 wohl niemals davon geträumt, dass es zu seinen Lebzeiten einmal möglich sein wird, den damaligen 33,5-Stunden-Nonstop-Flug von New York nach Paris in zehn Prozent seiner Zeit mit 100 Passagieren, ausgezeichneter Küche, Porzellan und Champagner zu realisieren.
- ☐ Vincent van Gogh hatte wohl mit seiner Aussage: *„Ich kann nichts dafür, dass ich meine Bilder nicht verkaufe. Einmal aber wird der Tag kommen, da wird man sehen, dass sie mehr wert sind als den Preis der Farbe und mein ganzes erbärmliches Leben, das ich daran hängte"*, recht behalten. Sein teuerstes Bild hat einen Wert von über 80 Millionen Euro.
- ☐ Viktor Frankl (der während des Dritten Reichs drei Konzentrationslager Aufenthalte überlebt, während seine Mutter, sein Vater, sein Bruder und seine Frau dort ums Leben gekommen sind) hat mit seinem Werk *„… trotzdem Ja zum Leben sagen"* wohl einen Grundstein in der heutigen Psychologie gelegt.

Meine Lernfragen an dich:

- ☐ Auch wenn du in deinem Leben dein Ziel nicht erreichen würdest (siehe oben genannte Persönlichkeiten wie van Gogh etc.), welcher Aufgabe würdest du wirklich gerne nachgehen?
- ☐ Welchem Menschen könntest du helfen, wieder eine Aufgabe im Leben zu finden, sodass diese Person ihr Leben mit einem neuen Wert assoziieren kann?
- ☐ Welches Gefühl gibt es dir, wenn du dich gebraucht fühlst?
- ☐ Welche Menschen brauchst du, bzw. wann hast du diesen Menschen gezeigt, dass du sie brauchst und sie wichtig für dich sind? Welche Auswirkung hat/hätte diese Äußerung auf die Qualität dieser Beziehung?

51.
LERNE, DASS ALLES IM LEBEN FÜR DICH UND NICHT DIR PASSIERT

Du kennst bestimmt die Aussage von Freunden oder vertrauten Menschen in deinem Umfeld: „*Keine Ahnung, warum mir so etwas immer wieder passiert!*“ oder „*Warum, passiert nur mir immer wieder so etwas?*“ oder „*Es ist unglaublich, mir passiert das immer wieder.*“ Und seltsamerweise haben sie damit recht, und es wird ihnen ziemlich sicher erneut passieren – und zwar genau so lange, bis sie etwas daraus gelernt haben. Das heißt, die Dinge, die dir im Leben immer und immer wieder passieren, passieren für dich, damit du etwas lernen darfst/sollst. Schauen wir uns ein paar Beispiele an:

Angenommen, du arbeitest immer mehr als alle anderen in deinem Unternehmen, doch immer bekommt eine andere Person die Beförderung. Wie kann das sein? Was könnte die Ursache sein?

Die anderen haben die besseren Beziehungen, das bessere Netzwerk, die besseren Kontakte, die bessere Verhandlungsposition, mehr Mut, mehr Konsequenz, die bessere Rhetorik, das bessere Timing … Die Gründe können alle komplett legitim sein. Entscheidend ist, dass du hieraus etwas lernst. Was müsstest du ändern, damit dir das nicht wieder passiert. Finde die Antwort auf diese Frage, und setze sie um!

Angenommen, du wirst immer wieder in Vertragssituationen gebracht, die dir unterm Strich Nachteile bringen oder finanziellen Schmerz zufügen. Das, was passiert ist, ist passiert – du kannst es nicht ändern. Doch die Frage ist, was sollst du aus dieser Situation lernen, damit dir das in Zukunft nicht wieder passiert? Sollst du lernen, Verträge zu lesen und zu verstehen? Sollst du lernen, das Risiko besser abzuschätzen? Sollst du lernen, besser zu verhandeln? Sollst du lernen, Nein zu sagen?

Konkret: Im Jahr 2019 haben meine Frau und ich eine vierwöchige Reise durch fünf afrikanische Länder gemacht. Wie du weißt, habe ich in meinem Leben schon fast 40 Länder bereist, und somit haben wir schon einiges erleben dürfen. Normalerweise reisen wir immer mit relativ wenig Bargeld. Da wir allerdings in Südamerika auch schon mal die Situation hatten, dass alle Geldautomaten im Umkreis von zwei Kilometern um unser Hotel in der Hauptstadt Buenos Aires im wahrsten Sinne des Lebens leer waren, bereiten wir uns seitdem in diesem Punkt besser auf die nächste Fernreise vor. Da wir wussten, dass wir in Afrika unter anderem nach Simbabwe zu den Victoriafällen reisen und die Cash- und Währungssituation in diesem Land inklusive Einreise-Visa alles andere als normal war, haben wir erstmals in Summe 500 Euro und 500 US-Dollar in Cash dabeigehabt. Natürlich haben wir das Bargeld an unterschiedliche Stellen in unserem Gepäck verteilt, sodass maximal 250 Euro/Dollar an einem Platz deponiert waren – es könnte ja mal ein Teil verloren gehen, man überfallen werden etc.

Da wir allerdings erst in der dritten Woche nach Simbabwe eingereist sind, haben wir dieses Geld nicht täglich gebraucht oder kontrolliert. Das heißt, in Südafrika, Namibia und Botswana haben wir ganz normal Geld am Automaten abgehoben oder mit unseren Kreditkarten bezahlt. Zwei Tage, bevor wir nach Simbabwe eingereist sind, haben wir dann nochmals alles kontrolliert und festgestellt, dass in Summe ca. 350 US-Dollar gefehlt haben.

Nun waren der Ärger und die Enttäuschung natürlich da. Vor allem weil wir nach ungefähr zehn unterschiedlichen Lodges, Bed & Breakfast oder Buschübernachtungen absolut keine Ahnung hatten, wo der Diebstahl passiert sein könnte. Doch das ist auch komplett unerheblich. Entscheidend ist, dass wir a) in diesem Punkt unerfahren waren (bisher hatten wir nie viel Bargeld dabei) und b) keinen guten Verifikationsprozess etabliert haben, um einen Diebstahl sofort festzustellen. Natürlich kann man nicht immer und überall alles in einen Safe (sofern einer verfügbar ist) oder zu 100 Prozent sicher verwahren. Was man allerdings ohne großen Aufwand machen kann, ist, mindestens einmal täglich alle Bargeldverstecke zu kontrollieren. Wenn dann der Verlust aufgefallen wäre, hätte man immer noch mit dem Lodgebesitzer in den Dialog gehen können. Ich bin mir sicher, wenn wir aus dieser Situation nichts gelernt und geändert hätten, dann wäre es uns bestimmt erneut passiert.

Und falls jetzt irgendein Schlaumeier meint, dass dies in Afrika logisch sei, dem sei gesagt, dass Diebstähle auch in Deutschland, Stuttgart direkt vor der Haustüre passieren. Im zweiten Quartal 2017 wurde mir in einem Zeitraum von sechs Wochen zweimal das Lenkrad aus meinem 4er BMW Grand Coup gestohlen. Wer es nicht glaubt – schau gerne hier:

https://www.facebook.com/photo.php?fbid=10212408314981356&set=a.2052726116179&type=3&theater.

Nun habe ich eine Alarmanlage.

Allein im Wort „*Problem*“ steckt schon ein Teil der Lösung. Der Ursprung kommt aus dem Griechischen: „*próblēma = das Vorgelegte; die gestellte (wissenschaftliche) Aufgabe*“. Es wird dir also eine Aufgabe vorgelegt, die zu lösen ist. „*Pro*“ wird mit „*für*“ übersetzt, das heißt, du kannst es gerne als eine Aufgabe *für* und nicht *gegen* dich sehen.

Meine Lernfragen an dich:

- ☐ Welche Situation erlebst du in deinem Leben immer und immer wieder? Was glaubst du, was du daraus lernen könntest?
- ☐ Das Wort *„passieren"* stammt von dem französischen Verb *„passer"* und bedeutet *„sich von einem Orte an einen anderen bewegen, durchqueren, überschreiten, vorüber-, vergehen, durchseihen"*. Wenn dir also etwas passiert, dann bewegt sich etwas von einem Ort zum anderen und geht quasi an dir vorbei. Wie gut sind deine Wahrnehmung und Beobachtung, dass *„Nicht-Wünschenswertes"* zukünftig nicht mehr an dir vorbeigeht, weil du aus der vorherigen Passage etwas gelernt und umgesetzt hast?
- ☐ Jeder Mensch hat Probleme, nur sind diese immer auf einem unterschiedlichen Niveau oder in einem unterschiedlichen Kontext zu betrachten. *„Reichtum"* alleine wird nicht all deine Probleme lösen, sondern auch neue kreieren, die du heute noch gar nicht kennst. Bist du bereit, dich darauf einzulassen?

52.
LERNE, MUTIG ZU SEIN

Einer meiner Mentoren hat den Satz geprägt: „*Handle mutig, und du wirst mutig.*" Wenn du also lernen willst, mutig zu sein, dann musst du in die Handlung kommen. Es gibt keinen Menschen, der mutiger als andere auf die Welt gekommen ist oder einen mutigeren genetischen Vorteil in manchen Lebenslangen hat (weil er zum Beispiel einen größeren Körperbau hat).

Es gibt kleine, große, dicke, dünne, junge und alte Menschen, die einfach mutig sind – *weil* sie immer und immer wieder mutig gehandelt haben. Wenn du lernst, mutig zu sein, dann wirst du definitiv mehr Höhen erleben *und* auch bedingt tiefere Tiefen. Ja, du wirst Rückschläge erleben, obwohl du mutig gehandelt hast. Doch du musst nicht gleich vom Zehnmeterturm einen dreifachen Salto mit Schraube versuchen, wenn du schon auf dem Startblock Höhenangst hast. Beginne einfach, dich Schritt für Schritt an den Zehnmeterturm heranzutasten: Beckenrand, Startblock, Einmetersprungbrett, Dreimetersprungbrett, fünf Meter, sieben Meter, zehn Meter. Und bitte alles erst einmal mit einem klassischen Fußsprung ohne Firlefanz. Denn selbst ein Zehnmeter-Fußsprung mit zu weit gespreizten Beinen kann schon schmerzhaft sein.

Wenn du ein Mensch bist, der nicht mutig handelt, dann hat das drei mögliche Ursachen:

1. Du willst entweder zu früh zu viel (sofort vom Zehnmeterbrett springen);
2. deine Angst blockiert dich zu sehr;
3. du vernachlässigst vor lauter Nachdenken das Handeln.

Wenn du ein Star auf der Bühne sein willst, wenn du die Welt entdecken willst, wenn du finanziell im Überfluss schwimmen willst, wenn du deinen Traumpartner erobern willst, wenn du deinen Traum leben willst, dann musst du mutig sein, indem du mutig handelst!

Leider sehen die meisten Menschen nie den Weg, den ein Star oder eine Persönlichkeit gegangen ist, sondern nur den angeblich über Nacht herbeigeflogenen Ruhm. Wusstest du, vor wie vielen Menschen einer der erfolgreichsten deutschen Komiker Mario Barth seine ersten Bühnenauftritte hatte und wie viele Auftritte es gebraucht hat, bis er 2008 den Weltrekord als Live-Comedian mit den meisten Zuschauern im Berliner Olympiastadion aufgestellt hat? Hatte er Angst? Frag ihn, und er würde bestimmt antworten: *„Machste Witze? Wat gloobst du, wat ik für'n braun'n Streif'n inda Hose hatte!"*

Jeder Mensch hat Angst, da Angst ein natürlicher Impuls in uns ist, der auch sein Gutes hat. Angst soll dich auf der einen Seite beschützen und vor Dummheiten bewahren – doch auf der anderen Seite darfst du dich von der Angst auch nicht blockieren lassen. Angst ist eine Illusion durch ein Gedankenkonstrukt der Zukunft in unserem Kopf!

- ☐ Du hast Angst, vor Publikum zu sprechen? Nein, du hast Angst, dass du dich blamieren oder im Moment des Präsentierens nichts oder das Falsche sagen könntest. Doch das ist alles nicht in der Gegenwart, sondern in der Zukunft! In dem Moment, in dem du auf der Bühne stehst, hast du keine Angst mehr vor dem, was du dir die Stunden, Tage oder Monate vor dem Auftritt im Kopf projiziert hast.

- ☐ Du hast Angst, eine schöne Frau anzusprechen? Nein, du hast Angst, eine Absage zu erhalten, abgelehnt zu werden oder nicht die richtigen Worte parat zu haben. Doch diese Angst ist *vor* dem tatsächlichen Akt. Im Moment des Ansprechens gibt es keine Angst. Es ist die Angst vor dem, was im nächsten Moment (also in der Zukunft) passieren wird!
- ☐ Du hast Angst eine Firma zu gründen, deinen Job zu kündigen oder in die Selbstständigkeit zu gehen? Nein, das hast du nicht. Du hast Angst davor, was passieren wird, wenn du es nicht schaffen solltest oder wie du mit der Unsicherheit, kein regelmäßiges Gehalt sicher zu bekommen, umgehen sollst. All das sind Projektionen in der Zukunft!

Im Englischen gibt es den schönen Satz: „*Face fear and fear disappears / Stelle dich der Angst, und sie wird sich auflösen.*“ Das gilt natürlich nicht, wenn du Angst hast, dich auf die Dachbrüstung eines Wolkenkratzers zu legen – wenn du dann das Gleichgewicht verlierst, wirst du *tatsächlich* Hunderte Meter in die Tiefe stürzen und hart auf dem Asphalt aufschlagen. Hier ist Angst ein natürlicher Schutzmechanismus. Der im Jahr 2012 verstorbene Zig Ziglar* hat es folgendermaßen zusammengefasst: „*Fear has two meanings: ‚Forget Everything And Run‘ or ‚Face Everything And Rise‘. The choice is yours.*“

---

* Hilary Hinton „Zig“ Ziglar war ein US-amerikanischer Autor und Vertriebstrainer

Nun möchte ich allerdings zurück zur Überschrift kommen: *„52. Lerne, mutig zu sein“*. Natürlich tragen wir alle unsere Geschichten mit uns herum. Wir haben Glaubenssätze und Vorstellungen, die uns in unterschiedlichen Lebensbereichen mal mehr und mal weniger mutig sein lassen. Doch löse dich bitte von der Vorstellung, andere seien von Natur aus mutiger als du oder dass du eben nicht so mutig bist, um dies und das zu tun. Was wirklich den Unterschied ausmacht, ist, ob du in die Handlung kommst, um im Ergebnis mutiger als gestern zu sein.

Meine Lernfragen an dich:

- ☐ In welchen Lebensbereichen bist du mutiger als in anderen?
- ☐ Welche der oben genannten drei Ursachen trifft in deinen mutigen Lebensbereichen *nicht* zu?
- ☐ Was kannst du daraus für andere Lebensbereiche, in denen du gerne mutiger wärst, eine Handlungsmaßnahme ableiten?
- ☐ Wie sind deiner Meinung nach Menschen, die in einem Lebensbereich auf dich besonders mutig wirken, dort hingekommen?

53.
LERNE, GEDULDIG UND GELASSEN ZU SEIN – WARUM IN DER RUHE KRAFT LIEGT

Wie alt bist du? Gehörst du noch zu den Lesern, die ein Leben ohne Smartphone oder ohne Internet kennen? Wenn ja, dann weißt du womöglich noch, wie revolutionär ein Faxgerät zur Markteinführung war. Innerhalb von Sekunden konnten Schriftstücke über den Globus gesendet werden. Zuvor war man wirklich noch auf den guten alten Postweg angewiesen, um Informationen zu erhalten und den möglichen nächsten Schritt einzuleiten.

Egal ob dies im geschäftlichen Sinne oder für die romantische Nachricht der Fall war – wir mussten uns definitiv in Geduld üben (und wir haben es auch überlebt). Das hat sich gravierend geändert, und manche Menschen sind bekanntlich so ungeduldig, dass sie, wenn sie zehn Minuten nach Versenden einer Nachricht per E-Mail oder durch einen anderen Nachrichtendienst keine Antwort erhalten, entweder anrufen und fragen, ob der Empfänger die Nachricht denn nicht erhalten habe oder sich Gedanken machen, ob irgendetwas passiert sein könnte. Der innere Aufschrei lautet bekanntlich: Lieber Gott schenk mir Geduld – aber bitte sofort!

Warum das so ist, muss jeder für sich selbst entscheiden. Je älter, reifer und wohl auch erfahrener du wirst, desto mehr wirst du hier die Gelassenheit als entscheidende Kraft kennenlernen. Als ich noch als Ingenieur bei BMW in der Entwicklung tätig war und noch einige Aufgaben vor meinem Jahresurlaub (der gewöhnlich zwischen zwei und drei Wochen dauerte) erledigen musste, habe ich geackert und gerackert, Überstunden geschoben und Vollgas gegeben, sodass die anderen in der Abteilung, innerhalb der Firma oder beim Zulieferer auf alle Fälle während meiner Abwesenheit an den Projekten weiterarbeiten konnten. Wenn ich dann aus dem Urlaub gekommen bin und wissen wollte, wie zwischenzeitlich der Projektfortschritt abgelaufen ist, durfte ich zu meinem Erstaunen feststellen, dass noch alles genauso geblieben ist wie an dem Tag, als ich in Urlaub gefahren bin. Einer meiner reiferen Arbeitskollegen hat mir dann Folgendes mitgeteilt: *„Gunther, weißt du, es gibt nichts im Leben, was nicht zwei oder drei Wochen liegen bleiben kann.“* Irgendwie war ich baff, doch es stellte sich heraus, dass dies kein Einzelfall war.

Natürlich will ich damit nicht sagen, dass du immer eine ruhige Kugel schieben kannst oder sollst, wenn du richtig vorankommen willst. Doch wenn es keine wirkliche Deadline oder Frist gibt, dann wäre es für einige im Berufsleben angebracht, nicht allzu hektisch und ungeduldig an den Start zu gehen. Das hat nichts mit Aufschieberitis zu tun oder damit, nicht zu seinen Zusagen zu stehen. Natürlich wollen wir alle, dass alles immer sofort und jetzt erledigt, beantwortet, repariert, entwickelt und umgesetzt wird. Viel wichtiger ist jedoch, dass du ein Gefühl und eine gute Einschätzung dafür entwickelst, ob zeitliche Zusagen realistisch sind und ob diese wirklich eingehalten werden.

Wir arbeiten mit vielen Dienstleistern zusammen – so auch mit einem Programmierer. Für eine neue Funktion habe ich ihm eine kurze Funktionsbeschreibung geschrieben und um ein Angebot gebeten. Dies ging relativ flott, und der Aufwand war mit zwei Stunden mehr als überschaubar angeboten worden. Merkwürdig war allerdings, dass der Liefertermin in vier Wochen terminiert wurde (und es war nicht kurz vor seinem Jahresurlaub)! Das forderte dann wirklich bei mir, mich in Geduld zu üben (denn ich wollte die neue Lösung ja gerne heute umgesetzt haben).

Das Gute an dieser Situation war allerdings, dass der Termin in vier Wochen damit gesetzt war. Das heißt, der Programmierer konnte in vier Wochen nicht nochmals um eine Woche Aufschub bitten – denn damit würde er sich vollkommen unglaubwürdig machen. Somit gaben mir meine Ruhe, Geduld und Gelassenheit (die nicht sofort hatte) die Gewissheit, dass ich zum Termin mein gewünschtes Ergebnis geliefert bekommen sollte.

Nun kommt natürlich gerne der Einwand, was ich gemacht hätte, wenn das Funktionsupdate nicht pünktlich geliefert worden wäre. Wäre ich dann weiterhin so ruhig und gelassen geblieben? Wohl eher nicht, doch es hätte mir weitere Optionen eröffnet (nachzuverhandeln, einen alternativen Anbieter zu suchen etc.). Fakt ist auf alle Fälle, dass ich die Situation selbst nicht hätte ändern können und ein Aufregen nichts gebracht hätte (außer einen zu hohen Blutdruck). Und genau das will ich dir mitgeben: Wenn Dinge nicht so schnell laufen, wie du willst, wenn Dinge nicht so korrekt umgesetzt werden, wie du es brauchst, dann übe dich in Geduld und nicht im Hyperventilieren oder Aufregen. Denn das verursacht nur Stress wegen einer Sache, die du in diesem Moment nicht ändern, sondern nur annehmen kannst (es sei denn, du bist ein

Zauberer und kannst eine Lösung herbeizaubern). Allerdings tun wir uns mit dem Annehmen bekanntlich ziemlich schwer – doch je früher du diese Situationen wirklich annimmst, desto schneller kannst du wieder zurück auf Kurs kommen und daraus lernen. Natürlich sollen dir gleiche unerwünschte Situationen nicht x-mal passieren, doch ein Aufregen ist das Unnötigste und Sinnloseste, was du praktizieren solltest. Vielleicht willst du dir in diesem Kontext auch nochmals das Kapitel 51 „*Lerne, dass alles im Leben für dich und nicht dir passiert*" sowie 43 „*Lerne, Meister deiner Emotionen zu werden*" genauer anschauen?

Meine Lernfragen an dich:

- ☐ Zu welchen Persönlichkeiten gehörst du – eher geduldig oder ungeduldig?
- ☐ Wenn du zu den Ungeduldigen gehörst, was bringt dir dieses *ungeduldig sein* wirklich? Bereichert es dein Leben, oder hindert es dich eher daran, wirklich reich und erfüllt zu sein?
- ☐ Welche alternative Handlung könntest du zum Üben in Geduld als Gewohnheit installieren, damit du daraus Kraft schöpfen kannst?
- ☐ Wenn du vergangene ungeduldige Situationen mit deiner heutigen Erfahrung reflektierst, wie würdest du die ursprüngliche Situation heute mit Geduld angehen?

54.
LERNE, DIE GRATWANDERUNG ZWISCHEN ABENTEUER UND SUCHT/ABHÄNGIGKEIT RICHTIG EINZUSCHÄTZEN

Berge haben für mich immer etwas Magisches – egal ob eine Wanderung mich auf den Gipfel führt oder ich sie von der Ferne oder von einem Flugzeug oder Heißluftballon aus erblicken darf. Vielleicht geht es dir ebenso, und du hast auch schon mal eine richtige Gratwanderung auf dem Weg zum Gipfel oder von einem zum anderen Gipfel mitgemacht. Diese Wanderungen können einfach bis hin zu lebensgefährlich sein. Dass du bei den schwierigeren Touren gesichert und mit erfahrenen Kollegen an den Start gehen solltest, ist selbsterklärend. Was aber die wenigsten wissen ist: Wenn am Grat einer der Bergsteiger die eine Seite des Grates hinabstürzen sollte, besteht für *beide* nur die Überlebensmöglichkeit, wenn der andere *aktiv* auf die andere Seite des Grates springt! Einen stürzenden Kletterer ohne Hebelkraft zu halten, ist nämlich so gut wie unmöglich.

Auf deinem Lernweg, reich zu werden, wirst auch du immer wieder in Situationen kommen, die einfacher zu meistern sind, aber auch in Situationen, die vielleicht sogar deine komplette Existenz in Gefahr bringen. Auch hier solltest du abwägen, ab wann du mit erfahrenen Personen an deiner Seite abgesichert den nächsten Schritt machst und ob du deinem Partner, der dich sichert, vertrauen kannst, sodass er, wenn du stürzt, in die andere Richtung springt, um euch beide zu retten.

Manchmal ist es ein kleines Abenteuer, und die Risiken sind überschaubar. Doch manchmal steckst du in einer vollkommenen Abhängigkeit von Einflussgrößen, die du selbst nur bedingt beeinflussen kannst. Wenn diese Abhängigkeit dann noch zur Sucht wird, dann ist ein Ausstieg ohne fremde Hilfe nur schwer realisierbar. Hier ein paar Beispiele, damit es konkreter wird:

- ☐ Du hast einen Kredit bei der Bank laufen und dir keine Gedanken über die Anschlussfinanzierung gemacht, weißt aber, dass die Konditionen schlechter sind als bisher.
- ☐ Du hast deine ganze Energie (und damit über 90 Prozent deiner Einnahmequelle) auf einen einzigen Großkunden gesetzt, der zu den Top 5 der DAX-Firmen gehört. Was passiert, wenn dieser in Schieflage gerät?
- ☐ Du investierst in dein Unternehmen und erhältst die relevanteste Dienstleistung von *einem einzigen* Zulieferer, ohne ein Backup zu haben (zum Beispiel bei Software, IT-Umgebung, Bauteilen …).
- ☐ Du weißt, wie wichtig Weiterbildung ist, und investierst entsprechend. Vor lauter neuen Ideen springst du allerdings von einem Seminar zum anderen und kommst nicht in die Umsetzung. Allerdings glaubst du, dass du nun nur noch das nächste

Seminar brauchst, um loslegen zu können. So geht das allerdings schon seit Jahren, und die Seminargebühren kannst du dir nur noch auf Pump leisten.

- ☐ Du trinkst gerne Alkohol oder liebst Poker. Aus dem anfänglichen „*Einmal am Wochenende*“-Rhythmus wird zwei- bis dreimal die Woche bis hin zu noch kürzeren Rhythmen, bis du irgendwann feststellst, dass du zu jeder Mahlzeit deine drei Bier oder eine Flasche Wein *brauchst* oder jeden Abend bis tief in die Nacht bei Onlinepokerrunden mit echtem Geld zockst.
- ☐ Mit Freunden gehst du gerne mal einen trinken, manchmal auch im Rotlichtviertel – natürlich nur zum Schauen. Einmal willst du dich auch auf ein Abenteuer mit mehr einlassen. Ob nun mit härteren Drogen oder käuflichem Sex – bleibt es beim Abenteuer (die eine Seite des Grates) oder führt es zur Abhängigkeit also zur Sucht?
- ☐ Du bist ein Freund von klaren Absprachen und hast für deine wichtigsten Geschäftsangelegenheiten ordentliche Verträge mit deinen Kunden und Dienstleistern aufgesetzt. Nun verändert sich die Interessenlage deines Gegenübers (persönliche, wirtschaftliche, gesetzliche Gründe). Drohende rechtliche Auseinandersetzungen sind meistens ein *loose-loose* für beide Parteien (die Anwälte profitieren hier in der Regel am meisten davon). Vielleicht hast du ja bei der Vorbereitung zur Gratwanderung eventuell vergessen, den Wetterbericht genauestens anzusehen?

Die Beispiele könnten noch weiter ausgeführt werden, und du kannst hierzu gerne auch nochmals das Kapitel 36 „*Lerne, Risiken besser zu bewerten*“ genauer anschauen. Vielleicht helfen dir auch die folgenden Lernfragen.

Meine Lernfragen an dich:

- ☐ Wenn existenziell eine Gratwanderung bevorsteht, wie gut ist deine Vorbereitung?
- ☐ Wenn du dich bereits auf einer Gratwanderung befindest, hast du den *Point of no Return* schon überschritten, oder kannst du dich noch gegen Sucht oder Abhängigkeit absichern?
- ☐ Wir alle brauchen Abenteuer – der eine mehr, der andere weniger. Wie viel ist dir das Abenteuer wert, und weißt du auch, wann es genug ist?
- ☐ Sucht – egal in welcher Form – ist eine ernst zu nehmende Krankheit und kommt nicht über Nacht, sondern schleichend. Wovon fällt es dir schwer, dich aktiv zu trennen oder in Bezug darauf bewusst eine Fastenzeit einzulegen? Wenn du etwas identifiziert hast, stelle dich der Herausforderung und trenne dich davon für 30 Tage. Wenn du nun glaubst, du hast nichts, dann schaue auf diese *möglichen* Abhängigkeiten: TV, Nachrichten, Social Media, Zucker, Kaffee, Milch, Fleisch, Pornografie, Sodagetränke, Alkohol, shoppen, Essattacken …
- ☐ Wenn du etwas für dich identifiziert hast, was sind die Trigger, die das Verlangen auslösen, und wie kannst du diese Trigger mit einer alternativen Handlung neu besetzen?

55.
LERNE, ZU GEBEN

Im Jahr 2003 war ich der erste Franchisenehmer, der in Deutschland BNI erfolgreich etabliert hat. Gegründet wurde dieses professionelle Unternehmernetzwerk bereits im Jahr 1985, doch die Philosophie hat sich seitdem nicht geändert und wird sich wohl zu Lebzeiten des Gründers Dr. Ivan Misner nicht ändern. Ehrlich gesagt hoffe ich, dass sich die Philosophie dieser Company niemals ändern wird – sie lautet: *„Givers Gain® / Wer gibt, gewinnt.“* Falls du BNI noch nicht kennen solltest, schau es dir auf alle Fälle an, denn dort helfen sich Unternehmer gegenseitig, ihr jeweiliges Business voranzubringen. Der Fokus liegt auf dem Austausch von Geschäftskontakten und Empfehlungen, die zu weiteren Umsätzen führen (ganz ohne Provision).

Auch wenn BNI politisch und religiös vollkommen neutral aufgestellt ist – in allen Weltreligionen wird in irgendeiner Art und Weise thematisiert, dass Geben seliger ist als Nehmen. Ich selbst bin vor vielen Jahren aus der Kirche ausgetreten, habe mich keiner anderen Weltreligion angeschlossen und bin trotzdem von diesem *„Naturgesetz“* – dass man bei allem im Leben zuerst geben muss, bevor man ernten kann – zu 100 Prozent überzeugt.

Einer meiner Mentoren hat das Zitat geprägt *„The secret of living is giving“*. Wenn dies nun wirklich so ist, warum fällt es dann so vielen Menschen so schwer, diesen Satz anzuwenden und speziell die Reihenfolge einzuhalten? Wer in Deutschland lebt, weiß genau: Wenn er auf dem Telefon die Ziffernreihenfolge *„0711“* plus eine gültige Rufnummer eingibt, kommt er im Großraum Stuttgart raus. Wenn du nun allerdings *„0171“* plus eine gültige Rufnummer eingibst, dann *könntest* du in im Großraum Stuttgart rauskommen – *oder* ganz wo anders.

Und genauso ist es mit dem Ernten im Leben: Neben den Zutaten ist die *Sequenz* entscheidend. Es heißt nicht umsonst: *„Man erntet, was man sät.“* Wenn du willst, dass man dir etwas gibt, dann beginne *zuerst,* zu geben. Beim Geben geht es nicht nur um Geld. Es gibt noch so vieles mehr, was du geben und schenken kannst: deine Zeit, dein Wissen, deine Erfahrung, deine Liebe, dein Mitgefühl, deine Hilfe, deine Kontakte, deine Ressourcen materieller oder immaterieller Art etc.

Ich glaube, die meisten Menschen haben einfach Angst, dass sie, wenn sie etwas geben, unterm Strich zu kurz kommen würden oder sie selbst nichts zurückbekommen. Und genau hier ist der Knackpunkt: Lerne, zu geben *ohne* die Erwartung, von deinem direkten Empfänger etwas zurückzubekommen. Wenn du bei diesem Akt das Vertrauen hast, dass die Energie, die du ins Universum aussendest, auch auf irgendeinem anderen Kanal wieder zu dir zurückkommt, dann bist du auf dem richtigen Weg mit der korrekten inneren Haltung.

Was macht dieser gesamte Akt des Gebens mit dir? Für die große Mehrheit der Menschen fühlt es sich einfach gut und richtig an. Warum? Weil du dich dabei gut fühlst, indem du etwas Gutes tust und damit dir selbst ein Geschenk machst.

Und jetzt kommt die Gratwanderung, die leider sehr viele falsch verstehen. Der Akt des Gebens bedeutet *nicht,* sich ausnutzen zu lassen! Du kannst deine Zeit, dein Geld, dein Wissen, deine Ressourcen nicht ausschließlich und permanent hergeben oder herschenken. Vielleicht dann, wenn du so weit wie Bill Gates oder Mark Zuckerberg bist, die angeblich über 95 Prozent ihres Milliardenimperiums spenden wollen, oder andere Philanthropen. Und wenn dein Ansatz ist, ein Philanthrop zu werden, dann bist du dir bestimmt bewusst, dass Philanthropie nichts anderes bedeutet, als ein „*Menschenfreund*“ zu sein.

Ein weiterer Trugschluss, den viele Menschen in ihrem inneren Dialog zum Thema Geben haben ist, dass sie sich sagen: „*… das mache ich, wenn ich da und da stehe oder wenn ich dies oder jenes erreicht habe. Jetzt geht das noch nicht …*“, oder „*… die Reichen haben es einfach, zu geben, die haben ja auch genügend.*“ Wirklich? Hast du dir schon mal überlegt, woran das liegt? Vielleicht haben „*die Reichen*“ schon vor vielen Jahren begonnen, dieses Naturgesetz in die Praxis umzusetzen – genau in einer Lebenssituation, in der du zum Beispiel *heute* bist?

Ich lade dich ein, ein Experiment zu machen. Wenn du kein Geld spenden oder geben willst, dann probiere Folgendes aus:

- ☐ Wenn du das nächste Mal einen bettelnden Menschen in der Stadt triffst, sprich ihn an und frage, ob du ihm etwas zu Essen von der Bäckerei ums Eck kaufen darfst. Er soll aufstehen, mitkommen und das auswählen, was er will (egal ob Brezel, Brot, Süßstückchen oder belegtes Brötchen). Ja, auch das kostet dich Geld, doch du weißt, wofür du es gegeben hast und worin die Person es investiert hat. Dich wird diese Geste nicht arm machen, einem anderen Menschen wirst du mit dieser Geste jedoch ein Mitgefühl und Stück Menschenwürde entgegenbringen. Vielleicht schenkt dir die Person auch ein Lächeln – doch bitte erwarte es nicht!

Wenn du emotional damit eine Herausforderung hast, das zu tun, weil es dir aus welchen Gründen auch immer schwerfallen sollte, einem Bettler etwas zu geben, oder du glaubst, dass alle Bettler organisierten Banden angehören, dann schau dir Variante zwei an:

- ☐ Bezahle das nächste Mal in einem Café der Person, die neben dir am Tisch sitzt, ihr Getränk, indem du es der Bedienung bei deinem Zahlungsvorgang mitteilst. Die Bedienung soll der Person allerdings nicht sagen, dass du das Getränk bezahlt hast, sondern ihr nur mitteilen, dass die Kosten von einem anonymen freundlichen Menschen bereits übernommen wurden. Beobachte, was du damit auslöst und was es in dir auslöst?
- ☐ Wenn dir diese Beispiele aus finanziellen Gründen nicht gefallen, dann verschenke das, was jeder Mensch im gleichen Maße auf dieser Welt zur Verfügung hat – Zeit. Das kann unterschiedlicher Art sein: einem fremden Menschen zuhören, dich ehrenamtlich für einen guten Zweck engagieren oder deine Ressource als Helfer auf einer Weiterbildungsveranstaltung zur Verfügung zu stellen. Ich persönlich habe beides schon mehrfach gemacht und war einer der ersten Mentoren für *„Big Brother Big Sister"* (www.bbbs.org) in Deutschland. Hier wird Kindern und Jugendlichen kein Geld, sondern Zeit geschenkt. BBBS ist 2014 in KinderHelden zur Dietmar Hopp Stiftung transferiert worden (www.kinderhelden.info). Einen schönen Bericht findest du hier http://y2u.be/izT02lVuUh0

Meine Lernfragen an dich:

- ☐ Bist du generell eher ein Nehmer, Tauscher oder Geber?
- ☐ Was, glaubst du, haben deine Vorbilder im Kontext *„reich sein“* mit einer inneren *Geberhaltung* gemeinsam?
- ☐ In welchen Bereichen wird es Zeit, dass du über dein zu ausführliches Geberengagement nachdenkst, weil du dir förmlich schon ausgenutzt vorkommst?
- ☐ Wie hast du dich gefühlt, als dir jemand von Herzen etwas gegeben oder geschenkt hat? Konntest du es annehmen, oder kam bei dir gleich ein Schuldgefühl hoch, dass du das nicht verdient hast oder das Gefühl: *„Ja nichts annehmen, da ich sonst auch zu einem Gegenzug verpflichtet bin.“*?

56.
LERNE, LOSZULASSEN

Du kennst bestimmt die Geschichte mit der Affenfaust: Jäger verstecken einen Köder in einem kleinen Hohlkörper (zum Beispiel ein Astloch in einem Baum). Der Affe spürt den Köder auf, greift in das Astloch und will die für ihn so leckere Beute mit geballter Faust wieder aus dem Astloch ziehen, bleibt allerdings wegen der geballten Faust darin stecken. Er hat es sprichwörtlich *selbst in der Hand, sein eigener Gefangener zu sein* oder loszulassen und in die Freiheit zu entkommen. Für den Jäger ist es nun ein einfaches Spiel den Affen zu fangen, sofern er seine eigene Faust nicht öffnet und quasi nicht loslässt (obwohl er noch gar nicht gefangen ist).

Nun dürfen wir dem Affen nicht vorwerfen: *„Selber schuld, warum bist du auch so blöd!"*, denn sehr häufig geht es uns Menschen genau wie dem Affen. Wir sind gefangen, weil wir nicht *loslassen* können. Sei es physisch, psychisch, mental oder emotional. Intellektuell sind wir sogar weit weiser als unser Affenfreund, doch trotzdem fällt es uns schwer, loszulassen. Das Traurige an der Sache ist jedoch, dass manche Menschen häufig trotz großer Schmerzen nicht in der Lage sind, loszulassen. Sie erdulden lieber die Schmerzen des Festhaltens, weil die Angst vor dem Ungewissen noch größer ist als der aktuelle Schmerz.

Das Schwierige an der Thematik mit dem Loslassen ist nicht unbedingt, den Kontext zu erkennen. Die Schwierigkeit liegt darin, zu *erkennen*, ob es eine Sache ist, die man besser loslassen sollte, oder eine Sache, an der man festhalten sollte im Sinne von durchhalten bzw. nicht aufgeben. Wir alle wissen, wie wichtig Disziplin, Durchhaltevermögen, Wille, mentale Stärke etc. sind. Hier geht es eben genau *nicht* darum, schnell loszulassen, weil etwas zu viel Kraft und Energie kostet, sondern darum, zu *erkennen*, ob ich an einen Punkt gekommen bin, den ich zu akzeptieren lernen muss und den ich nicht ändern kann.

Im Wort *„Lösung"* steckt das Verb *„lösen"*. Nur wer sich von Dingen löst, kann auch eine Lösung finden. Wenn deine Lösung allerdings so aussieht, dass du andere Menschen manipulieren oder ändern willst, damit du deinen Fortschritt erzielen kannst, dann bist du meistens auf dem Holzweg und verbrennst viel zu viel Energie.

Ein konkretes Beispiel: Dein Geschäftspartner hat einen signifikanten Fehler gemacht, der dich einen fünf- oder sechsstelligen Betrag gekostet hat. Das Geld ist weg – quasi verbrannt, hat sich in Luft aufgelöst. Die große Mehrheit verfällt nun in Groll und emotionale Wallung. Oder noch schlimmer: Sie sind wie paralysiert und erstarren in der Situation (dies ist auch eine Art von Festhalten/nicht Loslassen). Doch sobald die Situation sich einigermaßen normalisiert hat, werden sehr viele Menschen Energie und Ressourcen in Strategien setzen, wie sie es ihrem Geschäftspartner *„heimzahlen"* könnten. Das mag ja alles schön und gut sein – vielleicht kommst du sogar juristisch zu deinem Recht. Doch viel entscheidender ist, was du daraus gelernt hast und dass du emotional von diesem Vorfall loslassen kannst (auch nach einem möglichen Gerichtsurteil).

Loslassen hat auch sehr viel mit Verzeihen und Vergebung zu tun. Könntest du einer Person, die dir Schaden zugefügt hat, verzeihen oder vergeben? Könntest du dir selbst verzeihen oder vergeben dafür, dass du dich ursprünglich in die entsprechende Situation gebracht hast? Ich glaube, den Extremfall wirst du darin erkennen, wie Menschen mit dem Loslassen umgehen, wenn sie durch eine andere Person oder sogar durch eigenes Verschulden ihre liebste Person (Partner, Kind etc.) verloren haben (Tod durch Unfall, Gewalttat, Krankheit etc.). Keiner von uns kann einen verstorbenen Menschen wieder ins Leben zurückrufen (zumindest nicht zum Zeitpunkt, als dieses Buch entstanden ist – vielleicht ist es in 100 oder 500 Jahren anders).

Doch es geht hier nicht nur um Loslassen in Extremsituation. Es geht um das Loslassen in alltäglichen Situationen. Solange du dich über eine Sache aufregst und ihr Aufmerksamkeit schenkst, *schenkst du ihr Macht* über dich selbst. Du ärgerst dich über einen Kollegen, einen Kunden, deinen Chef. Das ist für eine begrenzte Zeit okay. Doch lerne, damit abzuschließen, loszulassen und weiterzugehen. Außerdem solltest du dir den Satz nochmals genau anschauen, wenn du zu dir sagst: „*Ich ärgere mich so sehr über XY.*“ Wer ärgert sich hier über wen? Ich ärgere mich! Willst du XY wirklich die Macht geben, dass du dich selbst ärgerst?

Wenn du dich allerdings nicht mit dem Loslassen beschäftigst oder gar nicht von dem, was geschehen ist, ablassen kannst, wirst du für immer *dein eigener Gefangener* sein. Jetzt die Frage an dich: Wer ist nun intellektuell wirklich cleverer: Du oder der Affe?

Meine Lernfragen an dich:

- ☐ Welches emotionale Erlebnis schleifst du bewusst oder unbewusst immer noch wie eine Eisenkugel mit dir herum? Wie lange willst du das noch ertragen?
- ☐ Welcher Person widmest du bewusst oder unbewusst negative Emotionen wie Ärger, Hass, Neid, Eifersucht, Rache etc.? Wann ist es an der Zeit, dir und dieser Person zu vergeben?
- ☐ Wenn du dir über oben genannte Punkte bewusst wirst, welches Ritual könnte dir helfen, dich davon zu lösen, und mit welcher Konditionierung könntest du hier einen neuen Anker setzen?
- ☐ Falls du hier alleine nicht vorankommst, wo könntest du dir professionelle Unterstützung holen?
- ☐ Stell dir einen Moment ein Leben ohne Festhalten in absoluter Freiheit *und* Sicherheit vor? Was für ein inneres Gefühl löst dieses Bild bei dir aus?

57.
LERNE, DANKBAR ZU SEIN

Im Kapitel 29 *„Lerne, den Fokus richtig zu setzen“* beschreibe ich wichtige Punkte, die einen Unterschied bewirken. Nun gehen wir mal davon aus, dass du bereits allen Reichtum, den du für dich definiert hast, erreicht hast. Nein, du hättest weit mehr erreicht, als du dir jemals hättest erträumen können – mehr als Milliarden andere Menschen! Was ist dann? Bist du dann am Ende deiner Reise angelangt? Bist du dann erfüllt? Wie geht es dann weiter? Was kommt dann?

Gehörst du zu den Menschen, die sagen, *„… wenn das und das passiert oder eingetreten ist, dann bin ich froh und dankbar. Allerdings erst dann …“*? Du kennst bestimmt viele Menschen, die immer mal wieder sagen *„… ich bin so dankbar, wenn das hier endlich vorbei ist …“* – sei es ein schwierige Lebenssituation, eine Krankheit, ein emotionaler Schmerz, ein finanzieller Verlust, eine persönliche Enttäuschung etc. (denen würden bestimmt die Kapitel 51 *„Lerne, dass alles im Leben für dich und nicht dir passiert“*, 21 *„Lerne, dass lernen niemals endet“* und 46 *„Lerne von anderen Kulturen – Reisen bildet“* helfen). Und ja, ich gehöre auch zu den Menschen, die durch Lebenssituationen gehen und innerlich manchmal sagen: *„Ich bin dankbar, wenn das vorüber ist.“*

Doch gibt es einen Grund, *ausschließlich* in solchen Momenten dankbar zu sein? Beziehungsweise sind diese Menschen, nachdem der Zustand dann eingetreten ist, auch wirklich dankbar? Wenn du, lieber Leser, nicht heute für irgendetwas dankbar sein kannst, nicht irgendetwas in deinem Leben findest, wofür du von Herzen dankbar bist, dann ruf mich an, oder schreib mir eine E-Mail. Doch bevor du das tust, lies bitte weiter, und frage dich, warum das so ist. Lässt du dich so sehr von deiner Umgebung beeinflussen, dass du nur noch Neid empfindest, dass du nur noch andere Menschen siehst, denen es angeblich besser geht als dir? Ist dein Fokus so weit von den schönen Dingen des Lebens entfernt, dass du nichts Dankenswertes unmittelbar um dich herum und in dir mehr wahrnehmen kannst? Es gibt das nette Sprichwort „*Everyday above ground is a good day / Jeder Tag, an dem ich morgens aufwache, ist ein guter Tag*“ Hiermit ist gemeint, dass ich gestorben bin und das Licht des Lebens erloschen ist, wenn ich nicht aufwache. Das Schöne am Leben ist, dass du immer die Wahl hast; die Wahl, etwas zu finden, wofür du dankbar sein kannst. Die meisten von uns haben allerdings Tausende Dinge im Leben für selbstverständlich hingenommen und sagen: „*Dafür kann ich doch nicht dankbar sein?*“ Ich frage dich: Warum nicht? Hast du ein Dach über dem Kopf? Ist in deinem Kühlschrank etwas zu essen? Hast du einen Kleiderschrank voller Klamotten? Hast du einen Menschen, mit dem du offline oder online im Dialog sein kannst? Gibt es bei dir Tageslicht, oder ist sogar die Sonne zu sehen? Hat dir ein Mensch an der Ampel ein Lächeln geschenkt? Hast du genügend Luft zum Atmen? Gibt es Menschen, die sich Sorgen um dich machen bzw. sich um dich kümmern, wenn du Unterstützung brauchst? Das sind alles Selbstverständlichkeiten. Selbstverständlichkeiten wie für den Fisch das Wasser – solange es da ist, nimmt er es allerdings gar nicht wahr. Erst an Land wird ihm bewusst, wie wertvoll diese nicht wahrnehmbare Umgebung für ihn ist (natürlich nur, falls Fische ein Bewusstsein haben). Stell dir vor, du bist ein Fisch. Was ist dein Wasser um dich herum? Was ist für dich selbstverständlich, wofür du auch dankbar sein kannst.

Wusstest du,

- ☐ dass Milliarden von Menschen keine Toilette zu Hause oder Zugriff auf Trinkwasser haben?
- ☐ dass in Deutschland fast zehn Prozent der erwachsenen Bevölkerung funktionale Analphabeten sind?
- ☐ dass gerade einmal gut die Hälfte der Weltbevölkerung Internetzugang hat?
- ☐ dass fast jedes zehnte Kind auf der Welt ausbeuterischer Kinderarbeit ausgesetzt ist?
- ☐ dass 99,9 Prozent der Weltbevölkerung *gemeinsam* nur 20 Prozent des Weltvermögens besitzen und 0,1 Prozent die restlichen 80 Prozent?

Wenn du wirklich willst, dann findest du jeden Tag etwas, wofür du dankbar sein kannst. Du brauchst also nicht zu warten, sondern du darfst einfach den Fokus ändern. Und sobald du das wirklich konsistent umsetzt, genau dann wird sich mehr und mehr Reichtum in deinem Leben manifestieren. Mit gelebter Dankbarkeit wird sich deine innere Haltung entsprechend ändern. Dadurch wirst du von einem *„Mangeldenken"* zu einem *„Überflussdenken"* wechseln. Du wirst deine Aufmerksamkeit weg von *„was dir alles fehlt"* hin zu *„was dir alles gegeben/geschenkt ist"* lenken, und damit ändern sich deine Ausstrahlung und Wirkung auf dein Umfeld.

Meine Lernfragen an dich:

- ☐ Für was bist du heute und jetzt dankbar?
- ☐ Welche Dankbarkeitsrituale hast du bzw. solltest du etablieren?
- ☐ Für welche nicht materiellen Dinge kannst du dankbar sein?
- ☐ Wem könntest du dabei helfen, eine andere Art von Bewusstsein durch gelebte Dankbarkeit zu erlangen?
- ☐ Für welche Menschen in deinem Leben bist du dankbar, weil sie zu dir standen, wenn es nicht einfach war? Wann hast du das ihnen gegenüber das letzte Mal zum Ausdruck gebracht?
- ☐ Welchen Menschen in deinem Leben kannst du dankbar sein, weil sich dein Leben durch den Schmerz, den du durch sie erleben musstest, zum Besseren entwickelt hat?

58.
LERNE, DASS GLÜCKLICHSEIN VIEL MEHR EINE INNERE HALTUNG UND NICHT DURCH SACHGÜTER ODER ERLEBNISSE KÄUFLICH IST

Wenn du die Möglichkeit oder auch das Glück hast, viel von der Welt zu sehen, dann hast du bestimmt auch viele andere Menschen und Kulturen kennengelernt. Was du vom Reisen durch die Welt lernen kannst, habe ich im Kapitel 46 *„Lerne von anderen Kulturen – Reisen bildet"* bereits ausführlich beschrieben. Ich glaube allerdings, dass, egal wo auf dieser Welt du Menschen begegnest, das *Glücklichsein* fast immer auf eine innere Haltung zurückzuführen ist.

Im Grunde genommen hast du zu jeder Zeit die Wahl, glücklich zu sein. Wenn du dein Glücklichsein allerdings von Ort, Wetter, Menschen, Erlebnissen oder Materiellem abhängig machst, weil du nur dann den

Kick bekommst, den du zu brauchen glaubst, dann bist du im Grunde genommen genauso arm dran wie ein Junkie, der auf seinen nächsten Schuss für die nächste Reise wartet.

Natürlich darfst du und solltest du Ziele und Träume haben, Stück für Stück deine *Bucket List* abarbeiten, shoppen gehen, bis die Kreditkarte glüht, sexuelle Träume mit Fremden ausleben oder deine Idole persönlich kennenlernen. Doch mach dich nicht von diesen Sachen abhängig im Sinne von: „*Wenn dies und das passiert ist, dann bin ich glücklich.*" Vielleicht bist du es in diesem Moment dann wirklich, und es fühlt sich an wie ein intergalaktischer Orgasmus. Doch du wirst dadurch nie ein Glücklichsein empfinden, das aus dir, aus deinem Inneren, aus einer Ruhe und Gelassenheit eine Ausstrahlung erzeugt, die dein Umfeld wahrnimmt und als ganz besonders empfindet.

Wenn du schon mal ein Kind gesehen hast, das materiell außer den Kleidern, die es am Leibe trägt, nichts besitzt, aber dir von Herzen ein Lachen schenkt oder du einem älteren Menschen zugehört hast, der über die Schönheit des Lebens mit einem Strahlen im Gesicht erzählt, obwohl er sich kaum noch bewegen kann und quasi auf sein letztes Stündchen wartet – dann weißt du, was ich meine.

Du kennst vielleicht den Satz: „*Von dem Geld, das wir nicht haben, kaufen wir uns Dinge, die wir nicht brauchen, um den Menschen zu gefallen bzw. zu imponieren, die wir nicht mögen.*" Das mag jetzt wirklich extrem klingen, doch schau dich doch mal um, wie viele Menschen über ihre Verhältnisse leben. In manchen Ländern ist es noch extremer als in Deutschland. Doch darum geht es nicht. Es geht darum, ob du finanziell reich werden willst, *um* glücklich zu sein? Wenn deine Antwort darauf Ja lautet, dann solltest du dir die Sache nochmals ganz genau anschauen. Wenn es dir nur darum geht „*... um zu ...*“, dann kann ich dir sagen, dass du das Glücklichsein mit an Sicherheit grenzender Wahrscheinlichkeit nicht erreichen wirst. Keiner der Ultrareichen hat je im Materiellen sein Glück gefunden.

Das heißt jetzt ganz und gar nicht, dass du mit großem materiellen Reichtum nicht die Chance hast, all deine Probleme zu lösen, oder dass der Umstand, dass du dir nun einiges leisten kannst, dir das Leben nicht leichter macht.

Doch a) kommen auf der einen Seite neue und andere Probleme hinzu, die du vorher noch nie bedacht hast, und b) hat schon Dagobert Duck gewusst, dass Menschen innerlich zutiefst unglücklich sein können, selbst wenn sie im Geld schwimmen können.

Glücklichsein entsteht im Jetzt. In dem Moment, den du mit voller Aufmerksamkeit und Präsenz wahrnimmst. Leider fällt uns das oft schrecklich schwer, weil wir im Kopf sehr häufig an morgen/die Zukunft oder an gestern/die Vergangenheit denken. Du kannst selbst im Stau oder in der Schlange an der Kasse glücklich sein, wenn du es wählst. Vielleicht hilft dir das Kapitel 57 „*Lerne, dankbar zu sein*“ hierzu noch ein wenig mehr.

Meine Lernfragen an dich:

- ☐ Wie definierst du für dich, glücklich zu sein? Von welcher Abhängigkeit kannst du diese Definition lösen?
- ☐ An welche Glücksmomente kannst du dich erinnern? Beschreibe sie genau! Was hat den Unterschied in *diesem Moment* im Vergleich zu einer Woche, einem Monat oder einem Jahr darauf noch ausgemacht?
- ☐ Welche materiellen Dinge sind für dich heute selbstverständlich und waren vor zehn bis 20 Jahren für dich unvorstellbar? Welche Auswirkung hat das auf dein Glücksempfinden?
- ☐ Welche Menschen kennst du, die in deiner Wahrnehmung Glücklichsein ausstrahlen – was, glaubst du, macht es wirklich aus, dass sie es auch tatsächlich sind?
- ☐ Was ist es, was dir heute hier und im Jetzt ein Glücksempfinden geben könnte? Was hat das mit deiner inneren Haltung zu tun, und worauf hast du deine Aufmerksamkeit gerichtet?

59. LERNE, ZU GENIESSEN – WAS BRINGT DIR SONST ALL DEIN REICHTUM?

Ich liebe Kinofilme – nicht nur Action oder Dramen, sondern auch Komödien und Dokumentationen. Ganz besonders gefallen mir Kinofilme, von denen ich etwas lernen darf. Filme, die ein Thema beleuchten, eine Message transportieren und zum Nachdenken anregen. Natürlich gibt es Schauspieler weiblicher und männlicher Natur, die mich mehr begeistern, und solche, die ich eher meide.

Im Jahr 1995 wurde der Film *„Sieben"* veröffentlich. Morgan Freeman, Brad Pitt, Gwyneth Paltrow, Kevin Spacey etc. wirkten als sehr bekannte Persönlichkeiten mit. Grob ausgedrückt stellt der Streifen eine Dramaturgie der *„sieben Todsünden"* dar:

- ☐ Maßlosigkeit – Habsucht – Trägheit – Wollust – Hochmut – Neid – Zorn

Ich könnte allen sieben ein eigenes Kapitel widmen bzw. könnten alle mit ihrem positiven Pendant in einem oder mehreren Kapiteln dieses

Buches wiedergefunden werden. In diesem Kapitel möchte ich das Thema *„Maßlosigkeit“* im größeren Kontext betrachten. Ganz zu Beginn habe ich von der goldenen Mitte gesprochen. Die goldene Mitte hat wiederum viel mit Balance zu tun. Eines der passenden grafischen Beispiele ist die Glockenkurve:

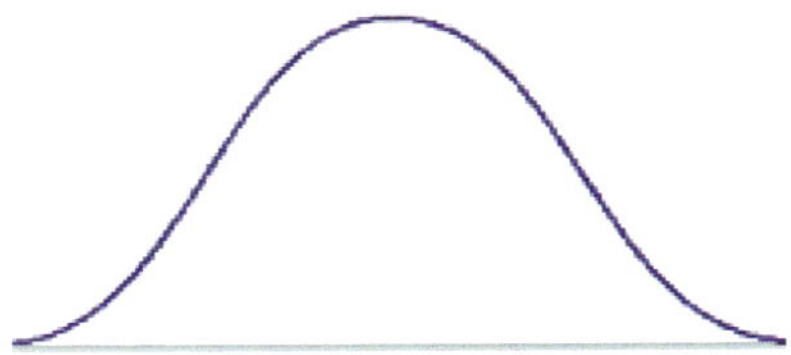

Maßlosigkeit ist am rechten Ende der Achse angesiedelt und Genusslosigkeit am linken Ende.

Ich hoffe, dass dir durch diesen Kontext klar wird, dass im Bezugsrahmen *„das Leben mit all seinem Reichtum zu genießen“* ein gesundes Mittelmaß am wertvollsten und nachhaltigsten sein wird. Maßlosigkeit beim Essen, bei Partys, auf Reisen etc. wird dir langfristig wahrscheinlich viele Probleme bereiten. Ein Kasteien/Entbehren von gutem Essen, Feiern oder der Welt zu entdecken, macht dich früher oder später auch nur unglücklich und unausgeglichen.

Darum ist es wichtig, *bewusst* zu genießen. Genießen beginnt mit den Kleinigkeiten im Leben. Wir alle haben das Bedürfnis, zu essen. Essen zu genießen, ist jedoch eine Kunst. Schau mal, wo du dich wiederfindest und was bei dir ein gutes Gefühl auslöst:

- ☐ Wer genießen kann, beherrscht die Kunst des Lebens.
- ☐ Genieße die kleinen Dinge, sie machen das Leben großartig.

- ☐ Kein Genuss ist vorübergehend. Der Eindruck, den er hinterlässt, ist bleibend.
- ☐ Glück ist ein kurzer Genuss, aber eine lange Erinnerung.
- ☐ Es ist besser, zu genießen und zu bereuen, als zu bereuen, dass man nicht genossen hat.
- ☐ Das Leben in vollen Zügen können nur die genießen, welche sich nicht zu viele Gedanken machen.
- ☐ Die schönsten Jahre im Leben sind die, in denen man entschieden hat, das Leben mit den richtigen Menschen zu genießen.
- ☐ Lieber verrückt das Leben genießen, als sich normal langweilen.

Meine Lernfragen an dich:

- ☐ Auf welcher Seite der Glockenkurve befindest du dich meistens (Genusslosigkeit oder Maßlosigkeit)?
- ☐ Was verbindest du mit dem Begriff *„genießen“*?
- ☐ Bist du ein Mensch, dem es leichtfällt, zu genießen, oder ist Genuss für dich eher etwas Sündhaftes?
- ☐ Welche Kleinigkeiten willst du in den nächsten sieben Tagen bewusster genießen (ein Lächeln, die Sonne auf deiner Haut, einen Spaziergang etc.)?
- ☐ In welchen Bereichen solltest du den aktuellen Trend der Maßlosigkeit reduzieren und mehr zu einem gesunden und bewussten Genießen zurückführen?

60.
LERNE VON DER NATUR – VERBRINGE ZEIT MIT IHR

Auch wenn wir in einer Zeit der Technologien und quasi unbegrenzter technischer Möglichkeiten leben, bin ich der festen Überzeugung, dass die Natur noch immer einer der besten Lehrmeister ist und jedem Menschen ein wirklich *reiches* Leben beschert.

Was glaubst du, warum so viele Manager oder High Performer irgendwann zur Erkenntnis kommen, dass all ihr materieller *Reichtum* früher oder später mit Erlebnissen in der Natur ergänzt oder sogar eingetauscht wird? (Ich persönlich war jahrelang leidenschaftlicher Skifahrer – ich glaube, ich bin es heute immer noch, auch wenn ich jetzt wohl mehr Zeit auf dem Golfplatz als auf der Skipiste verbringe.) Warum ist Natur für uns so wichtig? Mein persönlicher Grund ist: Weil ich begeistert bin von der Umgebung, vom Ausblick, von der Weite, von der Kraft, von der Ruhe, von der Veränderung durch die Jahreszeiten, von der Vielfalt, von ihren eigenen Gesetzen, vom Einklang zwischen Tier und Umwelt, von ihren Farben, von ihrem Duft, von ihrem Geschmack … – in der Natur zu sein, ist für mich immer wieder einzigartig und spannend.

Ich liebe die Berge – ob zum Wandern, Skifahren, Radfahren oder nur zum Erholen. Berge haben etwas Magisches, vor allem wenn man den Gipfel erreicht hat, die Ruhe genießen darf und den Blick schweifen lassen kann. An diesem Ort sind einfach nur du und die Natur (okay, manchmal ist es oben auf dem Gipfel auch schon recht *busy*, doch ich glaube, du weißt, was ich meine). Ich könnte dann für Stunden – sofern es die Bedingungen zulassen – einfach nur sitzen bleiben und diesen magischen Moment aufsaugen.

Vielleicht geht es dir genauso, vielleicht überhaupt nicht. Womöglich sind es bei dir nicht die Berge, sondern das Meer. Vielleicht ist es der Wald oder die Wiese, vielleicht ist es die Wüste oder eine Schneelandschaft. Der herbstliche Nebel oder der Monsunregen, vielleicht der Sonnenauf- oder der Sonnenuntergang oder der klare Sternenhimmel mit Blick in unerforschte Galaxien.

Ich bin mir sicher, dass du „*dein*" Naturschauspiel kennst. Wenn du dir dessen nicht mehr bewusst bist, dann frage dich, wann du das letzte Mal einen magischen Moment in der Natur erlebt hast. Erinnere dich daran, und versuche, dir dieses Gefühls wieder bewusst zu werden. Was hat es mit dir gemacht? Was hat es in dir ausgelöst? Hat es dich bereichert? Hat es dich berührt? Was hat es in Herz und Seele bei dir bewegt? Woran hast du dabei gedacht, bzw. wie klar war dein innerer Dialog in diesem Moment? Wie war dein Atem, dein Puls, dein Gesichtsausdruck? Ruf bitte diesen Moment jetzt in deinen Gedanken ab – wenn es dir schwerfällt, dann tu einfach so, und stell es dir vor.

Menschen, die im *Einklang* mit sich oder im *Einklang* mit der Natur/ Umwelt sind, können eine unglaubliche Kraft und Energie daraus schöpfen. In dem Moment, in dem du in der Natur bist, da *bist* du einfach. Nicht mehr und nicht weniger. Für mich ist dieser Moment ein Moment, in dem die Menschen einfach *human beings* sind (versus *human doing*, *human tasking* oder *human functioning*). Warum willst du also noch Wochen, Monate oder Jahre warten, bis du dir diese Momente in der Natur gönnst? Ich kenne keinen Menschen, der regelmäßig von einem Erlebnis/Aktivität in der Natur zurückkommt und behauptet, es sei falsch investierte Zeit.

Bitte verstehe mich jetzt nicht falsch. Ich meine nicht, dass mit „*in der Natur sein*" bedeuten soll, Fortschritt und Technologie zu stoppen, und wir ab dem Jahr 2100 wieder wie Urmenschen unser Leben gestalten sollen. Mir geht es darum, dass Menschen wieder bewusst von der Natur lernen.

In der Natur gibt es klare Gesetze, die du für dein eigenes Leben ebenso anwenden kannst – oder du missachtest sie und wirst dadurch schmerzhafte Erfahrungen machen. In der Natur gibt es Jahreszeiten – je nachdem, wo auf dem Erdball sind es meistens zwei oder vier. In der Natur gibt es die Zustände Wachstum oder Zerfall – Stagnation ist eher selten zu sehen. Die Kraft der Natur wird die Kraft der Menschen immer in den Schatten stellen, darum handle weise im Einklang mit ihr. Wenn du einen schönen Garten möchtest, dann weißt du, dass dieser Pflege und Nahrung braucht. Du weißt ebenso, dass Unkraut von alleine kommt – ohne dass du etwas dafür tust. Wasser kannst du wie einen Energieträger betrachten – entsprechend kannst du auf einer Welle surfen oder wirst von ihr zerschmettert. Wenn du in eine Lawine gerätst, dann bringt es nichts, gegen sie anzukämpfen, viel sinnvoller ist in diesem Moment, sich so schnell wie möglich aus der Gefahrenzone herauszubewegen.

Ich könnte dir jetzt unzählige andere Beispiele nennen, doch das würde den Rahmen sprengen. Je mehr Zeit du mit der Natur verbringst und dein Bewusstsein und deine Wahrnehmung für sie sensibilisierst, desto einfacher wirst du es im alltäglichen Leben haben. Eines ist Fakt: Die Natur überlebt die Menschheit und wird sich immer entsprechend anpassen. Nicht umsonst ist Darwin zu der Erkenntnis gekommen, dass nicht die stärkste Spezies überlebt, sondern diejenige, die sich die jeweiligen und sich permanent ändernden neuen Bedingungen, am schnellsten anpassen kann. Damit ist allerdings keineswegs gemeint, zu allem „*Ja und Amen*“ zu sagen. Doch wenn Kräfte oder Strömungen auf dich einwirken, dann überlege dir, wie du dies mit deinen Ressourcen entsprechend nutzen kannst, anstatt dabei vor die Hunde zu gehen. Vielleicht ist es auch nur ein vorüberziehendes Gewitter – doch wenn du zu spät erkennst, dass der Hurrikan unausweichlich ist, dann ist es hilfreich, entsprechend darauf vorbereitet zu sein oder sich an einen anderen Ort zu bewegen.

Meine Lernfragen an dich:

- ☐ Durch welche Erlebnisse in der Natur kannst du Kraft und neue Energie tanken? Wie kannst du dies in deine Planung (täglich, wöchentlich, monatlich) integrieren? (Manchmal reichen auch simple Spaziergänge an der frischen Luft für einen klaren Kopf.)
- ☐ Welche Naturgesetze hast du nicht mehr auf deinem Radar oder in deiner Wahrnehmung?
- ☐ Wenn du einen Moment drüber nachdenkst: Wie beeinflussen dich diese Kräfte gerade zum Vor- bzw. Nachteil (Thema „*Welle surfen oder von ihr zerschmettert werden*“)?
- ☐ Wenn du Wasser als Energieträger betrachtest, wie kannst du selbst Wasser sein und gekonnt ohne große Energie Hindernisse umfließen oder wie bei einem Stausee genügend Energie sammeln, um einen Damm zum Brechen zu bringen?

61. LERNE, DASS DU NICHT ALLES (BIS INS LETZTE DETAIL) VERSTEHEN MUSST UND WISSEN KANNST

Eigentlich widerspricht diese Kapitelüberschrift vielem, was ich in diesem Buch geschrieben habe: Auf der einen Seite ist es ratsam, immer wieder Neues dazuzulernen, und auf der anderen Seite soll ich mich damit abfinden, dass ich nicht alles verstehen/wissen kann, werde und muss?

Doch beachte bitte zuerst die mögliche Haltung. Menschen, die generell behaupten, dass sie nicht verstehen müssen, wie Dinge bis ins letzte Detail funktionieren, haben auch häufig die Haltung, dass sie sich generell keine Gedanken darüber machen müssen, was, wie, weshalb, warum funktioniert oder entstanden ist. Doch wenn es mal wirklich darauf ankommt, dann ist es notwendig, bis zu einem gewissen Grad dem Ganzen auf den Grund gehen zu können.

Mir geht es hier vielmehr um die Balance. Sei bereit und lerne, das große Bild zu sehen *und* ins Detail zu gehen, *ohne* dich dabei zu verzetteln. Egal wie weit die Menschheit sich entwickeln wird – niemand wird je alles wissen oder verstehen können. Doch sei nicht so naiv, und sage dir nicht generell: *„Ist mir doch egal, wie das funktioniert, Hauptsache, ich habe meinen Nutzen und einen Deal gemacht."*

Für mich persönlich ist das manchmal wirklich schwierig, da ich – wohl bedingt durch meinen Ingenieurstudiengang – gerne wissen will, wie Sachen im Detail funktionieren – ob im IT-Bereich, bei den Finanzen oder in der Psychologie. Deshalb fällt es mir auch so schwer, beim Programmieren von SQL-Abfragen oder beim Recherchieren für Neues nicht vom Hundertsten ins Tausendste abzudriften. Auch wenn ich dann häufig im Flow bin, verletzte ich hier immer mal wieder das Pareto-Prinzip.

Die Einstellung, das meiste dann einfach zu delegieren oder zu outsourcen, hingegen kostet auf lange Sicht viele Ressourcen personeller oder finanzieller Art, weil man mit oberflächlichen Statements und einer zu geringen fachlichen Tiefe falsche Entscheidungen getroffen hat.

- ☐ Du musst nicht verstehen, wie die Einspritzanlage bei einem Verbrennungsmotor funktioniert, doch es ist ratsam, zu wissen, was passieren könnte, wenn du bei einem Fahrzeug das Super Plus als Kraftstoff benötigt, versehentlich den Kraftstoff E10 getankt hast.
- ☐ Du musst nicht verstehen, warum es beim Immobilienkauf *„Auflassungsvormerkung"* heißt und umgangssprachlich mit einer Reservierung zu vergleichen ist, doch es ist wertvoll, zu wissen, was du machen solltest, dass dein Verkäufer die dir angebotene

Immobilie nicht einmal an dich und zeitgleich noch an jemanden anderen verkauft.

- ☐ Du musst nicht verstehen, wie Cookies programmiert, gesetzt und ausgewertet werden können, doch es ist hilfreich, zu wissen, wie du sie abschalten, löschen oder umgehen kannst (außer du lebst gerne im Glashaus und willst allen deinen digitalen Fußabdruck zur Verfügung stellen).
- ☐ Du musst nicht jeden Gesetzestext auswendig lernen oder auf Abruf parat haben, doch es ist sinnvoll, vorher abzuschätzen, wie hoch die Wahrscheinlichkeit aufgrund der aktuellen Gesetzlage ist, dass du trotz möglichen „*Recht-habens*“ im Falle eines Falles auch tatsächlich „*Recht bekommen*“ wirst.

Wenn du die Kapitel 6 „*Lerne, Verträge zu lesen und nach dem Warum zu fragen*“, *14* „*Lerne, Finanzen zu verstehen*“, *21* „*Lerne, dass lernen niemals endet*“, *22* „*Lerne immer wieder etwas Neues*“ und *32* „*Lerne, das große Bild zu sehen*“ bereits verinnerlicht hast, wirst du dieses Kapitel auch leichter verstehen können.

Meine Lernfragen an dich:

- ☐ In welchen Bereichen deines Lebens solltest du ab heute genauer hinschauen, und in welchen braucht es weniger Tiefe, da ein *„mehr Wissen"* nur zu mehr Unverständnis führt und dich von deinem tatsächlichen Ziel ablenkt?
- ☐ Wie kannst du die Qualität deiner Fragen steigern, um früher abzuwägen, ob du dich in eine Materie weiter vertiefen solltest oder es ratsamer ist, dieser Sache keine weitere Aufmerksamkeit zu schenken?
- ☐ Wie wertvoll wäre es für dich, wenn du nur jenen Sachverhalten deine Aufmerksamkeit und Wissenstiefe schenken würdest, die für dich den größten Hebel und besten Ergebnisse liefern würden?

62.
LERNE VON DER GESCHICHTE – ODER NOCH BESSER: SCHREIBE GESCHICHTE

Gehörst du zu den Menschen, die das Fach Geschichte in der Schule geliebt haben? Wenn ja, Glückwunsch und großen Respekt an dich. Wenn es dir so geht wie mir und vielen anderen, dann war Geschichte bestimmt nicht unter den Top 3 der Lieblingsfächer. Warum? Weil es für mich früher einfach nicht wichtig genug war.

Heute stehe ich dem ganz anders gegenüber: Ich bin der Meinung, dass es essenziell ist, Geschichte zu *verstehen*. Allerdings meine ich hier nicht allein die Menschheitsgeschichte, sondern auch die Frage, wie sich ein spezifisches Thema historisch entwickelt hat. Dieses Thema kann politisch, gesellschaftlich, unternehmerisch, gesundheitlich, finanziell oder was auch immer für ein Gebiet sein. Doch wenn du die Ursprünge nicht hinterfragst (und damit meine ich nicht den Urknall, sondern die Frage, warum manches so ist, wie es ist), dann beschäftige dich damit! Stelle die richtigen Fragen, und hinterfrage auch gerne manches.

Ein einfaches Beispiel. Weißt du, warum im Fußball die Rote Karte, die zum sofortigen Platzverweis führt, umgangssprachlich auch „*Arschkarte*" genannt wird? Wenn nein, hier kommt die für mich sehr logische und banale Aufklärung: Als Mitte des letzten Jahrhunderts die ersten Fußballspiele im Fernsehen übertragen wurden, gab es in den Privathaushalten noch kein flächendeckendes Farbfernsehen. Demnach musste bei den Trikots und anderen Themen darauf geachtet werden, dass der Zuschauer am Schwarz-Weiß-Fernseher auch schnell erkennen konnte, um was es ging. Nachdem die Gelbe von der Roten Karte im Schwarz-Weiß-Format nicht so leicht zu unterscheiden war, haben die Schiedsrichter die Gelbe Karte in der Brusttasche und die Rote Karte in der Gesäßtasche verstaut. Demnach war für jeden Zuschauer sofort klar, ob bei einer Schiedsrichterentscheidung die Gelbe Karte (aus der Brusttasche) oder die Rote Karte (aus der Gesäßtasche und damit die „*Arschkarte*") gezogen wurde.

Natürlich bringt dich dieses Beispiel im Sinne von Reichtum nicht weiter – außer es ist deine Absicht, reich an kuriosen Geschichten zu sein. Doch in diesem Buch habe ich viele Themen behandelt, die auf dem Verstehen von historischen Ereignissen beruhen. Wenn dir finanzieller Reichtum wichtig ist, dann solltest du auch die Historie in der Finanzwelt verstehen und nicht einfach hinnehmen, oder?

Was war Geld historisch, was ist es heute? Warum wurde Papiergeld eingeführt? Wann verliert Papiergeld seinen tatsächlichen Wert? Warum funktionieren Währungsmarkt und Währungshandel heute anders als vor 50 Jahren? Welchen Einfluss hat HFT (*High Frequency Trading*), und wie hoch ist der Anteil am Marktvolumen? Wer verdient durch welche Handlung welches Geld? Wann können Schulden für dich von Vorteil und wann von Nachteil sein – und vor allem: Warum? Warum gab es Kriege im letzten Jahrtausend? Warum werden Kriege in diesem Jahrtausend geführt?

Leider glaubt die große Mehrheit immer noch, dass der Irakkrieg 1990 ein Krieg ums Öl und Ölreserven war. Wirklich? Wer hat sich mit der Historie wirklich beschäftigt, und gab es nicht noch andere Beweggründe? Hast du die Zusammenhänge von *„Petrodollar“* und *„Aufhebung des Goldstandards“* unter Präsident Nixon in den 1970er-Jahren tatsächlich verstanden? Wenn ja, wunderbar. Wenn nein, empfehle ich dir von Herzen, dich detailliert mit der Materie zu beschäftigen. Du wirst selbst zu deinen Schlüssen kommen, das große ganze Bild besser verstehen und deine entsprechenden Entscheidungen ableiten können. Doch ohne die Geschichte zu verstehen, wirst du noch mehr Herausforderungen haben, dich auf mögliche kommende Veränderungen einzustellen.

Doch auch hier gilt: Wir können die Geschichte nicht ändern. Wir müssen mit der Geschichte auch nicht einverstanden sein, doch wir können heute und jetzt die Entscheidung treffen, selbst Geschichte zu schreiben. Warum solltest du das tun? Willst du denn nicht lieber deine eigene Geschichte selbst in die Hand nehmen, sie selbst kreieren und selbst die Hauptperson sein – auch wenn du nicht unbedingt wie Cäsar, Martin Luther oder Gandhi in die Geschichtsbücher eingehen willst oder wirst?

Mit allem, was du bis heute gelernt hast – ob mit diesem Buch oder auch ohne –, starte damit *deine* Geschichte, um die Zukunft *zu kreieren.* Eines meiner Lieblingszitate von Oscar Wilde lautet: *„Die Zukunft gehört denen, die sie sehen, bevor es offensichtlich wird.“* Oder nach Abraham Lincoln: *„Der beste Weg, die Zukunft vorauszusagen, ist, sie zu gestalten.“*

Meine Lernfragen an dich:

- ☐ In welchem deiner Lebensbereiche würde es für deinen spezifischen Reichtum Sinn machen, die Historie genauer unter die Lupe zu nehmen?
- ☐ Mahatma Gandhi hat eine große Schwäche der Menschen erkannt und durchschaut: „*Die Geschichte lehrt die Menschen, dass die Geschichte die Menschen nichts lehrt*“ – willst du etwa auch zu dieser Art Menschen gehören, die nichts aus der Geschichte lernen?
- ☐ Die Geschichte, die du dir täglich über deinen eigenen Reichtum immer und immer wieder durch den Kopf gehen lässt, *ist* deine Geschichte. Wie kannst du diese Geschichte ab heute neu schreiben, sodass du daraus eine geniale Geschichte für dich kreierst?

Wenn dich das Verständnis für Geschichte und die Möglichkeit, deine eigene Geschichte zu schreiben, interessierst, dann empfehle ich dir folgende Quellen:

Name	Produkte	Website	Bemerkung
Yuval Noah Harari	Kurze Geschichte der Menschheit	www.ynharari.com	Autor
Christoph Keese	Silicon Germany	keine	Publizist
Rolf Dobelli	Die Kunst des guten Lebens Die Kunst des klugen Handelns	www.dobelli.com	Autor
Official Secrets	Film	https://www.imdb.com/title/tt5431890/	
Ray Dalio	Prinzipien des Erfolges Changing World Order	www.bridgewater.com	Einer der erfolgreichsten Hedgefonds-Manager der Welt

63.
UND JETZT?

Als Erstes gratuliere ich dir von Herzen – in der Annahme, dass du das Buch komplett gelesen hast und nicht (wie ich manchmal die Zeitung von hinten nach vorne lese) mit diesem Kapitel beginnst.

Wenn du das Buch einmal gelesen hast, ist das wunderbar. Wenn du es mehrfach lesen wirst, ist das noch besser. Aber wenn du es als Wegbegleiter und Nachschlagewerk immer wieder zur Hand nimmst, wird dir das wohl die größten Zinsen bringen.

Manches, was ich geschrieben habe, war vielleicht banal, manches komplex, manches bekannt, und manche Betrachtungsweisen waren möglicherweise vollkommen neu für dich. Doch wie geht es nun weiter? Was ist der nächste Schritt? Dieser Schritt sieht für jeden Leser unterschiedlich aus – deshalb möchte ich dir hier ein paar Anregungen geben, die dir helfen könnten, die Umsetzung des Gelesenen zu realisieren:

1. Reflektiere alle Kapitel nochmals in Ruhe, und wähle die drei Kapitel aus, von denen du glaubst, den größten Hebel für die nächsten zwölf Monate generieren zu können. Und sobald du diese in dein Leben integriert hast, konzentrierst du dich auf die nächste drei Kapitel.

2. Besorge dir das Arbeitsheft für die 90-Tage-Challenge: www.lernenwirddirchreichmachen.de/90-tage-challenge

3. Du wirst bemerkt haben, dass ich in einzelnen Kapiteln weitere Referenzen von Profis für diesen jeweiligen Bereich genannt habe – nutze die Bonusmöglichkeiten über die Website: www.lernenwirddirchreichmachen.de/deals

   Ich konnte mit fast allen Beteiligten Sonderkonditionen verhandeln, die ich zu 50 Prozent an dich weitergebe. Schau dir die Details an – es lohnt sich!

4. Wenn dir das Buch gefallen hat und du durchs Lesen einen Mehrwert mitnehmen konntest, dann freue ich mich über eine positive Rezension auf Amazon, Google oder einem anderen Portal.

5. Gemäß dem letzten Kapitel 62 *„Lerne von der Geschichte – oder noch besser: Schreibe Geschichte"* wünsche ich dir von Herzen viel Freude dabei, deine eigene Geschichte für deinen persönlichen Weg zur finanziellen Freiheit zu schreiben. Die ultimative *„Freiheitsformel"* definiert sich angeblich so: Du kannst

   - jederzeit
   - an jedem Ort
   - alles machen, was du willst,
   - wie oft du willst und
   - mit wem du willst.

Ob das nun dein Ziel oder Vision sein wird, liegt ganz bei dir. Du erkennst allerdings hoffentlich, dass es auf deinem Weg viel zu lernen gibt und dass der beste Weg, deine Zukunft zu gestalten, der ist, sie selbst zu erschaffen – also durch deine Geschichte. Ich bin gespannt, wie du dich entwickelst, wie deine Reise aussehen wird und würde mich freuen, eines Tages deine Geschichte zu lesen, weil du dich aufgrund dieses Buches dazu entschlossen hast.

Stay tuned, und sei dir immer bewusst: Lernen wird dich reich machen – worauf wartest du noch?

Es grüßt dich von Herzen ein echter Verleger

Gunther